3급 대졸채용 온라인 시험대비

e북혁명 취업연구소 지

다락원

인적성 바로 알고 시작하기

1. 왜 인적성 시험을 볼까?

수능시험이 학업 성취도를 평가하는 시험이라면, 인적성 시험은 업무능력을 평가하기 위한 시험이다. 그렇다면, 학업 성취도가 높은 사람이 업무능력도 높지 않을까? 그건 꼭 그렇지 않다. 사내에서 같은 대학 출신 동료라도 그들의 업무능력은 서로 다른 경우가 많기 때문이다. 회사 생활을 하다 보면 학벌이 우수하지 않아도 일머리가 좋은 사람들이 있다. 이 일머리 측정은 수능시험과 같은 형태로는 측정하기 어렵다. 그렇다면 일머리란 무엇일까? 같은 업무를 주어도 사람마다 그것을 마무리하는 시간이 다르다. 어떤 사람은 1시간 안에 끝내는 반면, 어떤 사람은 2시간이 넘어도 못 끝내는 경우가 있다. 일머리는 업무센스라고도 할 수 있는데 주어진 업무를 정확히 파악하고 어느 정도의 에너지를 써서 어떻게 해야 일을 좀 더 쉽고 빠르고 정확하게 할 수 있을지 판단하고 실행하는 능력이다. 이처럼 인적성 시험은 주어진 시간 동안 정확하게 더 많은 문제를 풀어내는 사람을 가리기 위한 시험이다. 그래서 시간을 타이트하게 제한한다. 문제를 다 풀 수 없도록 말이다. 그 안에서 요령껏 좀 더 많은 문제를 풀어내는 사람을 판단하기 위해서다. 같은 시간 동안 더 많은 업무처리를 하는 사람을 채용하는 것은 회사의 입장에서 매우 중요한 일이다. 회사 입장에서 사람과 시간은 모두 비용이기 때문이다.

2. 어떻게 인적성 시험을 준비해야 할까?

인적성 시험은 공부하는 시험이 아니다. 감각을 익히고, 요령과 스킬을 연습하고 대비하면 된다. 유형을 정확히 분석하고, 상황에 따른 풀이 요령들을 활용해서 다른 사람보다 더 쉽고 빠르게 풀어나가면 되는 시험이다. 이 시험에 맞는 연습에 초점이 맞추어져야 한다. 그래서 단기적으로 시험의 감을 올리고, 전략적으로 접근하여 시험을 준비해야 한다. 어떤 문제를 정확히 풀었다고 해도 너무 많은 시간을 소비하면 남은 문제를 풀 수 있는 시간이 줄어들기에 경쟁에서 불리해진다. 따라서 문제를 푸는 것 자체의 연습보다는 시간을 정해서 그 안에서 풀어내는 연습에 초점이 맞춰져야 한다. 풀이 시간이 길 것 같거나 모르는 문제는 과감하게 패스하여 다른 문제를 풀 수 있는 시간을 버는 판단도 중요한 연습이 될 수 있다. 결국 문제를 더 쉽게 푸는 판단, 걸러야 하는 문제에 대한 판단, 시간을 단축하고 효율적으로 관리하여 시험을 진행하는 판단 등에 초점을 맞추어 준비해야 하는 것이다.

잠시, 습관 버리기

1. 바로 풀지 말고, 먼저 측정하자.

단편적으로 풀리는 어휘추리 유형을 제외하고 모든 문제는 처음 문제를 읽고 나서 먼저 그 문제를 분석하고 시작해야 한다. 이 문제를 푸는 데에 어느 정도 시간이 걸릴지, 난이도는 어떤지, 선택지 별로 판단에 시간이 어느 정도 걸릴지 예상하고 풀어야 한다. 우리가 업무를 할 때도 가장 먼저 업무계획을 세우고 시작하는 데 그러려면 그 일의 총량과 걸리는 시간을 정확히 파악하지 않으면 계획대로 진행하기 어렵다. 왜냐하면 보통의 프로젝트가 여러 팀과 소통하면서 일을 주고 받으며 진행되는데, 계획을 잘못 세우면 서로 일정이 꼬이기 때문이다. 그런 면에서는 이 과정은 실무능력과도 밀접한 과정이기도 하다.

2. 순서대로 풀지 말자.

GSAT는 다 맞춰야 하는 시험이 아니다. 만약 1번 문제가 푸는 데에 시간이 오래 걸리는 문제라고 가정하자. 시간을 들여서 잘 풀었지만, 달리 생각하면 그 시간에 쉬운 2개의 문제를 풀어내면 더 경쟁에서 유리한 것이다. 시간 대비 득점을 항상 고려하여 준비해야 한다. 또한 한 문제에서 선택지의 옳고 그름을 판단할 때 ①~⑤까지 순서대로 풀지 말고 판별이 쉬운 선택지부터 소거하면서 풀어야 시간이 오래 걸리는 선택지를 덜 구하면서 문제를 풀 수 있기 때문에 시간절약에 큰 도움이 된다. 회사의 입장에서 인원과 시간은 모두 돈이다. 그래서 항상 업무시간은 부족하게 되어 있다. 주어진 업무시간 동안 더 중요한 일을 먼저 빠르게 하는 것이 중요하기 때문에 무엇을 먼저하고 어떤 순서로 해야 하는지에 대한 판단이 실무에서 중요하다. 이 과정은 그런 실무 능력과도 밀접하다.

3. 검산하지 말자.

검산하고, 최종 결과물을 다시 한번 체크해 보는 습관은 매우 좋은 습관이다. 이것을 잘하는 사람은 실수가 적고 업무상 오류도 적다. 회사 생활을 하다 보면 "최종확인해 봤어?"라는 이야기를 많이 듣게 될 것이고, 또 하게 될 것이다. 그런데 인적성 시험을 준비하는 기간 동안에는 이 좋은 습관을 잠시 버리자. 왜냐하면 이 시험은 남보다 한 문제 더 맞히기 위해 경쟁하는 시험이다. 따라서 검산하는 것은 시간을 낭비하는 것이다. 오히려 시험시간 동안 집중력을 높이는 연습을 해서 검산하지 않아도 실수를 줄이는 데에 포커스가 맞춰져야 한다.

GSAT 합격 전략

1. 오래 준비하는 시험이 아니다.

GSAT를 비롯한 인적성 시험들은 자격증 시험처럼 오래 준비하는 시험이 아니다. 굳이 학원을 가거나 오래 준비할 필요가 없다. 단기적으로 시험의 속성과 유형 분석, 풀이 요령 등을 익히고 인지하여 보면 되는 시험이다. 따라서 이것에 많은 시간과 비용을 들이지 않는 것을 추천한다. 자격증, 토익, 면접 등 취업을 위해 준비해야 할 것들이 많기 때문에 그것에 더 시간을 쓰는 것이 좋다. 삼성 공채 서류합격 이후에 준비해도 늦지 않는다. 또는 GSAT가 인적성 시험의 대표시험이기 때문에 평상시에 한 권 정도 풀어보는 것도 이후에 인적성 시험을 준비하는 데에 큰 도움이 될 수 있을 것이다. 다만, 독해 문제의 경우 독해력이 중요한데 이것은 요령이나 스킬로 커버하기 어렵다. 그래서 독해력은 단기간에 길러지는 것은 아니기 때문에 독서를 통해서 독해력만은 평상시에 따로 연습해 둘 것을 추천한다.

2. 정형화된 유형을 철저하게 분석하자.

GSAT는 비교적 유형이 정형화되어 있고 수년간 유형 변화도 많지 않았다. 따라서 시험 및 유형 분석이 용이하고 이것을 잘 준비할 수 있는 편이다. 좀 더 쉽게 풀 수 있는 풀이 요령을 익히고 유형 연습을 해야 한다. 유형 분석 학습에서는 우선, 유형 파악에 집중하고, 풀이 스킬을 연습하는 데에 초점을 맞춘다. 문제를 보는 순간 어떤 방법으로 푸는 것이 더 빠르고 유리한지 판단이 되어야 한다. 그리고 온라인 시험이기 때문에 온라인 환경에도 대비가 필요할 것이다.

3. 목표를 설정하고 시간을 제한하여 반복 연습하자.

GSAT 총 50문제 중에 직군별로 약 31~38개 정도가 합격 커트라인이다. 회차별 시험 난도에 따라 달라질 수는 있겠으나 대략 40개 정도 맞추면 안정권으로 볼 수 있다. 따라서 1회분의 실전 모의고사를 풀 때 1시간 동안 40문제를 맞춘다는 기분으로 전체적인 시야를 가지고 문제를 푸는 연습을 반복해야 한다. 처음에는 제한되고 촉박한 시간 동안 40개를 맞추는 게 쉽지는 않겠지만, 반복하면서 풀이 속도를 높이는 연습을 해야 한다. 특히 시험 전날 가장 집중해서 학습하는 것이 좋다. 감각이 가장 중요한 시험이다. 시험장에 들어갈 때는 최대한 풀이 감각을 끌어 올린 상태에서 들어가야 합격에 유리하다.

GSAT 시험 분석

1. 시험 영역

구분	문항	시간
수리논리	20문제	30분
추리	30문제	30분

* 최근 시험 기준으로 시험 영역은 변경될 수 있습니다.

2. 시험 유형

수리논리	응용계산	2문제
	자료계산	18문제
	합계	20문제
추리	명제	3문제
	조건추리	11문제
	도형추리	3문제
	도식추리	4문제
	어휘추리	2문제
	독해	7문제
	합계	30문제
총계		50문제

* 영역별 과락이 존재합니다.
* 오답에 대한 감점이 존재할 수 있습니다.
* 온라인으로 시험이 진행됩니다.
* 계열사 별로 시험이 진행되며, 각 시험의 문제는 다르게 출제됩니다.

SAMSUNG 채용 절차

1. 채용 일정

삼성그룹 대졸 신입사원 공개채용은 일반적으로 연 2회 진행된다. 대략 상반기는 3월에 진행되며, 하반기는 9월에 진행되는 일정으로 6개월 주기로 진행된다. 상황에 따라 일정은 조금씩 유동적으로 진행된다. 또한 계열사 별로 다르게 진행될 수 있으므로 시기와 계열사 별로 채용공고를 확인해야 한다.

2. 지원 자격 및 우대 사항

① 다음 학기 졸업예정자 또는 기졸업자

② 군필 또는 면제자로 해외여행에 결격사유가 없는 자

③ 영어회화자격 보유자(OPIc, 토익스피킹)

④ 직무와 관련된 전공자

※단, 계열사에 따라 지원가능 전공 및 어학성적 요구 조건이 다르므로 각 계열사의 채용공고를 꼭 확인해야 한다.

구분	직무	OPIc	토익 스피킹
DX	회로개발, SW개발, 기구개발, 자료개발, 품질서비스, 생산기술	IL	Level 5(110점 이상)
	국내영업, SCM물류, 구매, 환경안전, 재무, 인사	IM	Level 6(130점 이상)
	마케팅, 해외영업	IH	Level 7(160점 이상)
DS	회로설계, 신호 및 시스템설계, 평가 및 분석, 반도체 공정설계, 반도체 공정기술, 패키지개발, 기구개발, SW개발, CAE시뮬레이션, 설비기술, Facility 기술, Gas, Chemical 기술	IL	Level 5(110점 이상)
	생산관리, 환경, 안전보건, 재무, 경영지원(일반), 인사	IM	Level 6(130점 이상)
	영업마케팅	IH	Level 7(160점 이상)

3. 채용 절차

지원서 접수

채용이 오픈되면 삼성채용 사이트(https://www.samsungcareers.com)
SAMSUNG CAREERS를 통해 기본 인적정보 및 학업, 경험, 자격사항, 에세이 작성 후 제출하여 지원한다.

직무적합성 평가

지원서를 기반으로 직무를 잘 수행하기 위한 전공, 활동경험, 역량, 잠재력 등을 고려하여 평가한다. 직군에서 요구하는 역량에 따라 평가지표가 달라지며 합격자에 한해 직무적성검사를 받을 수 있다.

직무적성검사

GSAT를 통해 직무적성검사가 진행되며, GSAT는 총 1시간 동안 수리논리 및 추리 2개 영역 총 50문제를 풀어야 한다. SW직군은 예외로 GSAT 대신 코딩 실기 테스트가 진행되고, 디자인 직군은 디자인 포트폴리오 심사를 진행한다.

면접

면접 당일 인성검사와 약식 GSAT 평가(수리논리 10문항, 추리 15문항, 총 30분)를 온라인으로 진행한다.
직무역량면접(전공역량 질문), 임원면접(품성, 조직적합성 평가), 창의성면접(30분 전 문제 부여)을 진행한다.
*채용시기와 직군에 따라 절차가 조금씩 다르다.

건강검진

건강검진에서 이상이 없으면 최종 합격 및 입사가 진행된다.

CONTENTS

PART1
GSAT 유형분석

PART2
GSAT 실전 모의고사

정답과 해설

PART 1

GSAT 유형분석

CHAPTER 01 수리논리

CHAPTER 02 추리

SAMSUNG

chapter 01

수리논리

■ 영역 분석

수리논리 영역은 응용계산 유형과 자료해석 유형으로 구성되어 출제된다.

구분	문제 수	시간	설명
응용계산	2개	문제당 90초	방정식을 세우고 해를 구하는 수학형 문제
자료해석	18개	문제당 90초	주어진 자료를 바탕으로 맞는 것을 판단 또는 답을 찾는 문제
합계	**20개**	**30분**	**대부분 자료해석 중심으로 출제**

■ 학습 방법

응용계산	**유형 분석**	중고등 수학 문제 중에서 비교적 실생활에서 구할 가능성이 있는 응용문제가 출제된다. 사원 수 및 증감에 관한 문제, 제품의 수, 일하는 데 걸리는 시간 또는 인원, 조 편성, 수익률, 경우의 수, 확률 등 다양한 소재로 출제된다. 수학적으로 깊이 있는 내용보다는 실생활 위주의 소재를 다루기 때문에 최근 확률 및 경우의 수를 구하는 문제가 많이 출제되고 있다.
	학습 전략	• 기본적인 수학 공식을 정리하고 시작한다(방정식, 비례식, 순열, 조합 공식 등) • 실수 없이 정확하게 계산하는 연습을 한다. • 복잡한 계산을 좀 더 쉽게 계산할 수 있는지 방법을 찾으며 학습한다.
	목표	응용계산은 비교적 쉬운 유형으로 2문제 모두 맞히고 시작하는 것을 목표로 학습한다.
자료해석	**유형 분석**	다양한 통계 자료들이 문제당 1개 또는 2개가 주어지며, 1문제로 출제되는 경우도 있고 또는 2문제가 묶인 문제로도 출제된다. 통계 자료에 대한 정보를 정확하게 파악하여 맞는지, 그렇지 않은지 판단하는 부분부터 자료로부터 유추하여 수를 구해서 판단하는 부분까지 다소 까다롭고 복잡한 형태로 출제된다. 문제 자체 난이도가 높진 않으나, 짧은 시간 동안 답을 구해야 하기 때문에 어렵다.
	학습 전략	• 항상 푸는 속도를 인지하고 있어야 한다. 한 문제에 너무 많은 시간을 소비하고 있는지 파악하면서 속도를 조절해야 한다. • 선택지 중에서 빠르게 파악이 가능한 것부터 소거한다. • 지나치게 계산이 복잡한 선택지나 문제가 있다면 가급적 순서를 뒤로 미루어 푸는 것도 좋은 방법이 될 수 있다(연습을 통해 감각적인 판단이 필요한 부분).
	목표	빠르게 판단할 수 있는 것부터 소거하면서 답을 찾는 연습을 반복한다.

유형1 응용계산

01 방정식과 부등식

미지수를 활용하여 적절한 방정식 또는 부등식을 세우고 해를 구하여 답을 찾는 문제

대표유형

원가 125만 원인 제품을 총 5억 원을 써서 생산하였다. 생산한 제품을 정가 200만 원에서 20% 할인된 가격으로 판매하려고 할 때, 손익분기점을 넘기 위해서 최소 몇 개의 제품을 판매해야 하는가?

① 310개 ② 311개 ③ 312개
④ 313개 ⑤ 315개

해설

5억 원으로 원가 125만 원인 제품은 총 400개 생산할 수 있다. 또한 정가의 20% 할인된 가격은 $200\times(1-0.2)=200\times0.8=160$(만 원)이다. 이익이 발생하기 위해서는 매출이 5억 이상이 되어야 한다. 이때 판매한 상품 수를 x라 정한다. 할인가 160만 원짜리 제품을 x개 팔면 $1{,}600{,}000x$원을 벌 수 있다. 이것이 5억 원을 넘으면 손익분기점을 넘는다.

$1{,}600{,}000x>500{,}000{,}000$, $16x>5{,}000$에서 양변을 16으로 나누어 부등식을 구한다.

$x>312.5$

따라서 최소한의 x는 313개다.

정답 | ④

관련공식

$$할인가 = 정가\times\left(1-\frac{할인율}{100}\right)$$

부등식의 성질

① 양변에 서로 같은 수를 더하거나 빼도 부등식은 성립

$x+2>4 \Rightarrow x+2-2>4-2 \Rightarrow x>2$

② 양변에 서로 양수를 곱해도 부등식은 성립

$4x>9 \Rightarrow 4x\times\frac{1}{4}>9\times\frac{1}{4} \Rightarrow x>\frac{9}{4}$

③ 양변에 서로 음수를 곱할 때는 부등식의 방향이 바뀜

$-4x>-9 \Rightarrow -4x\times-\frac{1}{4}<-9\times-\frac{1}{4} \Rightarrow x<\frac{9}{4}$

대표유형

마케팅 부서와 개발 부서가 프로젝트를 함께 진행하며, 마케팅 부서와 개발 부서의 총 투입 인력은 20명으로 예정되어 있었으나 일정 변경으로 마케팅 부서의 투입 인력은 20%, 개발 부서의 투입 인력은 50% 줄어 총 투입 인력이 13명이 되었을 때, 처음 마케팅 부서에서 예정한 투입 인력은?

① 8명 ② 10명 ③ 12명
④ 14명 ⑤ 16명

해설

처음 마케팅 부서의 예정 인원을 x라 한다. 그러면 개발 부서의 예정 인원은 $20-x$이다.
그러면 아래와 같이 식을 만들 수 있다.
$x(1-0.2)+(20-x)(1-0.5)=13$
$0.8x+10-0.5x=13$
$0.3x=3,\ x=10$
따라서 처음 마케팅 부서에 예정한 인원은 10명이다.

정답 I ②

 **Awesome, Solution!**

마케팅 부서의 예정 인원은 20% 감원되어 진행되었다. 마케팅 부서의 처음 예정 인원을 x라 하면 20% 감원된 $0.8x$명도 결국 자연수가 되어야 한다. 이유는 사람의 수는 자연수로만 셀 수 있기 때문이다. 선택지에서 $0.8x$가 자연수가 되는 경우는 ② 밖에 없다. 따라서 ②를 고르면 된다. 혹시 선택지에 $0.8x$가 자연수가 되는 경우가 더 있다면 그렇지 않은 선택지들은 우선 소거하고 시작하자.

02 연립방정식

두 개 이상의 식을 활용하여 해를 구해 답을 찾는 문제

대표유형

나는 1년 동안 펀드 수익률 12%, 적금 수익률 4%를 얻었다. 1년 동안 총 3억 원을 펀드와 적금에만 분산 투자하여 총 31,200,000원의 수익을 얻었을 때, 내가 1년 동안 펀드에 투자한 금액은?

① 9천만 원
② 1억 2천만 원
③ 1억 5천만 원
④ 2억 1천만 원
⑤ 2억 4천만 원

해설

1년 동안 투자한 펀드 금액을 x, 적금 금액을 y라 하면 아래와 같이 식을 세울 수 있다.

$x+y=300,000,000$ ------ Ⓐ

$0.12x+0.04y=31,200,000 \rightarrow 12x+4y=3,120,000,000 \rightarrow 3x+y=780,000,000$ ------ Ⓑ

Ⓑ−Ⓐ로 연립하면

$2x=480,000,000 \rightarrow x=240,000,000$

따라서 펀드는 240,000,000원, 적금은 60,000,000원 투자하였다.

정답 ❙ ⑤

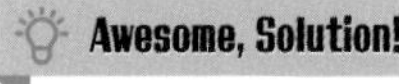

3억을 투자해서 총 3천만 원 이상 수익이 났기 때문에 전체 10% 이상 수익이 발생했다. 따라서 적금 수익률 4%보다는 펀드 수익률 12%에 더 가깝다는 것을 인지해야 한다. 당연히 펀드에 더 많은 비중을 두고 투자했다고 합리적으로 생각할 수 있다. 따라서 펀드에 3억 원의 절반 이상인 1.5억 원을 초과하는 금액을 넣었을 것이다. 이때 선택지 ①, ②, ③은 소거해 버리고 시작하고 ④나 ⑤의 선택지를 역으로 대입해서 복잡한 계산을 피할 수 있다.

깊게 들어가기

위 문제에서 깊게 들어가면 적금 4% 수익과 펀드 12% 수익의 사이인 10%쯤 총 수익이 났으므로 10%를 기준으로 차이를 구하면 (10−4) : (12−10) =6 : 2 = 3 : 1이 된다. 이때 차이는 반비례 관계이다. 펀드가 적금의 약 3배 정도 비중으로 투자했음을 알 수 있다. 3억을 배분하면 3 : 1 = 2.25억 : 0.75억, '2.25억쯤 펀드에 투자했겠구나.'라고 생각하고 문제에 들어갈 수 있다. 실제로 10% 이상 수익이 났으므로 펀드 투자금은 당연히 2.25억 원 이상이다. 답은 ⑤ 밖에는 선택할 수 없다.

대표유형

삼성전자 매장에서 일주일간 세탁기와 건조기를 함께 구매하면 정가의 총 10%를 할인해 주는 행사를 진행했다. 세탁기의 정가는 120만 원이고, 건조기의 정가는 80만 원이다. 행사 종료 후 재고를 파악하니 세탁기는 70개, 건조기는 62개가 판매되었고, 이 기간 세탁기와 건조기의 판매 매출은 총 1억 2,960만 원이었다. 이때 세탁기와 건조기를 함께 판매한 건수는?

① 19건 ② 20건 ③ 21건
④ 22건 ⑤ 23건

해설

세탁기만 구매한 건수를 x, 건조기만 구매한 건수를 y, 둘 다 구매한 건수를 z라 하면 아래와 같이 식을 세울 수 있다. 이때 둘 다 구매한 가격은 세탁기와 건조기의 정가의 합 200만 원에서 10% 할인한 180만 원이다.

$x+z=70 \rightarrow x=70-z$ ------ Ⓐ

$y+z=62 \rightarrow y=62-z$ ------ Ⓑ

$120x+80y+180z=12,960 \rightarrow 6x+4y+9z=648$ ------ Ⓒ

Ⓐ와 Ⓑ를 Ⓒ에 대입한다.

$6(70-z)+4(62-z)+9z=648$, $420-6z+248-4z+9z=648$, $420+248-648=6z+4z-9z$

$z=20$

따라서 세탁기와 건조기를 함께 판매한 건수는 20건이다.

정답 ❙ ②

관련공식

연립방정식: 문제를 통해 2개 이상의 식을 세운 후, 2개의 식을 연립해서 푸는 방정식

$2x+y=3$ ---- ⓐ

$x-2y=-1$ ---- ⓑ

① 가감법

두 식을 더하거나 빼서 미지수 1개를 소거하여 푸는 방식

ⓐ-2ⓑ로 연립하면 $(2x-2x)+[y-(-4y)]=3-(-2)$, $5y=5$, $y=1$

따라서 $x=1$, $y=1$

② 대입법

한 개의 식을 다른 식에 대입하여 구하는 방식

ⓑ를 $x-2y=-1 \rightarrow x=2y-1$로 변형하여 ⓐ에 대입하면 $2(2y-1)+y=3$, $4y-2+y=3$, $5y=5$, $y=1$

따라서 $x=1$, $y=1$

03 경우의 수와 확률

주어진 조건에 가능한 경우의 수를 구하거나 확률을 구하는 문제

대표유형

A, B, C 3개의 팀에서 남자 6명, 여자 4명 중 성별로 각각 1명씩 뽑아 팀별로 프로젝트를 진행하려고 할 때, 가능한 경우의 수는?

① 168가지 ② 388가지 ③ 524가지
④ 1,248가지 ⑤ 2,880가지

해설

서로 다른 n개에서 순서를 고려하지 않고 r개를 뽑는 경우의 수 ${}_nC_r = \frac{n!}{r!(n-r)!}$이다.

A조에 남자를 선택하는 경우의 수는 6명 중 1명을 뽑는 경우의 수$= {}_6C_1$(가지)

A조에 여자를 선택하는 경우의 수는 4명 중 1명을 뽑는 경우의 수$= {}_4C_1$(가지)

따라서 A조를 선택하는 경우의 수는 $({}_6C_1 \times {}_4C_1)$가지이다.

이제 남자와 여자 1명이 선택되었으므로, B조는 남자 5명과 여자 3명에서 선택해야 한다.

같은 방식으로 계산해 가면 A, B, C 3개의 팀에서 남자 6명, 여자 4명 중 성별로 각각 1명씩 뽑는 경우의 수는 $({}_6C_1 \times {}_4C_1) \times ({}_5C_1 \times {}_3C_1) \times ({}_4C_1 \times {}_2C_1) = (6\times4)\times(5\times3)\times(4\times2) = 2{,}880$(가지)이다.

정답 | ⑤

관련공식

순열: n명을 일렬로 세우는 경우의 수

$n! = n \times (n-1) \times (n-2) \times \cdots \times 2 \times 1$

예 5명을 일렬로 세울 경우 → $5! = 5\times4\times3\times2\times1 = 120$(가지)

조합: n명 중에서 r명을 뽑는 경우의 수

$${}_nC_r = \frac{n!}{r!(n-r)!}$$

예 7명 중에서 4명을 뽑는 경우 → ${}_7C_4 = \frac{7!}{4!3!} = \frac{7\times6\times5\times4\times3\times2\times1}{(4\times3\times2\times1)(3\times2\times1)} = 35$(가지)

대표유형

서울에 21일 비가 안 올 확률은 80%, 22일 비가 안 올 확률은 60%이다. 부산에 21일 비가 안 올 확률은 90%, 22일 비가 안 올 확률은 60%이다. 서울과 부산에 21일과 22일 중 딱 하루씩 비가 왔다고 가정했을 때, 비가 온 날이 서울과 부산 모두 21일일 확률은?

① $\frac{1}{35}$ ② $\frac{3}{77}$ ③ $\frac{3}{75}$

④ $\frac{1}{7}$ ⑤ $\frac{18}{25}$

해설

사건 A가 일어났을 때의 사건 B의 조건부확률 $P(B|A)=\frac{P(A\cap B)}{P(A)}$

서울에 21일 비가 올 확률은 20%이고, 22일 비가 올 확률은 40%이다. 또한, 부산에 21일 비가 올 확률은 10%이고, 22일 비가 올 확률은 40%이다.

서울과 부산에 각각 하루씩만 비가 올 확률

$(0.2\times0.6+0.8\times0.4)\times(0.1\times0.6+0.9\times0.4)=(0.12+0.32)\times(0.06+0.36)=0.44\times0.42=0.1848$

서울과 부산에 21일만 비가 올 확률

$(0.2\times0.6)\times(0.1\times0.6)=0.12\times0.06=0.0072$

따라서 서울과 부산에 이틀 중 하루만 비가 왔을 때, 21일만 비가 올 확률은 $\frac{0.0072}{0.1848}=\frac{72}{1,848}=\frac{3}{77}$이다.

정답 ❙ ②

관련공식

$$\text{조건부확률 } P(B|A)=\frac{P(A\cap B)}{P(A)}$$

사건 A가 일어났을 때 사건 B가 일어날 확률로 P(A)는 사건 A가 일어날 확률이고, P(A∩B)는 A와 B가 모두 일어날 확률이다.

■ 응용계산 유형 익히기

서로 마주 보며 달려오는 기차 A, B가 터널에 동시에 진입하여 6분 후에 만났다. 터널의 길이는 75km이고, 기차 A의 속력은 300km/h이며, 기차 B의 길이가 1km일 때, 기차 B가 처음 터널에 들어가서 완전히 통과하는 데에 걸리는 시간은?

① 8분~9분 사이 ② 9분~10분 사이 ③ 10분~11분 사이
④ 11분~12분 사이 ⑤ 12분~13분 사이

해설

기차 A의 시속을 분속으로 바꾸면 $\frac{300}{60}=5km/m$이다. 기차 A는 터널을 통과하여 6분 동안 $30km$를 달렸다. 이 지점에서 기차 B를 만났으므로 기차 B는 남은 터널의 길이인 $75-30=45km$를 6분 동안 달렸다. 따라서 기차 B의 분속은 $\frac{45}{6}=\frac{15}{2}=7.5km/m$이다.

기차 B가 터널을 완전히 통과하기 위해서는 (터널의 길이 $75km$)+(기차의 길이 $1km$)$=76km$를 지나가야 한다.

$7.5km/m$의 속도로 $76km$를 갈 때 시간은 $76\div7.5=10.1333\cdots$이므로 터널에 들어간 후 기차 B는 10분에서 11분 사이에 터널을 완전히 빠져나오게 된다.

정답 I ③

관련공식

$$거리 = 속력 \times 시간 \qquad 속력 = \frac{거리}{시간} \qquad 시간 = \frac{거리}{속력}$$

초속, 분속, 시속의 관계: $10m/s=600m/m=36,000m/h=36km/h$

(기차가 완전히 터널을 통과하는 거리)=(터널의 길이)+(기차의 길이)

농도가 15%인 소금물 300g과 농도가 25%인 소금물 200g을 섞었다. 여기에 농도가 5%인 소금물을 추가했더니 농도가 12%로 변했을 때, 추가한 소금물의 양을 고르면?

① 380g ② 500g ③ 520g
④ 650g ⑤ 720g

해설

농도가 15%인 소금물 300g에는 소금이 45g 들어있다.

$300\times\frac{15}{100}=45g$

농도가 25%인 소금물 200g에는 소금이 50g 들어있다.

$200\times\frac{25}{100}=50g$

따라서 두 소금물은 소금이 95g든 500g의 소금물이다.

농도가 5%인 소금물의 양을 xg이라 하면 이 소금물에 든 소금의 양은 $x\times\frac{5}{100}=\frac{x}{20}g$이다.

따라서 아래와 같은 식을 세울 수 있다.

$(\text{소금물의 양})\times\frac{(\text{농도})}{100}=(\text{소금의양})\ \rightarrow\ (500+x)\times\frac{12}{100}=95+\frac{x}{20}$

양변에 100을 곱하면 $(500+x)\times12=9{,}500+5x$이고

$6{,}000+12x=9{,}500+5x,\ 7x=3{,}500,\ x=500$이다.

따라서 추가한 소금물의 양은 500g이다.

정답 Ⅰ ②

관련공식

$$\text{소금의 양}=\text{소금물의 양}\times\frac{\text{농도}}{100}$$

$$\text{농도}=\frac{\text{소금의 양}}{\text{소금물의 양}}\times100$$

$$\text{소금물의 양}=\frac{\text{소금의 양}}{\text{농도}}\times100$$

농도에 관한 문제는 예전에는 자주 출제됐지만, 현재는 출제 빈도가 많이 줄었다. 하지만 기본 유형이므로 공식 암기와 간단한 대비는 필요하다. 특히 용질의 양을 먼저 계산하고 푸는 경우 대체로 계산이 간단해진다.

올해 홍보실에 입사한 남자 신입사원은 전년 대비 20% 증가하였고, 여자 신입사원은 전년 대비 25% 증가하여 올해 신입사원은 총 70명이다. 올해 신입사원이 전년 대비 13명 증가했을 때, 올해 여자 신입사원의 수를 고르면?

① 40명 ② 42명 ③ 46명
④ 48명 ⑤ 49명

해설

작년 남자 신입사원의 수를 x, 작년 여자 신입사원의 수를 y라고 하면 올해보다 13명이 적었으므로
$x+y=57$이다.
또한 올해 남자 신입사원은 20%, 여자 신입사원은 25% 증가하였으므로
$1.2x+1.25y=70$이고 소수점을 소거하기 위해 변형하면 $120x+125y=7,000$, $24x+25y=1,400$으로 변형할 수 있다.
두 식을 연립한다.
$x+y=57$ ----- ⓐ
$24x+25y=1,400$ ----- ⓑ
ⓑ$-24\times$ⓐ로 계산하면
$24x+25y=1,400$
$24x+24y=1,368$
$y=32$를 구할 수 있다. 따라서 올해 여자 신입사원의 수는 $32\times1.25=40$(명)이다.

정답 ❙ ①

관련공식

$$a\text{에서 } x\% \text{ 증가} \rightarrow a\times(1+\frac{x}{100})$$

$$a\text{에서 } x\% \text{ 감소} \rightarrow a\times(1-\frac{x}{100})$$

올해 내가 보유한 두 종목의 주식 가치는 작년 대비 전체 1,600만 원 증가하여 총 6,600만 원이다. A 종목의 가치는 작년 대비 20% 증가하였고, B 종목의 가치는 작년 대비 50% 증가하였을 때, 올해 B 종목의 가치는 작년 대비 얼마 증가하였는가?

① 1,000만 원 ② 1,100만 원 ③ 1,200만 원
④ 1,300만 원 ⑤ 1,400만 원

해설

올해 내가 보유한 A 종목과 B 종목의 가치는 총 1,600만 원 증가했으므로, 작년의 가치는 5,000만 원이다.
작년 A 종목의 가치를 x만 원
작년 B 종목의 가치는 $(5{,}000-x)$만 원
올해 A 종목의 가치를 $1.2x$만 원
올해 B 종목의 가치는 $1.5(5{,}000-x)$만 원이므로
아래와 같이 식을 세울 수 있다.

$1.2x+1.5(5{,}000-x)=6{,}600$

$1.2x+7{,}500-1.5x=6{,}600$

$900=0.3x$

$3x=9{,}000,\ x=3{,}000$

작년 A 종목의 가치는 3,000만 원이고, 작년 B 종목의 가치는 2,000만 원이다. 올해 B 종목은 50% 가치가 증가하였으므로 올해 B 종목은 1,000만 원 가치가 증가했다.

정답 | ①

사원 A, B, C, D, E, F, G, H 8명을 3개의 조로 나누어 업무를 분담하고자 한다. 조는 3명, 3명, 2명으로 나누어 편성할 예정이다. 이때 조를 나눌 수 있는 경우의 수를 고르면?

① 60가지 ② 72가지 ③ 96가지
④ 176가지 ⑤ 280가지

해설

8명을 3개의 조로 나누어야 한다. 우선 8명 중 3명을 뽑아 1개의 조를 만들면 ${}_8C_3=\frac{8\times7\times6}{3\times2\times1}=56$(가지) 가능하다. 또한 남은 5명 중 3명을 뽑으면 ${}_5C_3=\frac{5\times4\times3}{3\times2\times1}=10$(가지)가 가능하다. 남은 두 명은 2명이 속한 조에 확정된다. 따라서 $56\times10=560$(가지)가 가능하다.
그런데 아래와 같은 중복 상황을 고려해야 한다.
(A, B, C), (D, E, F), (G, H)
(D, E, F), (A, B, C), (G, H)
A, B, C가 한 조로, D, E, F가 한 조로 편성되는 경우 중복 카운팅된다.
따라서 이 과정을 한 개의 식으로 표현하면

$$\frac{{}_8C_3\times{}_5C_3\times{}_2C_2}{2!}=\frac{\frac{8\times7\times6}{3\times2\times1}\times\frac{5\times4\times3}{3\times2\times1}\times\frac{2\times1}{2\times1}}{2\times1}=\frac{56\times10\times1}{2}=280\text{(가지)}$$가 된다.

정답 I ⑤

관련공식

$$\frac{{}_8C_2\times{}_6C_2\times{}_4C_2\times{}_2C_2}{4!}=\frac{\frac{8\times7}{2\times1}\times\frac{6\times5}{2\times1}\times\frac{4\times3}{2\times1}\times\frac{2\times1}{2\times1}}{4\times3\times2\times1}=\frac{28\times15\times6\times1}{4\times3\times2\times1}=105\text{(가지)}$$

2명씩인 조 4개가 중복이 발생하여 분모를 4!로 계산한다.

10명을 3명, 3명, 2명, 2명씩 4개조로 나누는 경우의 수

$$\frac{{}_{10}C_3\times{}_7C_3\times{}_4C_2\times{}_2C_2}{2!\times2!}=\frac{\frac{10\times9\times8}{3\times2\times1}\times\frac{7\times6\times5}{3\times2\times1}\times\frac{4\times3}{2\times1}\times\frac{2\times1}{2\times1}}{2\times1\times2\times1}=\frac{120\times35\times6\times1}{4}=6{,}300\text{(가지)}$$

3명씩인 조 2개가 중복, 2명씩인 조 2개가 중복이 발생하여 각각 2!과 2!를 곱하여 분모에 둔다.

테니스 동호회에서 복식 경기를 진행하려고 한다. a, b, c 3명은 남자이고, d, e, f 3명은 여자이다. 6명을 2명씩 A, B, C 3개의 조로 나눌 때, 3개의 조가 모두 남녀로 구성될 확률은?

① $\frac{1}{3}$ ② $\frac{2}{5}$ ③ $\frac{3}{10}$

④ $\frac{1}{6}$ ⑤ $\frac{1}{12}$

해설

서로 다른 n개에서 순서를 고려하지 않고 r개를 뽑는 경우의 수

$${}_nC_r = \frac{n!}{r!(n-r)!}$$

(이전 문제와 차이점은 조가 A, B, C로 구분되기 때문에 앞 문제와 같은 중복이 발생하지 않는다.)

6명을 2명씩 A, B, C 3개의 조로 나누는 경우의 수

$${}_6C_2 \times {}_4C_2 \times {}_2C_2 = \frac{6\times5}{2\times1} \times \frac{4\times3}{2\times1} \times \frac{2\times1}{2\times1} = 90\text{(가지)}$$

모두 서로 다른 성별로 구성될 경우의 수

남자 3명 중 1명을 A조에, 여자 3명 중 1명을 A조에, 남자 2명 중 1명을 B조에, 여자 2명 중 1명을 B조에, 남은 남자 1명을 C조에, 남는 여자 1명을 C조에 넣어야 한다.

$${}_3C_1 \times {}_3C_1 \times {}_2C_1 \times {}_2C_1 \times {}_1C_1 \times {}_1C_1 = 36\text{(가지)}$$

따라서 6명을 2명씩 A, B, C 3개의 조로 나눌 때, 3개의 조가 모두 성별이 다른 조로 구성될 확률은 $\frac{36}{90} = \frac{2}{5}$ 이다.

정답 | ②

Awesome, Solution!

이 문제는 단순하게 생각하자. 6명 중 조 A에 한 사람을 뽑았다고 가정하자. 이때 이성을 뽑을 확률은 이성 3명, 동성 2명이 남았으므로 $\frac{3}{5}$ 이다. 그리고 조 B에 또 한 사람을 뽑았다고 가정하자. 그러면 남은 사람은 이성 2명과 동성 1명이다. 이때 이성을 뽑을 확률은 $\frac{2}{3}$ 이다. 그러면 자연히 이성과 동성 1명씩 남아 조 C가 된다. 이때 각각의 확률을 곱하면 $\frac{3}{5} \times \frac{2}{3} = \frac{2}{5}$ 이다.

총무팀 a, b와 재무팀 c, d, e, f가 월간 회의를 하고 있다. 회의실은 원형 탁자에 의자가 일정한 간격으로 여섯 자리가 있다. 이때 총무팀 2명이 서로 마주 보고 앉을 경우의 수를 고르면?

① 21가지 ② 24가지 ③ 26가지
④ 28가지 ⑤ 30가지

해설

재무팀 4명이 원형의 탁자에 둘러앉는 경우의 수는 $(4-1)!=3!=6$(가지)
재무팀 사이사이의 4개의 자리에 총무팀 1명이 앉는 경우의 수는 ${}_4C_1=4$(가지)
이때 총무팀 1명의 자리가 결정되면 나머지 총무팀 1명의 자리는 마주 보는 자리에 고정된다.
따라서 구하는 경우의 수는 $6\times 4=24$(가지)이다.

정답 I ②

관련공식

서로 다른 n개를 원형으로 배열하는 경우의 수

$$\frac{n!}{n}=(n-1)!$$

대한민국 축구 국가대표팀 트레이너가 경기 전날 몸을 풀기 위한 훈련 프로그램을 짜고 있다. 훈련은 각각 목적에 맞게 서로 다른 10분짜리 5개 코스와 20분짜리 3개 코스, 30분짜리 1개 코스가 준비되어 있고, 이 훈련들을 섞어서 1시간짜리 훈련 스케줄로 짤 예정이다. 이때 가능한 훈련 스케줄의 경우의 수를 고르면?(단, 같은 훈련은 반복하지 않고, 훈련은 딜레이 없이 바로바로 이어서 진행된다.)

① 48가지 ② 510가지 ③ 840가지
④ 930가지 ⑤ 2,856가지

해설

1시간 훈련 스케줄로 가능한 조합

-10분짜리 4개, 20분짜리 1개: ${}_5C_4 \times {}_3C_1 = \frac{5\times4\times3\times2}{4\times3\times2\times1} \times \frac{3}{1} = 15$(가지)

-10분짜리 3개, 30분짜리 1개: ${}_5C_3 \times {}_1C_1 = \frac{5\times4\times3}{3\times2\times1} \times \frac{1}{1} = 10$(가지)

-10분짜리 2개, 20분짜리 2개: ${}_5C_2 \times {}_3C_2 = \frac{5\times4}{2\times1} \times \frac{3\times2}{2\times1} = 30$(가지)

-10분짜리 1개, 20분짜리 1개, 30분짜리 1개: ${}_5C_1 \times {}_3C_1 \times {}_1C_1 = \frac{5}{1} \times \frac{3}{1} \times \frac{1}{1} = 15$(가지)

-20분짜리 3개: ${}_3C_3 = 1$(가지)

스케줄은 각 훈련 코스의 순서에 따라 구분되므로 순열을 곱한다.

-10분짜리 4개, 20분짜리 1개로 가능한 훈련 스케줄: $15 \times 5! = 1{,}800$(가지)

-10분짜리 3개, 30분짜리 1개로 가능한 훈련 스케줄: $10 \times 4! = 240$(가지)

-10분짜리 2개, 20분짜리 2개로 가능한 훈련 스케줄: $30 \times 4! = 720$(가지)

-10분짜리 1개, 20분짜리 1개, 30분짜리 1개로 가능한 훈련 스케줄: $15 \times 3! = 90$(가지)

-20분짜리 3개로 가능한 훈련 스케줄: $1 \times 3! = 6$(가지)

따라서 모두 더하면 총 $1{,}800 + 240 + 720 + 90 + 6 = 2{,}856$(가지) 스케줄이 가능하다.

정답 I ⑤

관련공식

구분하여 순서를 정할 때는 '순열'을 이용한다.

100억 원을 들여서 신형 전기차 모델을 개발하였다. 이 전기차는 주문을 받으면 생산하는 방식으로 전기차 생산단가는 대당 3,000만 원이고, 정가는 4,200만 원이다. 처음 200대를 팔았을 때 경쟁사에서 가격을 내려 판매량이 점점 줄었다. 이에 대응하고자 정가의 15% 할인하여 판매를 했다. 이때, 손해를 보지 않기 위해선 할인된 전기차를 최소한 몇 대 팔아야 하는지 고르면?

① 1,334대 ② 1,453대 ③ 1,502대
④ 1,905대 ⑤ 2,601대

해설

전기차를 정가에 팔면 $4{,}200-3{,}000=1{,}200$(만 원) 이익이 남는다. 처음 200대를 팔았을 때 총 24억 원의 이익이 발생했다. 따라서 100억 원에서 총 24억 원을 회수하였다. 남은 76억 원 이상을 이익으로 남기면 손해를 보지 않게 된다.
정가 4,200만 원 전기차를 15% 할인하면 할인가는 $4{,}200\times(1-0.15)=4{,}200\times0.85=3{,}570$(만 원)이다.
즉 할인가로 팔면 $3{,}570-3{,}000=570$(만 원) 이익이 발생한다.
따라서 $570x\geq 760{,}000$, $x\geq 1{,}333.333\cdots$이고 최소한 1,334대를 팔아야 한다.

정답 ❙ ①

재무팀 A는 Z업무를 혼자 진행할 때, B가 혼자 진행할 때보다 2시간이 더 걸린다. 오전 9시에 두 사람은 같이 Z업무를 진행하다가 12시에 점심시간이 되어 1시에 돌아왔다. 1시부터 B는 급하게 처리해야 하는 업무가 생겨서 남은 Z업무를 A 혼자 진행했고 오후 2시에 Z업무를 마칠 수 있었다. 이때 A가 Z업무를 혼자서 멈추지 않고 한다면 총 몇 시간이 걸리겠는가?

① 6시간 ② 6시간 30분 ③ 7시간 48분
④ 8시간 ⑤ 9시간 12분

해설

Z업무의 양을 1이라고 하고 A가 Z업무를 혼자서 할 때 걸리는 시간을 x라 하면

Z업무를 A가 1시간에 하는 일의 양은 $\frac{1}{x}$이다. B가 혼자서 1시간에 하는 일의 양은 $\frac{1}{x-2}$이다.

오전에 같이 3시간을 일했고, 점심시간 이후 A가 혼자 1시간을 일했으므로

$(\frac{1}{x}+\frac{1}{x-2})\times3+\frac{1}{x}=1$을 구할 수 있다.

$(\frac{1}{x}+\frac{1}{x-2})\times3+\frac{1}{x}=1$을 간단히 하면 $\frac{4}{x}+\frac{3}{x-2}=1$이다. 양변에 $x(x-2)$를 곱한다.

$4(x-2)+3x=x(x-2)$, $4x-8+3x=x^2-2x$, $x^2-9x+8=0$

이차방정식을 풀면 $x=1, 8$인데 1은 답이 될 수 없으므로 $x=8$이다.

즉 A가 Z업무를 혼자서 할 때 걸리는 시간은 8시간이다.

정답 I ④

유형2 자료해석

01 맞거나 틀린 선택지 고르기

비중이 가장 높게 출제되며, 주어진 자료를 보고 맞거나 틀린 것을 고르는 문제

대표유형

주어진 우리나라 어업 생산 관련 통계자료를 보고 해석한 내용으로 올바른 설명을 고르면?

[표1] 주요 어종별 kg당 가격 (단위: 원)

품종	2018년	2019년	2020년	2021년	2022년
넙치류	13,302	9,936	12,307	15,845	15,336
참돔	13,346	11,072	8,702	10,085	12,667
조피볼락	8,480	7,641	7,937	12,551	12,423
숭어류	8,496	7,718	6,870	8,647	11,967
가자미류	10,274	10,247	10,979	10,788	11,957

[표2] 주요 어종별 생산금액 (단위: 억 원, %)

구분	2021년		2022년	
	생산금액	비중	생산금액	비중
합계	12,048	100.0	12,798	100.0
넙치류	6,620	54.9	7,024	54.9
조피볼락	2,193	18.2	2,011	15.7
참돔	838	7.0	1,023	8.0
가자미류	670	5.6	923	7.2
숭어류	895	7.4	868	6.8
기타 어종	832	6.9	948	7.4

① 2021년 참돔은 8,380톤 이상 생산하였다.
② 2019년 조피볼락의 kg당 가격은 전년 대비 10% 이상 감소했다.
③ 2021년 및 2022년 연평균 조피볼락 생산금액은 2,100억 원 이하이다.
④ 2021년 어종별 생산금액으로 봤을 때 세 번째로 비중이 높은 어종은 참돔이다.
⑤ 조피볼락의 kg당 가격이 두 번째로 높은 해의 숭어류와 참돔의 kg당 가격 차이는 700원이었다.

해설

⑤ 조피볼락의 kg당 가격이 두 번째로 높은 해는 2022년이고, 이때 숭어류와 참돔의 kg당 가격 차이는 11,967원과 12,667원으로 700원 차이다.

① 2021년 참돔의 kg당 가격은 10,085원이다. 또한 총 생산금액은 838억 원이다.
만약 참돔의 2021년 생산량을 $x\,kg$이라 하면 (kg당 가격)×(생산량)=(총 생산 금액)이다.

$10,085 \times x = 83,800,000,000$, $x = \dfrac{83,800,000,000}{10,085}$

그런데 $\dfrac{83,800,000,000}{10,085} < \dfrac{83,800,000,000}{10,000}$를 이용하면 (분모가 작아지면 수는 커진다.)

$x = \dfrac{83,800,000,000}{10,085} < \dfrac{83,800,000,000}{10,000} = 8,380,000kg = 8,380t$

따라서 $x < 8,380t$이고 생산량은 8,380톤 이하다.

② 2018년 조피볼락의 kg당 가격은 8,480원이다. 이것의 10%는 848원이다. 2019년에 10% 이상 감소했다면 $8,480 - 848 = 7,632$(원) 이하가 되어야 한다. 하지만 2019년 조피볼락의 kg당 가격은 7,641원이므로 10% 이상 감소하지는 않았다.

③ 2021년 조피볼락 생산금액은 2,193억 원이고, 2022년은 2,011억 원이다.

$\dfrac{2,193+2,011}{2} = \dfrac{4,204}{2} = 2,102$(억 원)

④ 2021년 어종별 생산금액으로 봤을 때 세 번째로 비중이 높은 어종은 숭어류이다.

정답 | ⑤

 Awesome, Solution!

[STEP1] 문제를 읽고, 자료를 파악한다.

우리나라 어업 생산에 관한 자료를 통해 옳은 것을 찾는 문제이고, 어종별 단가와 총 생산금액에 관한 표가 2개 주어졌다.

[STEP2] 선택지를 전체적으로 보고 쉽고 빠르게 판단할 수 있는 선택지를 가려낸다.

생산량은 생산금액과 단가를 통해 계산해야 한다. 따라서 계산 시간이 필요할 것으로 예측된다. 그에 비해 ④, ⑤는 거의 계산하지 않고 빠르게 구할 수 있다. 선택지 순서대로 풀기보다는 난이도를 보고 쉬운 순서대로 풀어야 한다.

[STEP3] 빠르게 판단할 수 있는 선택지부터 소거해 답을 찾는다.

쉬운 선택지를 풀면서 하나씩 소거하여 답을 찾는다. 어려운 선택지는 가급적 덜 풀면서 답을 찾아야 시간 경쟁에서 유리해진다. 답이라고 확신이 들면 선택하고 다음 문제로 넘어간다. 그렇게 시간을 아껴서 만약 마지막에 시간이 남는다면 그때 검산을 해도 된다.

Focusing, 습관을 버리자!

1. 선택지를 순서대로 풀지 않기

만약 순서대로 풀었다면 앞쪽에 배치된 선택지에서 계산에 시간을 많이 써서 풀이 시간이 오버될 수 있다. 상황에 따라서 까다로운 선택지가 상대적으로 앞쪽에 배치되어 있다면 순서를 바꿔서 풀어야 한다.

2. 계산 줄이는 습관 늘리기

①을 직접 계산하면 나누기 계산이 오래 걸린다. 계산하기 쉬운 수를 활용하여 비교하는 방법을 최대한 활용한다. ②의 해설을 참고하여 곱셈, 나눗셈보다는 덧셈, 뺄셈으로 계산하는 방법을 최대한 늘려야 속도 경쟁에서 유리하다. $8,480\times0.9=7,632$보다는 $8,480-848=7,632$이 더 계산이 쉽고 빠르다. 뺄셈 암산이 가능한 경우면 속도 차이는 더 분명해질 것이다.

3. 검산하지 않기

검산할 시간에 한 문제라도 더 많은 문제 풀어야 한다. 만약 시간이 남는다면 검산을 할 수는 있으나, 대부분의 인적성 시험은 시간을 충분히 주지 않게 설계된다. GSAT의 경우 다른 인적성 시험보다는 시간 압박이 덜한 편이긴 하지만 평균적으로 전체 문제를 다 푸는 응시자의 비중이 약 10%가 안 되는 시험이다. 차라리 빨리 풀고, 남은 시간에 검산하겠다는 생각으로 미련 없이 빠르게 풀고 넘어가야 한다.

대표유형

주어진 우리나라 2022년 조직형태별 사업체 및 종사자 수 관련 통계자료를 보고 해석한 것으로 잘못된 것을 고르면?

[표] 2022년 조직형태별 사업체 및 종사자 수 (단위: 개, 명, %)

구분	사업체 수	비율	종사자 수	비율
전체	6,141,263	100.0	25,211,397	100.0
개인사업체	4,843,794	78.9	8,873,732	35.2
회사법인	930,793	15.2	11,136,082	44.2
회사이외법인	259,125	4.2	4,366,679	17.3
비법인단체	107,551	1.8	834,904	3.3

*회사 이외 법인: 민법에 의한 재단·사단법인과 특별법에 의한 특별법인, 국가지자체 등

[그래프] 2022년 전년 대비 사업체 수 증감 (단위: %)

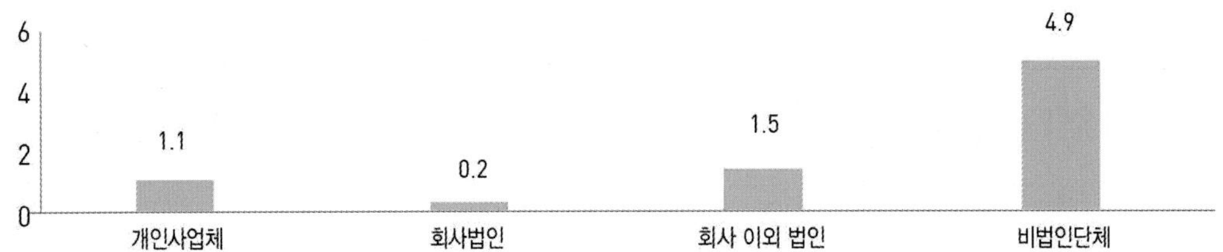

① 자료를 보면 회사법인은 개인사업체보다 업체 수가 5배 이상 더 적다.
② 회사 이외 법인의 사업체당 평균 종사자 수는 15명을 넘는다.
③ 2021년 개인사업체 수는 4,750,000개 이하였다.
④ 2022년 회사법인 종사자 수는 개인사업체 종사자 수보다 1.2배 이상 더 많다.
⑤ 2022년 회사법인 외 모든 종사자 수는 1,400만 명을 넘는다.

해설

③ 2022년 전년 대비 개인사업체 증감률은 1.1%이다. 2021년 개인사업체 수가 4,750,000개 이하일 때 최대 4,750,000개라고 가정하면 1.1% 증가는 다음과 같이 생각할 수 있다.

4,750,000의 1% 47,500

4,750,000의 0.1% 4,750

4,750,000의 1.1% 52,250

따라서 4,750,000개의 1.1% 증가한 수치는 4,750,000+52,250=4,802,250(개)가 된다.

하지만 실제 2022년 개인사업체의 수는 4,843,794개다. 2021년 개인사업체 수가 4,750,000개 이하일 때 1.1% 증가한 수치는 최대 4,802,250개이므로 2022년 개인사업체 수 4,843,794개가 절대로 될 수 없다. 따라서 2021년 개인사업체 수는 4,750,000개 이하일 수 없다.

① 회사법인 수는 930,793개, 개인사업체는 4,843,794개이다. 930,793×5=4,653,965(개)이므로 5배 이상 더 적다.

② 회사 이외 법인의 사업체 수는 259,125개이고 만약 사업체당 10명이 종사한다고 가정하면 2,591,250명이 될 것이다. 15명이 종사한다면 2,591,250의 절반이 더 추가로 더해지면 될 것이다.

대략 260만+130만=390(만 명)이 된다. 회사 이외 법인 259,125개의 업체당 평균 15명이 종사한다면 대략 390만 명 정도가 종사하는 것이다. 회사 이외 법인 실제 종사자 수는 4,366,679명이므로 업체당 종사자 수가 15명이 훨씬 넘을 것이다. 실제 계산하면 아래와 같다.

$\frac{4,366,679}{259,125} \fallingdotseq 16.85$(명)

④ 2022년 회사법인 종사자 비율은 44.2%이고, 개인사업체 종사자 수 비율은 35.2%이다.

$\frac{44.2}{35.2} = 1.2556 \cdots$(배)

따라서 1.2배 이상 더 많다.

⑤ 전체 종사자 수 25,211,397에서 회사법인 종사자 11,136,082를 빼면 25,211,397−11,136,082=14,075,315(명)이다.

정답 Ⅰ ③

02 계산하여 빈칸 채우기

주어진 자료를 통해 계산하여 빈칸에 들어갈 알맞은 수치를 고르는 문제

대표유형

어떤 회사에서 올해 연말에 지급할 인센티브에 관한 자료이다. 자료를 보고 빈칸에 해당하는 값을 계산하여 고르면?

[표] 연말 인센티브 산정표 (단위: 년, 만 원)

구분	갑	을	병	정
근속연수	5	15	9	(㉡)
인센티브	(㉠)	3,700	2,260	1,540

$$\text{인센티브} = \frac{\text{근속연수}}{a} \times b + 200a$$

	㉠	㉡
①	1,300	6
②	1,250	6
③	1,300	8
④	1,450	4
⑤	1,450	8

해설

을의 경우를 대입하면 $3{,}700=\frac{15}{a}\times b+200a$, 병의 경우를 대입하면 $2{,}260=\frac{9}{a}\times b+200a$이다. 두 식을 정리하면 아래와 같다.

$3{,}700=\frac{15}{a}\times b+200a \rightarrow 3{,}700a=15b+200a^2 \rightarrow 3{,}700a-15b=200a^2$

$2{,}260=\frac{9}{a}\times b+200a \rightarrow 2{,}260a=9b+200a^2 \rightarrow 2{,}260a-9b=200a^2$

따라서 $3{,}700a-15b=2{,}260a-9b$를 얻을 수 있다.

식을 풀면 $240a=b$가 되고 $3{,}700=\frac{15}{a}\times b+200a$에 대입하면

$3{,}700=\frac{15}{a}\times 240a+200a$, $3{,}700=3{,}600+200a$, $a=0.5$를 구할 수 있다. 따라서 $b=120$이다.

$(\text{인센티브})=\frac{(\text{근속연수})}{a}\times b+200a \rightarrow (\text{인센티브})=\frac{(\text{근속연수})}{0.5}\times 120+100$

갑의 인센티브 $\rightarrow \frac{5}{0.5}\times 120+100=1{,}300$(만 원)

정의 근속연수 $\rightarrow \frac{x}{0.5}\times 120+100=1{,}540$, $240x+100=1{,}540$, $x=6$

정답 Ⅰ ①

유형전략

위 유형은 시간단축 유형으로 문제를 보면 무지성으로 다음과 같이 빠르게 풀고 넘어가는 연습을 한다.

① 온전한 데이터 2개를 빠르게 주어진 식에 대입하여 식을 2개 만든다.
② 두 식을 연립하거나 간단히 하여 미지수 a와 b를 구한다.
③ 처음 식에 미지수 a와 b를 대입하여 식을 정리한다.
④ 찾고자 하는 데이터를 넣어 구하고자 하는 수를 구한다.
⑤ 최종적으로 알맞은 답을 고르고 빠르게 다음 문제로 넘어간다.

대표유형

어느 제약회사에서 시간에 따른 배양균 수에 대한 연구를 하였다. 그에 대한 통계자료라고 할 때 빈칸에 적당한 수를 고르면?

[표] 배양 시간과 배양균 수에 관한 자료 (단위: 일, 만 마리)

구분	실험1	실험2	실험3	실험4
배양 시간	2	5	4	(㉡)
배양균의 수	4	(㉠)	24	12

$$배양균 수 = 배양시간^2 a - 배양시간 \times \frac{b}{a}$$

	㉠	㉡
①	60	6
②	48	6
③	32	6
④	40	3
⑤	72	7

해설

실험1의 경우를 대입하면 $4=4a-2\times\frac{b}{a}$이고, 실험3의 경우를 대입하면 $24=16a-4\times\frac{b}{a}$이다.

두 식을 정리하면

$4=4a-2\times\frac{b}{a} \rightarrow 4a=4a^2-2b \rightarrow 16a+8b=16a^2$

$24=16a-4\times\frac{b}{a} \rightarrow 24a=16a^2-4b \rightarrow 24a+4b=16a^2$

두 식을 연립하면 $16a+8b=24a+4b$, $4b=8a$, $b=2a$이다.

$4=4a-2\times\frac{b}{a}$에 대입하면 $4=4a-2\times\frac{2a}{a}$, $4=4a-4$, $a=2$이다. 따라서 $b=4$이다.

$(배양균 수)=(배양시간)^2 a-(배양시간)\times\frac{b}{a} \rightarrow (배양균 수)=(배양시간)^2\times 2-(배양시간)\times 2$

실험2의 배양균의 수 → $(배양균 수)=5^2\times 2-5\times 2=40$(만 마리)

실험4의 배양 시간 → $12=2x^2-2x \rightarrow x^2-x-6=0 \rightarrow x=3, -2$ 가능한 답은 3이다.

정답 | ④

03 자료 변환

주어진 표를 이용하여 올바른 통계자료를 찾거나 잘못된 통계자료를 찾는 문제

대표유형

2021년 우리나라 보건지출비 관련 자료이다. 이를 바탕으로 작성한 그래프가 될 수 없는 것을 고르면?

[표] 2021~2022 우리나라 1인당 보건지출비 (단위: 천 원, %)

항목	금액				증감률
	'21	구성비	'22	구성비	'20-'21
합계	233	100.0	231	100.0	1.8
의약품(A)	63	27.1	62	26.8	7.9
의료용소모품(B)	9	4.0	9	3.9	-16.6
외래의료서비스(C)	73	31.3	75	32.3	8.2
치과서비스(D)	37	15.7	37	15.9	-3.7
입원서비스(E)	38	16.4	35	15.3	0.5

※ 단, 표에서 기타(F) 항목은 제외하였음

① 2021년 항목별 보건지출비 (단위: 천 원)

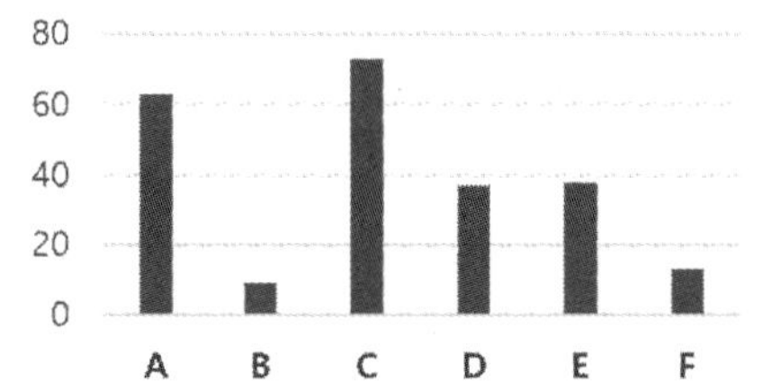

② 2021년 전년 대비 보건지출비 증감률 (단위: %)

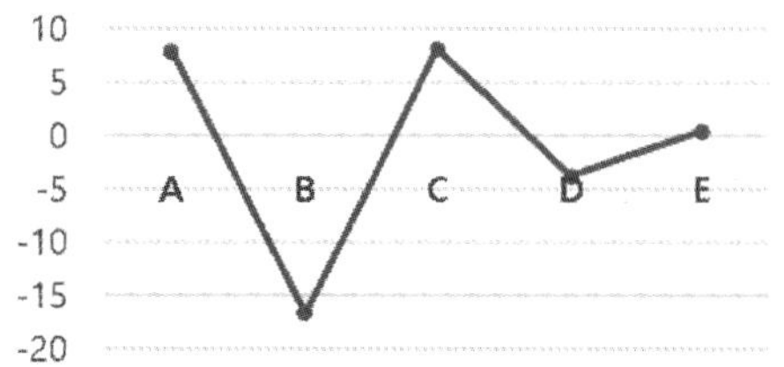

③ 2022년 전년 대비 보건지출비 증감액 (단위: %)

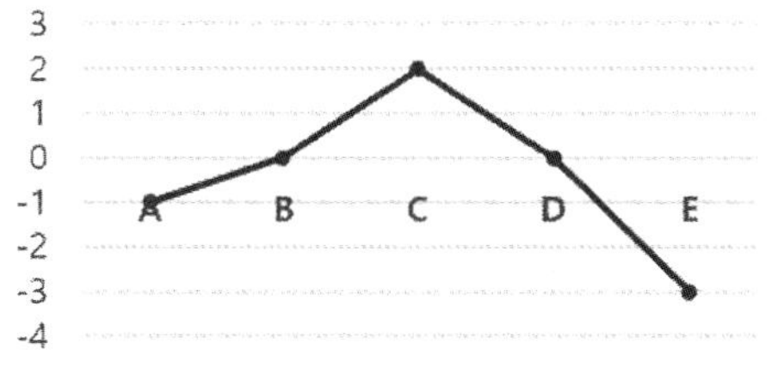

④ 2021년 보건지출비 항목별 구성비 (단위: %)

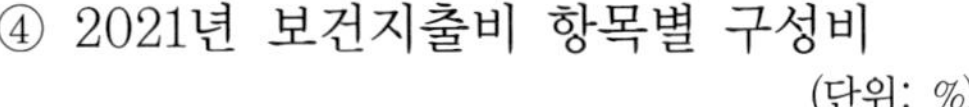

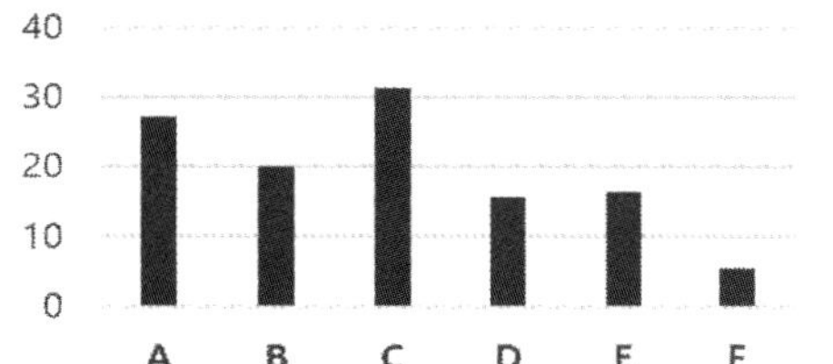

⑤ 2022년 항목별 보건지출비 (단위: 천 원)

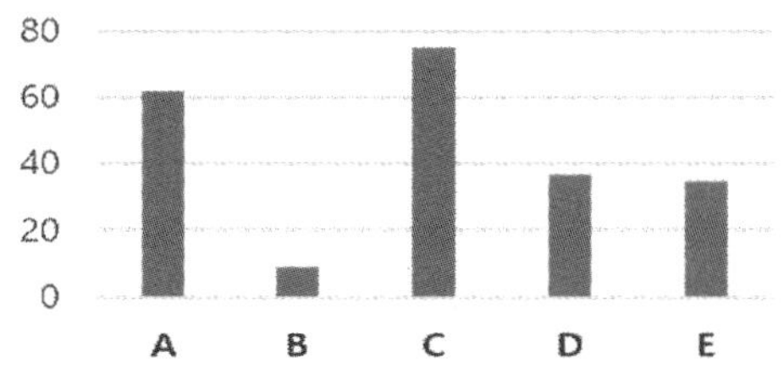

해설

④ 2021년 보건지출비 항목별 구성비는 (A) 27.1, (B) 4.0, (C) 31.3, (D) 15.7, (E) 16.4, (F) 5.5로 [그래프]를 그릴 수 있다. 하지만 (B)의 수치가 약 20%로 잘못되어 있다.

① 2021년 항목별 보건지출비는 (A) 63, (B) 9, (C) 73, (D) 37, (E) 38, (F) 13으로 [그래프]를 그릴 수 있다. (F)는 기타로 총합과 그 외 항목의 차로 구할 수 있다.

② 2021년 전년 대비 보건지출비 증감률은 (A) 7.9, (B) −16.6, (C) 8.2, (D) −3.7, (E) 0.5로 [그래프]를 그릴 수 있다.

③ 2022년 전년 대비 보건지출비 증감액은 (A) −1, (B) 0, (C) 2, (D) 0, (E) −3으로 [그래프]를 그릴 수 있다.

⑤ 2022년 항목별 보건지출비는 (A) 62, (B) 9, (C) 75, (D) 37, (E) 35로 [그래프]를 그릴 수 있다.

정답 | ④

유형전략

[그래프]의 종류를 미리 파악하고 시작하면 좀 더 데이터를 분석하는 시간을 줄일 수 있을 것이다. 일반적으로 막대그래프와 꺾은선그래프가 많이 나온다. 다소 계산이 필요한 경우도 있는데 계산이 필요 없는 선택지부터 순서대로 풀어간다. 그리고 비율과 수치를 구분하면서 데이터를 확인한다.

대표유형

우리나라 연간 미혼 부모 수에 관한 자료이다. 이를 바탕으로 연간 미혼 부모 수의 증감률에 대한 그래프로 올바른 것은?(단, 소수 둘째 자리에서 반올림하여 계산한다.)

[표] 2017~2022 우리나라 연간 미혼 부모 수

(단위: 명)

구분	2017년	2018년	2019년	2020년	2021년	2022년
미혼모	22,065	21,254	20,761	20,572	20,345	20,132
미혼부	8,424	7,768	7,082	6,673	6,307	5,889

※ (미혼 부모의 수)=(미혼모의 수)+(미혼부의 수)

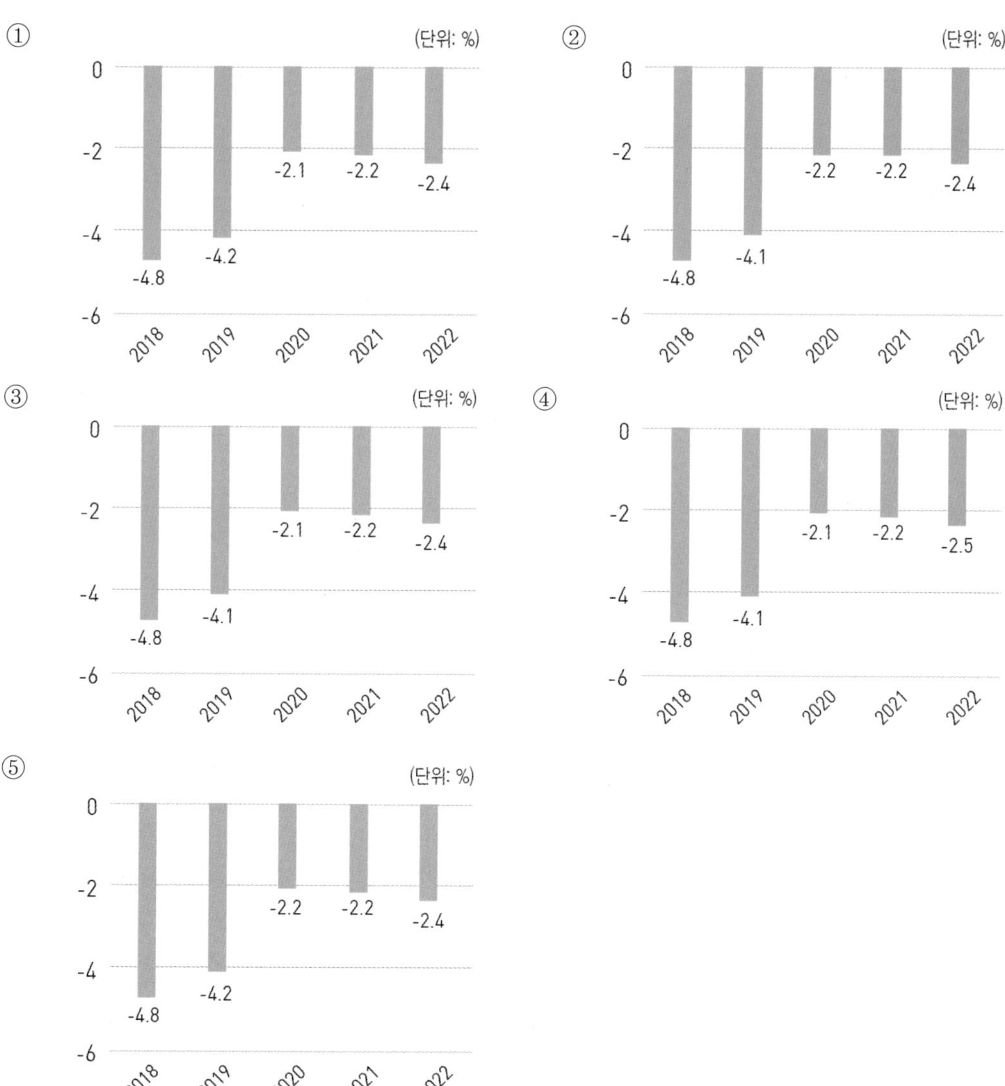

해설

주어진 표를 바탕으로 연간 미혼 부모의 수와 증감률을 구하면 아래와 같다.

(단위: 명, %)

구분	2017년	2018년	2019년	2020년	2021년	2022년
미혼모	22,065	21,254	20,761	20,572	20,345	20,132
미혼부	8,424	7,768	7,082	6,673	6,307	5,889
미혼 부모	30,489	29,022	27,843	27,245	26,652	26,021
증감률		-4.8%	-4.1%	-2.1%	-2.2%	-2.4%

따라서 답은 ③이다.

정답 I ③

유형전략

증감률을 구할 때 우선 선택지를 비교하고 시작한다. 모든 선택지에서 2018년과 2021년은 증감률이 같다. 따라서 이 수치를 구한다고 해서 선택지를 소거할 수는 없다. 서로 다른 2019년, 2020년, 2022년만 계산하여 계산량을 줄이면서 답을 찾아야 한다.

■ 자료해석 유형 익히기

주어진 우리나라 지역별 총생산 관련 자료를 보고 옳지 않은 것을 고르면?

[표] 우리나라 지역별 총생산액

(단위: 조 원, 전년 대비, %)

구분	규모						성장률		
	2019		2020		2021		2017	2018	2019
	생산액	비중	생산액	비중	생산액	비중			
전국	1,927.4	100.0	1,944.6	100.0	2,076.3	100.0	3.1	2.9	2.2
수도권	1,003.4	52.1	1,025.5	52.7	1,096.7	52.8	4.5	4.5	2.4
비수도권	924.0	47.9	919.2	47.3	979.6	47.2	1.7	1.2	2.0
8개 특·광역시	848.2	44.0	851.7	43.8	910.6	43.9	2.0	2.4	2.5
9개 도	1,079.2	56.0	1,092.9	56.2	1,165.7	56.1	4.0	3.3	2.0

① 2019년부터 2021년까지 3년간 전국 총생산액 평균은 2,000조 원을 넘지 못했다.
② 2019년부터 2021년까지 3년간 9개 도의 생산액 평균은 1,100조 원을 넘었다.
③ 비수도권의 생산액은 항상 증가하지는 않았다.
④ 2017년부터 2021년까지 9개 도의 생산액 성장률은 계속 감소하고 있다.
⑤ 2021년 전국의 총생산액은 2년 전 대비 150조 원 이상 증가하지는 않았다.

해설

④ 2017년 4.0%, 2018년 3.3%, 2019년 2.0% 성장률을 보였고, 성장률은 3년간 감소했다.
2020년 9개도의 생산액은 1,092.9조 원이고, 2021년은 1,165.7조 원이다.
1,092.9조 원의 1%는 10.929조 원이다. 2%는 2배인 21.858조 원이다.
1,092.9조 원의 2% 성장액은 대략 1,093+22=1,115(조 원)이 나온다. 그런데 2021년 실제 생산액은 1,165.7조 원이므로 성장률 2%를 훨씬 넘는다고 판단할 수 있다. 2020년 성장률에 관계 없이 2021년 성장률은 최소한 2%를 넘기 때문에 2017년부터 2021년까지 9개 도의 생산액 성장률은 계속 감소하고 있다고 할 수 없다.

① 3개년의 평균을 구한다.

$$\frac{1{,}927.4+1{,}944.6+2{,}076.3}{3}=\frac{5{,}948.3}{3}=1{,}982.766\cdots(\text{조 원})$$

② 2019년 9개 도의 생산액은 1,079.2조 원, 2020년 1,092.9조 원, 2021년 1,165.7조 원이다.
1,100조 원을 기준으로 가평균으로 구하면 대략 (−21)+(−7)+66=+38로 평균은 1,100조 원 이상인 걸 알 수 있다. 정확히 계산한 결과는 아래와 같다.

$$\frac{1{,}079.2+1{,}092.9+1{,}165.7}{3}=\frac{3{,}337.8}{3}=1{,}112.6(\text{조 원})$$

③ [표]에서 비수도권의 생산액은 2019년에 비해 2020년 감소한 것을 확인할 수 있다.

⑤ 2021년 전국의 총생산액은 2,076.3조 원이고, 2019년 전국의 총생산액은 1,927.4조 원이다.
2,076.3−1,927.4=148.9(조 원)으로 2년 전 대비 150조 원 이상 증가하지는 않았다.

정답 I ④

유형전략

④에서 생산액에 대한 성장률은 2017년부터 2019년까지 [표]에 있으므로, 2020년과 2021년만 계산하면 되는데 2019년 생산액은 1,079.2조 원, 2020년 생산액은 1,092.9조 원으로 약 20조 원 차이이고, 2021년 생산액은 1,165.7조 원으로 2020년 생산액과 약 70조 원 차이가 난다. 따라서 2021년 생산액 성장률이 높을 가능성이 크다는 점 또는 2020년 생산액 성장률에 비해 2021년 생산액 성장률이 더 높을 거라는 것을 감을 잡고 시작해야 한다. 정공법으로 차례로 다 계산하면 시간이 오래 걸리는 문제이다.

주어진 우리나라 임금근로자에 대한 소득 정보를 보고 잘못된 것을 고르면?

[표1] 우리나라 임금근로자 월급 평균소득 및 중위소득

(단위: 만 원)

항목	2017년	2018년	2019년	2020년	2021년
평균소득	287	297	309	320	333
중위소득*	210	220	234	242	250

*소득을 크기 순으로 줄 세웠을 때 정중앙에 위치한 값

[표2] 우리나라 임금근로자 월급 소득구간별 분포

(단위: 만 원, %)

구분	85 미만	85~150	150~250	250~350	350~450	450~550	550~650	650~800	800~1,000	1,000 이상
2020년	13.9	10.2	27.9	17.1	10.0	6.6	4.6	4.6	2.6	2.6
2021년	13.8	9.7	26.3	17.8	10.3	6.8	4.7	4.7	2.9	3.1

① 2020년 평균소득이 속한 구간과 중위소득이 속한 구간의 비중 차는 10%p 이상이다.
② 매년 중위소득은 평균소득보다 낮았다.
③ 2020년과 2021년에 비중이 높은 소득구간 상위 5개의 순위는 동일하다.
④ 2017년 대비 2021년 평균소득은 15% 이상 증가했다.
⑤ 2020년 및 2021년 월급 800만 원 이상인 사람은 전체의 5% 이상이다.

해설

③ 85~150 구간과 350~450 구간이 순위가 다르다.

구분	85 미만	85~150	150~250	250~350	350~450	450~550	550~650	650~800	800~1,000	1,000 이상
2020년	13.9	10.2	27.9	17.1	10.0	6.6	4.6	4.6	2.6	2.6
순위	3	4	1	2	5					
2021년	13.8	9.7	26.3	17.8	10.3	6.8	4.7	4.7	2.9	3.1
순위	3	5	1	2	4					

① 두 개의 [표]를 통해 확인하여 계산하면 아래와 같다.
2020년 평균소득은 320만 원이고, 250~350 구간에 속한다. 비중은 17.1%이다.
2020년 중위소득은 242만 원이고, 150~250 구간에 속한다. 비중은 27.9%이다.
두 구간의 비중 차는 $27.9-17.1=10.8$%p이다.
② [표1]을 통해 확인할 수 있다.
④ 2017년 평균소득은 287만 원, 2021년 평균소득은 333만 원이다.
$\frac{333}{287}=1.1602\cdots$ → 16% 증가, 따라서 15% 이상 증가하였다.
⑤ [표2]에서 2020년은 $2.6+2.6=5.2$%, 2021년은 $2.9+3.1=6.0$%인 것을 확인할 수 있다.

정답 I ③

주어진 A시의 연령별 상주인구 자료를 보고, 올바른 것을 고르면?

[그래프] A시의 연령대별 상주인구 (단위: 천 명)

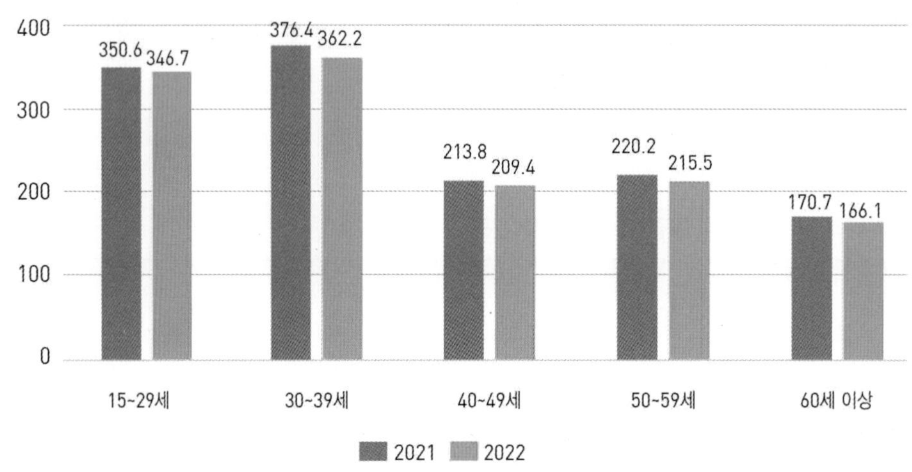

① A시의 2021년 40~49세의 상주인구는 213.8만 명이다.
② 두 해를 비교하면 각 연령대별 상주인구 감소율이 가장 적은 연령대는 60세 이상이다.
③ 2022년 A시의 15세 이상 상주인구 중 30~39세 비율은 30%가 되지 않는다.
④ A시의 상주인구는 증가하고 있다.
⑤ 2022년 A시의 상주인구는 1,290,000명을 넘지 않는다.

해설

③ 2022년 A시의 15세 이상 상주인구 수 → $346.7+362.2+209.4+215.5+166.1=1,299.9$(천 명)

$\frac{362.2}{1,299.9}\times 100=27.9\%$

① A시의 2021년 40~49세의 상주인구는 21만 3,800명이다. [그래프]의 단위가 천 명이다.

② 감소율을 각각 구하면 아래와 같다.

15~29세: $(\frac{346.7}{350.6}-1)\times 100=-1.11\%$

30~39세: $(\frac{362.2}{376.4}-1)\times 100=-3.77\%$

40~49세: $(\frac{209.4}{213.8}-1)\times 100=-2.06\%$

50~59세: $(\frac{215.5}{220.2}-1)\times 100=-2.13\%$

60세 이상: $(\frac{166.1}{170.7}-1)\times 100=-2.69\%$

④ [그래프]를 통해 오히려 모든 연령대에서 감소한 것을 확인할 수 있다.

⑤ 2022년 A시의 15세 이상 상주인구 수는 1,299.9(천 명)이므로 1,299,900명으로 바꾸면 1,290,000명을 넘는다는 것을 확인할 수 있다.

정답 ▎③

유형전략

③과 ⑤를 구하려면 2022년 각 연령대별 상주인구 수의 총합을 구해야 한다. 선택지를 보고 계산 과정이 겹치는 것들이 있으면 먼저 묶어서 계산하고 판단하는 것이 시간관리 관점에서 유리하다. 총합을 구해 ⑤를 먼저 판단하고, 추가 계산으로 ③을 판단할 수 있다.

주어진 전체 취업자 및 취업 1인 가구의 종사상 지위에 관한 자료를 통해서 잘못된 것을 고르면?

[표] 전체 취업자 및 취업 1인 가구의 종사상 지위별 비중 (단위: 천 명, 천 가구, %, %p)

구분		계	비중	임금근로자			비임금근로자
					상용	임시·일용	
전체(A)	2019	27,509	100.0	75.4	52.5	22.9	24.6
	2020	27,088	100.0	75.5	53.4	22.1	24.5
	2021	27,741	100.0	76.1	54.3	21.8	23.9
1인 가구 (B)	2019	3,671	100.0	79.3	54.3	25.0	20.7
	2020	3,700	100.0	79.9	54.7	25.2	20.1
	2021	4,140	100.0	80.6	56.0	24.6	19.4
차이(B-A)	2019	-	-	3.9	1.8	2.1	-3.9
	2020	-	-	4.4	1.3	3.1	-4.4
	2021	-	-	4.5	1.7	2.8	-4.5

① 취업 1인 가구는 2019년부터 2021년까지 상용직근로자의 수가 계속 증가하였다.
② 취업 1인 가구 중 임시 · 일용직근로자 수가 가장 많았던 해는 2020년이다.
③ 취업 1인 가구 중 임금근로자의 경우 상용직이 임시 · 일용직보다 2배 이상 많았다.
④ 취업 1인 가구 중 비임금근로자 수가 가장 많은 해는 2021년이다.
⑤ 취업 1인 가구의 종사상 지위 상황을 보면 임금근로자의 비중이 전체 평균보다 높다.

해설

② 계산해 보면 아래와 같다.
2019년 취업 1인 가구 임시·일용직 수 → 3,671 × 0.25 = 917.75(천 명)
2020년 취업 1인 가구 임시·일용직 수 → 3,700 × 0.252 = 932.4(천 명)
2021년 취업 1인 가구 임시·일용직 수 → 4,140 × 0.246 = 1,018.44(천 명)
따라서 취업 1인 가구 중 임시·일용직 수가 가장 많았던 해는 2021년이다.
① 2019년부터 2021년까지 취업 1인 가구 수는 3,671(천 명), 3,700(천 명), 4,140(천 명)으로 계속 증가하였고, 상용직 비중도 79.3%, 79.9%, 80.6%으로 계속 증가하였으므로 당연히 상용직 수도 증가하였다.
③ [표]에서 1인 가구, 2019~2021, 상용 및 임시·일용 칸을 확인하면 항상 비중이 2배 이상인 것을 확인할 수 있다. 따라서 수도 2배 이상 많은 것을 판단할 수 있다.
④ 계산해 보면 아래와 같다.
2019년 취업 1인 가구 비임금근로자 수 → 3,671 × 0.207 = 759.897(천 명)
2020년 취업 1인 가구 비임금근로자 수 → 3,700 × 0.201 = 743.7(천 명)
2021년 취업 1인 가구 비임금근로자 수 → 4,140 × 0.194 = 803.16(천 명)
⑤ [표]를 통해 전체 취업인구에 비해서 임금근로자 비중이 매년 높은 것을 확인할 수 있다.

정답 I ②

[01~02] 주어진 자료를 보고 물음에 답하시오.

[표1] 물류산업 기업체 수, 종사자 수 및 매출액

(단위: 개, 명, 십억 원, %)

구분	2019년	2020년	전년 대비	
			증감	증감률
기업체 수	380,931	378,624	-2,307	-0.6
종사자 수	704,980	750,943	45,963	6.5
매출액	103,986	114,085	10,099	9.7

[표2] 2020년 물류산업 주요 현황

(단위: 개, 천 명, 십억 원, %)

업종별	기업체 수	종사자 수	매출액
운수업(A)	555,070	1,295	153,206
물류산업(B)	378,624	751	114,085
화물운송업	363,349	637	85,711
물류시설 운영업	1,879	20	6,233
물류관련 서비스업	13,396	94	22,141
운수업	13,260	90	19,037
운수업 외(b)	136	4	3,105
운수업 내 물류산업 비중(a)*	68.2	57.7	(가)

※ $a=\frac{B-b}{A}\times 100$

01

자료를 보고 옳은 것을 모두 고르면?

a. [표2]에서 물류산업 종사자 수 751(천 명)은 근삿값이고, 실제 참값과는 60명 이상 차이가 있다.
b. 2019년 물류산업 기업체별 평균 매출액은 3억 원 이상이다.
c. 2019년보다 2020년 물류산업 기업당 평균 종사자 수가 늘었다.
d. 2020년 물류산업 중 화물운송업의 매출 비중은 70% 이상이다.

① a, b ② a, c ③ b, d
④ b, c ⑤ c, d

02

(가)의 값을 구하면?

① 72.4 ② 74.3 ③ 75.1
④ 76.3 ⑤ 78.7

01

해설

a. ×

[표2]의 751(천 명)은 백 명 단위에서 반올림한 근삿값이고, 참값은 [표1]에서 750,943명으로 확인할 수 있다. 따라서 $751{,}000-750{,}943=57$(명)이다. 참값과의 차는 57명이다.

b. ×

[표1]에서 2019년 물류산업 기업체 수는 380,931개이고, 매출액은 103,986(십억 원)이다.

$\frac{103{,}986}{380{,}931}=0.27297\cdots$(십억 원) → 약 272,970,000원

c. ○

2019년 기업체 수는 380,931개에서 2020년 378,624개로 줄었지만, 종사자 수는 오히려 704,980명에서 750,943명으로 늘었기 때문에 평균 종사자 수도 늘었다.

d. ○

2020년 물류산업의 전체 매출은 114,085(십억 원)이고, 그 중 화물운송업의 매출은 85,711(십억 원)이다.

$\frac{85{,}711}{114{,}085}=0.75129\cdots$

따라서 70% 이상이다.

정답 | ⑤

유형전략

옳거나 틀린 것을 모두 고르는 문제는 선택지를 직접 선별하는 것보다 쉬운 유형이다. 이유는 선택지를 직접 선별하는 것은 5개를 판단해야 하지만, 이 유형은 몇 개만 판별하면 많은 선택지를 소거하고 시작할 수 있기 때문이다.

① 우선 순위로 풀어야 할 것
  - 선택지를 가장 많이 소거할 수 있는 것
  - 가장 풀기 쉬운 것

② 우선 한 개를 풀었다면 답이 될 수 없는 것을 소거한다.

③ 남은 조건 중 선택지를 많이 소거할 수 있는 것을 골라서 푼다.

④ 답을 찾는다.

02

해설

$a=\frac{B-b}{A}\times 100$에 대입하면 $\frac{114{,}085-3{,}105}{153{,}206}\times 100=72.4\%$이다.

정답 | ①

[03~04] 주어진 자료를 보고 물음에 답하시오.

[표] 우리나라 기업규모별 무역액

(단위: 억 불)

구분	수출			수입		
	2020	2021	2022	2020	2021	2022
전체	5,112	6,431	6,821	4,600	6,060	7,236
대기업	3,211	4,194	4,447	2,604	3,555	4,546
중견기업	931	1,109	1,240	779	1,023	1,133
중소기업	970	1,128	1,133	1,217	1,483	1,557

[그래프] 우리나라 기업규모별 무역액 증감률

(단위: %)

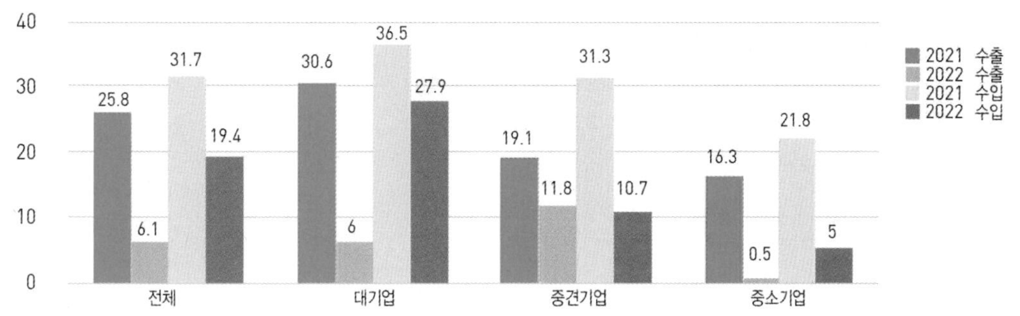

03

자료에 대한 설명으로 옳지 않은 것을 고르면?

① 이 기간 우리나라의 무역수지는 항상 중견기업은 흑자, 중소기업은 적자를 기록했다.
② 이 기간 대기업의 무역수지는 연간 평균 380억 불 이상 흑자이다.
③ 이 기간 대기업의 무역수지가 적자를 기록한 해의 중소기업의 수입액 증감률은 0.5%이다.
④ 이 기간 중소기업은 중견기업보다 항상 수입액이 높았지만, 수출액이 항상 높은 것은 아니었다.
⑤ 이 기간 중소기업의 무역수지 적자는 계속 증가하였다.

04

2020년부터 2022년까지 전체 수입과 수출액 중 대기업의 비중이 가장 낮은 해를 각각 고르면?

	수입	수출		수입	수출		수입	수출
①	2020년	2020년	②	2020년	2021년	③	2020년	2022년
④	2021년	2021년	⑤	2022년	2020년			

03

해설

③ 중소기업의 무역수지가 적자를 기록한 해는 2022년이고, 중소기업의 수입액 증감률은 5%이다.

① [표]를 통해 3년간 중견기업은 항상 수출액이 더 높았고, 중소기업은 수입액이 더 높은 것을 확인할 수 있다.

② 대기업의 3년간 흑자액을 계산하면 아래와 같다.

2020년 대기업 흑자액 → $3{,}211-2{,}604=607$(억 불)

2021년 대기업 흑자액 → $4{,}194-3{,}555=639$(억 불)

2022년 대기업 흑자액 → $4{,}447-4{,}546=-99$(억 불)

3년간 연간 평균 무역수지 → $\frac{607+639-99}{3}=382.333\cdots$(억 불)

④ 중소기업은 2020년, 2021년 중견기업보다 수출액이 높았지만, 2022년에는 중견기업보다 수출액이 낮았다.

⑤ 계산하면 아래와 같다.

2020년 중소기업의 적자액 → $1{,}217-970=247$(억 불)

2021년 중소기업의 적자액 → $1{,}483-1{,}128=355$(억 불)

2022년 중소기업의 적자액 → $1{,}557-1{,}133=424$(억 불)

따라서 계속 적자가 증가하였다.

정답 ❙ ③

04

해설

2020년 전체 수출액 중 대기업 수출액 비중 → $\frac{3{,}211}{5{,}112}=0.628\cdots$

2021년 전체 수출액 중 대기업 수출액 비중 → $\frac{4{,}194}{6{,}431}=0.652\cdots$

2022년 전체 수출액 중 대기업 수출액 비중 → $\frac{4{,}447}{6{,}821}=0.651\cdots$

2020년 전체 수입액 중 대기업 수입액 비중 → $\frac{2{,}604}{4{,}600}=0.566\cdots$

2021년 전체 수입액 중 대기업 수입액 비중 → $\frac{3{,}555}{6{,}060}=0.586\cdots$

2022년 전체 수입액 중 대기업 수입액 비중 → $\frac{4{,}546}{7{,}236}=0.628\cdots$

정답 ❙ ①

어느 도시의 면적과 적절한 병원의 수에 관한 자료이다. 이 자료를 보고 빈칸에 알맞은 값을 고르면?

[표] 면적에 따른 적절한 병원 수에 관한 자료

(단위: km^2, 개)

구분	A구	B구	C구	D구
면적	3	5	8	(㉡)
병원	(㉠)	21	30	27

병원 = [(면적) + a] × b

	㉠	㉡
①	7	4
②	9	4
③	9	7
④	15	7
⑤	15	9

해설

B구와 C구를 먼저 대입해 두 식을 얻는다.

B구 → $21=(5+a)\times b$, $21=5b+ab$, $ab=21-5b$

C구 → $30=(8+a)\times b$, $30=8b+ab$, $ab=30-8b$

두 식을 연립하면 아래와 같다.

$21-5b=30-8b$, $8b-5b=30-21$, $3b=9$, $b=3$이다.

$ab=21-5b$에 $b=3$을 대입하면 $3a=21-15$, $3a=6$, $a=2$이다.

따라서 (병원) = [(면적) + a] × b는 (병원) = [(면적) + 2] × 3이고 A구와 D구를 바로 계산할 수 있다.

A구 → (병원) = $(3+2)\times 3$, (병원) = $5\times 3=15$개

D구 → $27=$ [(면적) + 2] × 3 → $9=$ [(면적) + 2], (면적) = $7\,km^2$

정답 | ④

주어진 우리나라 종사자 규모별 활동기업 수에 관한 자료를 보고 2020년 우리나라 종사자 규모별 활동기업의 구성비로 알맞은 자료를 고르면?

[표] 2021년 우리나라 종사자 규모별 활동기업 수

(단위: 천 개, %)

구분	1인(A)	2~4인(B)	5~9인(C)	10~49인(D)	50인 이상(E)
기업 수	5,567	882	352	222	33
구성비	78.9	12.5	5.0	3.1	0.5
전년비	3.4	5.2	1.5	1.8	1.6

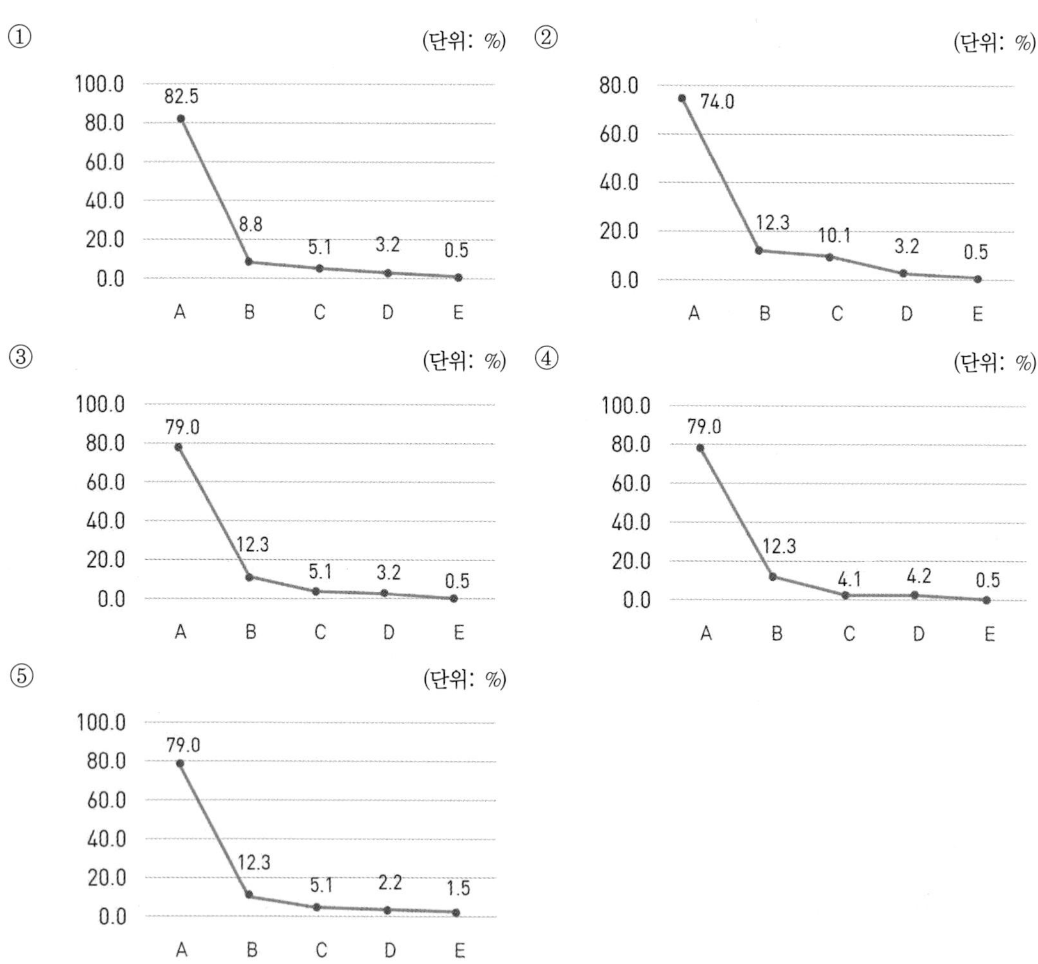

해설

2020년 우리나라 종사자 규모별 활동기업의 구성비를 구하면 아래와 같다.

(단위: 천 개, %)

구분	1인(A)	2~4인(B)	5~9인(C)	10~49인(D)	50인 이상(E)
2021	5,567	882	352	222	33
전년비	3.4	5.2	1.5	1.8	1.6
2020	5,378	836	347	218	32
구성비	79.0	12.3	5.1	3.2	0.5

2020년 총 활동기업 수는 $5,378+836+347+218+32=6,811$(천 개)이다.
따라서 올바른 그래프는 ③이다.

정답 I ③

관련공식

한꺼번에 A부터 E까지 구성비를 모두 계산하지 말고, 하나씩 구하면서 선택지를 소거한다. 남은 선택지를 비교하면서 불필요한 계산은 조금이라도 줄인다. 그리고 계산 순서에 따라 구성비가 약간 오차가 있을 수 있다. 이때는 가장 근접한 값을 선택하면 된다.

chapter 02

추리

■ 영역 분석

추리 영역은 다양한 형태의 유형으로 구성되어 출제된다.

구분	문제 수	시간	설명
명제	3개	문제당 30초	전제와 결론을 논리적으로 연결하여 답을 찾는 문제
조건추리	11개	문제당 60초	주어진 조건을 보고 논리적으로 답을 찾는 문제
도형추리	3개	문제당 40초	도형 사이의 규칙을 찾아 빈칸의 도형을 유추하는 문제
도식추리	4개	문제당 65초	문자와 수의 배열을 보고 변환 규칙을 찾아 유추하는 문제
어휘추리	2개	문제당 20초	단어 사이의 관계를 유추하여 빈칸을 찾는 문제
독해	7개	문제당 90초	주어진 글을 읽고 답을 구하는 문제
합계	**30개**	**30분**	**다양한 유형의 문제들이 출제**

■ 학습 방법

명제	유형분석	두 개의 전제와 한 개의 결론으로 연결된 구조로 출제되며, 두 개의 전제를 주고 결론을 물어볼 수도 있고, 한 개의 전제와 결론을 주고 나머지 전제를 물어볼 수도 있다. 대우명제 및 삼단논법 등과 같은 논리구조가 활용된다. 패턴이 많지 않기 때문에 집중대비하면 쉽게 공략할 수 있다.
	학습전략	- 기본적인 논리구조를 학습하고 시작한다. (명제, 역, 이, 대우, 삼단논법 등) - 단어와 소재만 다를 뿐 논리구조의 패턴은 다양하지 않기 때문에 여러 패턴을 분석해서 대비해야 한다.
	목표	풀이시간을 아끼면서 모두 맞히고 추리 영역을 시작해야 한다.
조건추리	유형분석	주어진 조건을 논리적으로 추론하여 옳거나 틀린 것을 찾는 문제 또는 새로운 정보를 추론해 내는 문제 등으로 다양한 형태로 출제된다. 많은 문제를 풀면서 다양한 형태의 문제를 접해 보는 것이 유리하다. 주어진 조건을 도식화하여 직관적인 정보로 변환해서 푸는 연습에 집중해야 한다.
	학습전략	- 문제의 조건을 직관적으로 볼 수 있도록 표나 그림으로 변환한다. - 고정할 수 있는 조건을 먼저 찾는 연습을 한다. - 고정할 수 있는 조건에서 다른 조건들을 연결하여 순서대로 풀어간다.
	목표	고정 조건을 찾은 후 표나 그림을 통해 빠르게 풀 수 있다.
도형추리	유형분석	9개의 정사각형 칸이 있고 그 안에 8개의 도형이 배치된다. 이 8개의 배치된 도형을 통해 규칙을 찾아서 나머지 1개의 빈칸에 들어갈 도형의 모양을 유추하는 문제이다. 주로 쓰이는 몇 개의 패턴이 있어 학습을 통해 대비할 수 있다. 하지만 가끔 고난도로 출제되면 규칙을 찾기 어렵다. 이럴 경우는 계속 붙잡고 풀기보다는 포기하고 넘기던지 다른 문제를 우선 풀고 나중에 다시 보는 방법이 현명하다.
	학습전략	- 도형 변환의 기본 패턴들을 학습하여 익숙해진다.

		- 한 번에 규칙이 잘 보이면 시간절약 문제가 되지만, 그렇지 않으면 끝까지 안보는 경우가 있다. 시간을 정해놓고 그 안에 못 찾으면 포기하는 데드라인을 설정하고 준비한다. - 너무 시간이 오래 걸린다는 생각이 들 때는 과감히 넘기고 이후 도전한다. 의외로 다시 보면 쉽게 보이는 경우가 많다.
	목표	규칙이 보일 때까지 끝까지 푼다는 생각을 버린다.
도식추리	유형분석	문자와 숫자의 배열이 도형의 숨겨진 변환 규칙에 따라 변하고, 이 숨겨진 규칙을 찾아 문제에 주어진 배열을 올바르게 변환하는 문제이다. 이 유형은 유형분석으로 충분히 대비할 수 있는 문제들이다. 반복 학습을 통해서 속도를 높여서 풀이시간을 아끼고 지나가야 한다.
	학습전략	- 이 유형은 다소 어렵게 느껴질 수 있지만, 유형분석을 통해서 원리를 이해하고 학습하면 쉽게 풀 수 있다. - 반복학습을 통해서 풀이시간 단축에 집중한다.
	목표	유형분석 및 반복학습을 통해서 풀이시간 단축에 집중한다.
어휘추리	유형분석	단어들 간의 관계를 유추하여 빈칸에 들어갈 단어를 고르거나, 다른 관계를 찾는 문제로 단어 뜻을 정확히 알고 있다면 너무 쉽고 빠르게 맞힐 수 있지만, 단어 뜻을 모른다면 찍을 수밖에 없는 유형이다. 알든 모르든 빠르게 풀고 넘어가야 하는 유형이다.
	학습전략	- 자신이 알고 있는 어휘량에 따라 문제의 난이도가 달라지기 때문에 이 유형은 문제를 푸는 연습보다는 유의어, 반의어 등 단어집을 따로 보면서 암기하는 학습 방법이 유효하다. - 쉬운 단어보다는 다소 어려운 단어들이 출제될 가능성이 높다. 평소 정확한 뜻을 모르는 단어들은 사전을 보면서 확인해 둘 필요가 있다.
	목표	어려운 단어들을 한 번 정리해서 학습하는 시간을 가지고 대비해야 한다. 실전에서는 빠르게 풀고 넘어가야 한다.
독해	유형분석	지문을 읽고, 옳고 그름을 판단하거나 논리적인 추론을 도출하는 문제이다. 독해력이 필요한 유형이다. 하지만 독해력이 단기간 상승하는 것이 아니기 때문에 평소 독서량이 많은 사람에게 절대 유리하다.
	학습전략	- 지문을 보고 전체를 모두 읽어야 풀 수 있는 문제인지, 부분적으로 읽어도 풀 수 있는 문제인지 판단하고 시작한다. - 중요 키워드에 집중해서 체크하면서 독해 문제를 푸는 연습을 한다.
	목표	선택지별 중요 키워드를 지문과 비교하면서 체크하는 습관을 갖는다.

유형1 명제

대표유형

주어진 전제를 통해 항상 참인 결론을 고르면?

전제1	슬릭백을 할 수 있으면 노래를 잘한다.
전제2	탕후루를 좋아하지 않으면 노래를 잘하지 못한다.
결론	

① 슬릭백을 할 수 있으면 탕후루를 좋아한다.
② 탕후루를 좋아하면 슬릭백을 할 수 없다.
③ 탕후루를 좋아하면 슬릭백을 할 수 있다.
④ 탕후루를 좋아하지 않으면 슬릭백을 할 수 있다.
⑤ 슬릭백을 할 수 없으면 탕후루를 좋아한다.

해설

전제2 '탕후루를 좋아하지 않으면 노래를 잘하지 못한다.'의 대우는 '노래를 잘하면 탕후루를 좋아한다.'이다. 전제2가 참이면 대우도 참이 되는 관계를 이용한다.
'슬릭백을 할 수 있으면 노래를 잘한다.'와 '노래를 잘하면 탕후루를 좋아한다.'를 연결하면 '슬릭백을 할 수 있으면 탕후루를 좋아한다.'는 결론을 얻을 수 있다.

정답 I ①

관련공식

명제는 그 내용이 참인지 거짓인지 명확하게 판별할 수 있는 문장이나 식을 말한다.
- 명제: p이면 q이다.(p → q)
- 역: q이면 p이다.(q → p)
- 이: ~p이면 ~q이다.(~p → ~q)
- 대우: ~q이면 ~p이다.(~q → ~p)

~p는 p의 부정형이다.
여기서 중요한 건 대우이다. 이유는 명제가 참이면 반드시 대우도 참이고, 명제가 거짓이면 대우도 반드시 거짓인 관계 때문이다.

예 명제: 커피를 좋아하면 하늘을 좋아한다. (참)
대우: 하늘을 좋아하지 않으면 커피를 좋아하지 않는다. (참)

삼단논법
대전제, 소전제, 결론을 얻는 방법
명제 p → q가 참이고, 명제 q → r이 참이면 p → r도 참이다.

예 커피를 좋아하면 하늘을 좋아한다. 하늘을 좋아하면 비를 좋아한다.
→ 커피를 좋아하면 비를 좋아한다.

대표유형

주어진 결론이 반드시 참이 되게 하는 전제를 고르면?

전제1	고금리를 좋아하지 않는 모든 사람은 여행을 좋아하지 않는다.
전제2	
결론	돈을 좋아하는 모든 사람은 여행을 좋아하지 않는다.

① 여행을 좋아하는 어떤 사람은 돈을 좋아한다.
② 고금리를 좋아하지 않는 모든 사람은 돈을 좋아하지 않는다.
③ 고금리를 좋아하지 않는 어떤 사람은 여행을 좋아한다.
④ 여행을 좋아하는 모든 사람은 돈을 좋아한다.
⑤ 돈을 좋아하는 모든 사람은 고금리를 좋아하지 않는다.

해설

삼단논법 기본형 논리구조
전제에서 2번 나오는 것을 B라 하면 B로 두 명제를 앞뒤로 붙일 수 있을 때 삼단논법을 쓸 수 있다.
상세내용은 뒤 쪽에서 확인할 수 있다.
전제: 모든 A → B, 모든 B → C
결론: 모든 A → C(어떤 A → C도 가능)

전제1	고금리를 좋아하지 않는 모든 사람은 여행을 좋아하지 않는다.	모든 B(고금리×) → C(여행x)
전제2	돈을 좋아하는 모든 사람은 고금리를 좋아하지 않는다.	모든 A(돈) → B(고금리×)
결론	돈을 좋아하는 모든 사람은 여행을 좋아하지 않는다.	모든 A(돈) → C(여행×)

정답 I ⑤

유형전략

명제 문제에서 전제나 결론에 '어떤'이란 표현이 등장하면 난이도가 올라가게 된다. 이에 대한 공략을 설명하고자 한다.

1. '모든'은 생략 가능하다.
   '빙하를 보지 못한 사람은 오로라를 보았다.'와 '빙하를 보지 못한 모든 사람은 오로라를 보았다.'는 같은 의미이다. 따라서 '모든'이란 표현 자체는 큰 의미가 없다.

2. '어떤'은 다르게 표현되기도 한다.
   '오로라를 본 어떤 사람은 사우나를 해 보지 못했다.'와 '오로라를 본 사람 중에는 사우나를 해 보지 못한 사람이 있다.'는 같은 의미이다. 따라서 '어떤'이란 표현 자체가 다양하게 표현될 수 있음을 인지해야 한다.

3. '모든'은 포함 관계를 만든다.
   오로라를 본 모든 사람은 사우나를 해 보았다. → 오로라 ⊂ 사우나(오로라=사우나 포함)
   위와 같이 포함관계 1가지로 고정된다.

4. '어떤'은 다양한 관계를 파생시켜 경우의 수를 늘린다.
   오로라를 본 어떤 사람은 사우나를 해 보았다. → 오로라 ⊂ 사우나, 사우나 ⊂ 오로라, 사우나 ∩ 오로라
   따라서 '어떤'이라는 단어가 등장하면 경우의 수가 많아져서 문제가 어려워진다.
   여기서 중요한 점은 포함관계도 결국 교집합 관계라는 것이다.
   '어떤 A → B'와 '어떤 B → A'는 결국 같은 교집합 부분을 서로 똑같이 공유하기 때문에 한쪽이 참이면 다른 한쪽도 역시 참이다. (어떤 A → B)가 참이면 (어떤 B → A)도 참이다.

5. '어떤'은 대우 관계로 변환할 수 없다.
   '어떤 A → B'가 참일 때, '어떤 ~B → ~A'는 항상 참이 아니다. 변환이 되기 위해서는 '모든 A → B'가 참이어야 하는 전제가 필요하다.

〈논리구조 4가지〉

(1) 삼단논법

전제에서 2번 나오는 것을 B라 하면 B로 두 명제를 앞뒤로 붙일 수 있을 때 삼단논법을 쓸 수 있다.

[기본형]

전제: 모든 A → B, 모든 B → C

결론: 모든 A → C(어떤 A → C도 가능) ⇐ '어떤 A'는 '모든 A'에 포함되므로

[예시] 삼단논법 기본형 논리구조

전제	모든 커피는 고체이다.	모든 A(커피) → B(고체)
	모든 고체는 노란색이다.	모든 B(고체) → C(노란색)
결론	모든 커피는 노란색이다.	모든 A(커피) → C(노란색)

위 기본형 문제가 어렵게 출제될 경우 결론은 다양한 형태로 표현될 수 있다.

① 모든 A → C
② 모든 ~C → ~A(①의 대우)
③ 어떤 A → C(①의 포함관계)
④ 어떤 C → A(③과 교집합 관계)
⑤ 어떤 ~C → ~A(②의 포함관계)
⑥ 어떤 ~A → ~C(⑤와 교집합 관계)

모두 답이 가능하다.

단, 주의할 점은 '모든 A → C'가 참일 때 '어떤 A → C'도 항상 참이지만, '어떤 A → C'가 참일 때는 '모든 A → C'가 항상 참은 아니다.

[응용형]

전제: 어떤 A → B, 모든 B → C

결론: 어떤 A → C(어떤 C → A)

[예시] 삼단논법 응용형 논리구조

전제	어떤 돈은 물이다.	어떤 A(돈) → B(물)
	모든 물은 하늘이다.	모든 B(물) → C(하늘)
결론	어떤 돈은 하늘이다.	어떤 A(돈) → C(하늘)

단, '전제: 모든 A → B, 어떤 B → C'일 때는 '결론: 어떤 A → C(어떤 C → A)'가 성립하지 않는다. 두 전제를 연결하는 B는 '모든'으로 연결되어야만 한다.

(2) 삼단논법 외

삼단논법 꼴과 다르게 전제 2개가 바로 연결되지 않는 경우이다.

['모든', '모든' 형]

전제: 모든 A → B, 모든 A → C

결론: 어떤 B → C(어떤 C → B)

[예시] '모든', '모든' 형 논리구조

전제	모든 돌은 플라스틱이다.	모든 A(돌) → B(플라스틱)
	모든 돌은 머리가 있다.	모든 A(돌) → C(머리)
결론	어떤 플라스틱은 머리가 있다. (or) 어떤 머리가 있는 것은 플라스틱이다.	어떤 B(플라스틱) → C(머리) 어떤 C(머리) → B(플라스틱)

['모든', '어떤' 형]

전제: 모든 A → B, 어떤 A → C

결론: 어떤 B → C(어떤 C → B)

[예시] '모든', '어떤' 형 논리구조

전제	모든 바보는 계산이 빠르다.	모든 A(바보) → B(계산)
	어떤 바보는 마음이 착하다.	어떤 A(바보) → C(마음)
결론	어떤 계산이 빠른 바보는 마음이 착하다. 어떤 마음이 착한 바보는 계산이 빠르다.	어떤 B(계산) → C(마음) 어떤 C(마음) → B(계산)

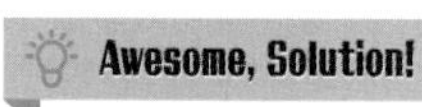

1. 삼단논법으로 풀리는지 연결해 보고 연결되면 삼단논법으로 문제를 푼다.
2. 삼단논법으로 풀리지 않으면 형태에 따라 (2)의 형태의 꼴로 변형하여 문제를 푼다.

위의 논리구조를 외우면 벤다이어그램을 그리지 않고 풀 수 있어서 시간을 획기적으로 절약할 수 있다.

■ 명제 유형 익히기

주어진 전제를 통해 항상 참인 결론을 고르면?

전제1	아이들은 평화를 좋아한다.
전제2	어떤 아이들은 전쟁을 좋아하지 않는다.
결론	

① 전쟁을 좋아하는 어떤 아이들은 평화를 좋아한다.
② 전쟁을 좋아하지 않는 어떤 아이들은 평화를 좋아한다.
③ 평화를 좋아하는 모든 아이들은 전쟁을 좋아한다.
④ 모든 아이들은 전쟁을 좋아하지 않는다.
⑤ 평화를 좋아하면 전쟁을 좋아하지 않는다.

해설

'모든', '어떤' 형 논리구조
삼단논법 꼴과 다르게 전제 2개가 바로 연결되지 않는 경우이다.
전제: 모든 A → B, 어떤 A → C
결론: 어떤 B → C, 어떤 C → B

전제1	아이들은 평화를 좋아한다.	모든 A(아이) → B(평화)
전제2	어떤 아이들은 전쟁을 좋아하지 않는다.	어떤 A(아이) → C(전쟁×)
결론	평화를 좋아하는 어떤 아이들은 전쟁을 좋아하지 않는다. 전쟁을 좋아하지 않는 어떤 아이들은 평화를 좋아한다.	어떤 B(평화) → C(전쟁×) or 어떤 C(전쟁×) → B(평화)

정답 Ⅰ ②

주어진 결론이 반드시 참이 되게 하는 전제를 고르면?

전제1	빙하를 보지 못한 사람은 오로라를 보았다.
전제2	
결론	빙하를 보지 못한 어떤 사람은 사우나를 해 보지 못했다.

① 오로라를 보지 못한 사람은 사우나를 해 보지 못했다.
② 오로라를 본 어떤 사람은 사우나를 해 보았다.
③ 오로라를 본 사람은 사우나를 해 보지 못했다.
④ 오로라를 본 사람은 사우나를 해 보았다.
⑤ 오로라를 보지 못한 어떤 사람은 사우나를 해 보지 못했다.

해설

삼단논법 기본형 논리구조
전제에서 2번 나오는 것을 B라 하면 B로 두 명제를 앞뒤로 붙일 수 있을 때 삼단논법을 쓸 수 있다.
전제: 모든 A → B, 모든 B → C
결론: 모든 A → C(어떤 A → C도 가능)이므로

전제1	빙하를 보지 못한 사람은 오로라를 보았다.	모든 A(빙하×) → B(오로라)
전제2	오로라를 본 사람은 사우나를 해 보지 못했다.	모든 B(오로라) → C(사우나x)
결론	빙하를 보지 못한 어떤 사람은 사우나를 해 보지 못했다.	어떤 A(빙하x) → C(사우나x)

정답 I ③

주어진 전제를 통해 항상 참인 결론을 고르면?

전제1	케이팝을 듣는 어떤 사람은 유머가 있다.
전제2	유머가 있는 모든 사람은 반상회에 참석한다.
결론	

① 케이팝을 듣는 사람은 반상회에 참석하지 않는다.
② 케이팝을 듣지 않는 사람은 반상회에 참석한다.
③ 케이팝을 듣지 않는 어떤 사람은 반상회에 참석한다.
④ 케이팝을 듣는 어떤 사람은 반상회에 참석한다.
⑤ 케이팝을 듣는 어떤 사람은 반상회에 참석하지 않는다.

해설

삼단논법 응용형 논리구조
전제에서 2번 나오는 것을 B라 하면 B로 두 명제를 앞뒤로 붙일 수 있을 때 삼단논법을 쓸 수 있다.
전제: 어떤 A → B, 모든 B → C
결론: 어떤 A → C

전제1	케이팝을 듣는 어떤 사람은 유머가 있다.	어떤 A(케이팝) → B(유머)
전제2	유머가 있는 모든 사람은 반상회에 참석한다.	모든 B(유머) → C(반상회)
결론	케이팝을 듣는 어떤 사람은 반상회에 참석한다.	어떤 A(케이팝) → C(반상회)

정답 Ⅰ ④

주어진 전제를 통해 항상 참인 결론을 고르면?

전제1	우주를 좋아하는 모든 사람은 블랙홀을 먹는다.
전제2	외계인을 좋아하지 않는 모든 사람은 우주를 좋아하지 않는다.
결론	

① 블랙홀을 먹지 않는 어떤 사람은 외계인을 좋아한다.
② 블랙홀을 먹는 어떤 사람은 외계인을 좋아하지 않는다.
③ 외계인을 좋아하는 어떤 사람은 블랙홀을 먹는다.
④ 외계인을 좋아하는 모든 사람은 블랙홀을 먹는다.
⑤ 외계인을 좋아하는 어떤 사람은 블랙홀을 먹지 않는다.

해설

'모든', '모든' 형 논리구조
삼단논법 꼴과 다르게 전제 2개가 바로 연결되지 않는 경우이다.
전제: 모든 A → B, 모든 A → C
결론: 어떤 B → C or 어떤 C → B

전제1	우주를 좋아하는 모든 사람은 블랙홀을 먹는다.	모든 A(우주) → B(블랙홀)
전제2	외계인을 좋아하지 않는 모든 사람은 우주를 좋아하지 않는다.	모든 ~C → ~A [대우] 모든 A(우주) → C(외계인)
결론	블랙홀을 먹는 어떤 사람은 외계인을 좋아한다. 외계인을 좋아하는 어떤 사람은 블랙홀을 먹는다.	어떤 B(블랙홀) → C(외계인) or 어떤 C(외계인) → B(블랙홀)

정답 I ③

유형2 조건추리

대표유형

다음에 주어진 [조건]을 바탕으로 항상 옳은 것을 고르면?

조건

- 4층 빌라에는 각 층마다 2개의 집이 총 8개 있고, A~H 총 8명이 각자 살고 있다.
- 각 층의 중앙에 계단이 있고, 좌측은 파란 현관문, 우측은 붉은 현관문을 가지고 있다.
- 현관문의 색이 같으면 끝자리 호수가 같다.
- A, C, D의 현관문 색은 서로 같고, B, E의 현관문 색은 서로 같다.
- D는 2층 201호에 거주한다.
- E의 집은 붉은 현관문을 가지고 있고, A보다 위층에 산다.
- 맨 아래 층에는 B, F가 산다.

① H는 3층에 산다.
② A의 바로 아래층에는 F가 산다.
③ H와 G는 서로 위, 아래 층에 살고, 현관문의 색이 같다.
④ G는 202호에 산다.
⑤ G의 현관문의 색은 파란색이다.

해설

우선, 그림으로 도식화하여 문제를 풀 준비를 한다.

4층		계단	
3층			
2층			
1층			

그 다음은 고정되는 조건을 찾아서 그것에서부터 시작한다. 'D는 201호에 거주한다.'는 고정 조건을 발견할 수

있다. 이제부터 중심이 되는 고정 조건을 '피벗 조건'이라 명명하겠다.

401		계단		402
301				302
201	D			202
101				102

피벗 조건과 다른 조건을 연결해 보면 A, C, D와 B, E의 현관문의 색은 다르고, E의 현관문의 색은 붉은색이므로 D의 현관문의 색은 파란색이다.
맨 아래층에는 B, F가 사는데 B는 E와 같은 색 현관문으로 붉은색이다.

401		계단		402
301				302
201	D			202
101	F		B	102

A는 D와 현관문의 색이 같기 때문에 401호 또는 301호에 산다. E의 집은 붉은 현관문을 가지고 있고, A보다 위층에 살기 때문에 A는 301호에 고정된다. 그리고 E의 집은 4층이 된다.

401		계단	E	402
301	A			302
201	D			202
101	F		B	102

이때 A, C, D는 현관문 색이 같으므로 C도 401호로 고정된다.

401	C	계단	E	402
301	A		G, H	302
201	D		G, H	202
101	F		B	102

따라서 위의 조건들을 종합해 보면 위와 같은 그림이 된다. G, H는 202호 또는 302호에 산다.
이때 항상 옳은 것은 ③이다.

정답 | ③

유형전략

조건추리 문제를 푸는 순서
① 조건에 맞는 그림 또는 표를 만든다.
② 고정시킬 수 있는 피벗 조건을 찾는다.
→ 한 개의 조건에서 주어진 경우도 있고, 두 개 이상의 조건을 연결해서 찾아야 하는 경우도 있다.
③ 피벗 조건을 고정한 후 다른 조건들을 연결하여 문제를 풀어간다.
④ 문제에 따라 완벽하게 결과를 도출할 수 있는 경우도 있고, 여러 케이스가 나올 수 있는 경우도 있다.
→ 최종 도출 결과물과 선택지를 비교해서 적절한 답을 찾는다.

대표유형

한국, 수리남, 우크라이나 세 국가에서 각각 2명씩 총 6명이 대화를 하고 있다. 이때 한국 사람은 항상 참을 말하고, 수리남 사람은 항상 거짓을 말하고, 우크라이나 사람은 참, 거짓을 알 수 없을 때 이들의 [대화]를 보고 옳은 것을 고르면?

대화

- 한국1: 나는 우크라이나인들이 함께 있는 걸 보았어. 나도 그곳에 있었고, 오전 내내 우리 3명만 있었어.
- 우크라이나1: 우리는 오전 내내 식당에 있었어.
- 수리남1: 오전 동안 사무실에는 아무도 없었어.
- 한국2: 우리 6명은 오전 내내 6층에 있었고, 6층에는 회의실, 식당, 사무실 외에 다른 시설은 없어. 그리고 우크라이나인 1명은 거짓말을 하고 있어.
- 우크라이나2: 내가 오전에 옆방인 사무실에 전화했을 때 사람이 있었어.
- 수리남2: 오전에 식당에 들어간 사람이 있어.

① 오전에 수리남 사람들은 서로 같은 곳에 있었다.
② 오전에 식당에 들어간 한국 사람이 있다.
③ 오전에 사무실에 간 사람은 총 2명이 있었다.
④ 오전에 사무실에 간 사람은 없다.
⑤ 오전에 6층 시설 중 4명 이상 들어간 곳이 있다.

해설

우선, 피벗 조건이 되는 것은 항상 진실을 말하는 한국인들의 대화이다.

회의실	식당	사무실

- 한국1, 우크1, 우크2 3명만 오전 내내 같이 있었다.
- 우크라이나인 1명은 거짓을 얘기하고 있다.

수리남 사람의 대화도 항상 거짓이므로 피벗 조건이 될 수 있다. 수리남 사람들의 대화를 통해 오전에 사무실에는 누군가 있었고, 식당에는 아무도 없었다.
위에 조건들을 종합해 보면 2가지 경우가 생긴다.

회의실	식당	사무실
한국1, 우크1, 우크2	×	한국2, 수리남1, 수리남2

회의실	식당	사무실
한국2, 수리남1, 수리남2	×	한국1, 우크1, 우크2

그런데 우크라이나1이 '우리는 오전 내내 식당에 있었어.'라고 했고 이것은 거짓이다. 따라서 우크라이나2의 말은 참이 된다. 따라서 우크라이나2는 회의실에 있었고 옆방인 사무실에 전화를 걸었다. 가능한 경우는 한가지로 고정된다.

회의실	식당	사무실
한국1, 우크1, 우크2	×	한국2, 수리남1, 수리남2

정답 ❙ ①

■ 조건추리 유형 익히기

원탁에 일정한 간격으로 빈 의자가 8개 놓여 있다. 빈 의자에 A~F 6명이 앉아서 회의를 하고 있다. 주어진 [조건]을 바탕으로 반드시 옳지 않은 것을 고르면?

조건

- B와 D는 서로 맞은 편에 앉았다.
- C와 D는 서로 바로 옆에 앉았다.
- B와 F 사이에는 빈 의자가 2개 있었다.
- E의 맞은 편에는 빈 의자가 있었다.

① A의 바로 오른편에는 E가 앉는다.
② D의 바로 오른편에는 C가 앉는다.
③ A와 C는 서로 붙어 앉는다.
④ A의 맞은 편에는 F가 앉는다.
⑤ C는 E와 D 사이에 앉는다.

해설

우선, 조건 1가지를 고정하고 시작한다.

	B	
	원탁	
	D	

원탁은 좌우대칭이라 위치를 구분할 수 없고, 조건에는 방향에 대한 언급이 없으므로 한 조건을 고정하고 시작한다.
• B와 D는 서로 맞은 편에 앉았다.

	B	
	원탁	
C	D	

	B	
	원탁	
	D	C

• C와 D는 서로 바로 옆에 앉았다.
이때, 두 개의 경우가 생긴다.

	B	빈
E	원탁	빈
C	D	F

빈	B	
빈	원탁	E
F	D	C

• B와 F 사이에는 빈 의자가 2개 있었다.
• E의 맞은 편에는 빈 의자가 있었다.
F와 E 자리를 고정할 수 있다.

A	B	빈
E	원탁	빈
C	D	F

〈경우1〉

빈	B	A
빈	원탁	E
F	D	C

〈경우2〉

따라서 남은 한 자리는 A가 앉는다.
모두 2가지의 경우가 생긴다.

③ 두 경우 모두 해당하지 않는다.
① 경우1에 해당한다.
② 경우2에 해당한다.
④ 두 경우 모두 해당한다.
⑤ 두 경우 모두 해당한다.

정답 Ⅰ ③

유형전략

원형 자리 배치는 대칭형으로 순서가 없기 때문에 특정 방향을 조건에서 정하지 않은 이상 바로 한 곳에 기준을 정하고 시작해도 된다. 또한 기준은 조건에 가장 언급이 많은 것으로 정해서 다른 조건들과 연결하여 풀어가는 것이 유리하다.

헬스장에서 순서대로 다양한 운동을 하였고, 같은 운동은 반복하지 않았다. 주어진 [조건]에 따라 운동을 했을 때, 옳은 것을 고르면?

조건

- 계획은 총 6개 운동을 하려고 했지만, 너무 힘들어서 총 5개의 운동만 했다.
- 마지막 운동은 가볍게 '런지' 또는 '시티드로우'를 하였다.
- '시티드로우'를 하는 날은 '리버스크런치'도 같이 한다.
- '벤치프레스'는 몸이 풀린 시점에 하기 위해서 3번째 운동을 한 이후에 하였다.
- 가장 먼저 한 운동은 가볍게 몸을 풀기 위해 '런닝' 또는 '리버스 크런치'를 하였다.
- '풀업' 후 팔에 힘이 빠져서 바로 다리 운동인 '런지'를 하였다.

① 가장 먼저 한 운동은 '런닝'이다.
② 가장 마지막에 한 운동은 '런지'이다.
③ '시티드로우'는 하지 않았다.
④ 세 번째로 한 운동은 '런지'이다.
⑤ '벤치프레스' 후에 '런지'를 하였다.

해설

우선, 첫 번째 조건으로 총 5개의 운동을 했다는 것을 알 수 있고, 이것을 바탕으로 표를 작성하여 조건들을 연결해 본다.
처음과 마지막에 한 운동으로 가능한 경우를 기입한다.

1	2	3	4	5
런닝 or 리버스크런치				런지 or 시티드로우

'벤치프레스'는 3번째 운동 후에 하였기 때문에 고정할 수 있다.

1	2	3	4	5
런닝 or 리버스크런치			벤치프레스	런지 or 시티드로우

'풀업' 후 너무 힘들어서 다리 운동인 '런지'를 하였다고 했으므로 2, 3번째 운동이 고정된다. 이때 마지막 운동은 런지가 될 수 없으므로 시티드로우가 된다.

1	2	3	4	5
런닝 or 리버스크런치	풀업	런지	벤치프레스	시티드로우

'시티드로우'를 하는 날은 '리버스크런치'도 같이 하기 때문에 아래와 같은 결론을 얻는다.

1	2	3	4	5
리버스크런치	풀업	런지	벤치프레스	시티드로우

④ '런지'를 세 번째 운동으로 하였다.
① 가장 먼저 한 운동은 '리버스크런치'이다.
②, ③ 가장 마지막으로 한 운동은 '시티드로우'이다.
⑤ '런지'를 먼저 하였다.

정답 | ④

N국에서 조만간 정찰위성을 발사할 거라는 첩보를 입수하였다. 주어진 [입수정보]를 보고 옳은 것을 고르면?

입수정보

- N국의 정찰위성은 12월 3일(일)~12월 16일(토) 사이에 발사될 것이다.
- N국의 정찰위성 발사 2일 전까지는 사전에 반드시 이상 징후를 포착할 수 있다.
  예) 12월 4일 발사하였다면 최소한 12월 2일까지는 이상 징후를 반드시 포착할 수 있다.
- 이상 징후는 12월 5일이 지나고 포착될 것이다.
- 금요일과 토요일에 정찰위성이 발사가 되진 않을 것이다.
- 일요일부터 토요일까지 같은 주라고 할 때 같은 주에 이상 징후와 정찰위성 발사가 이루어질 것이다.

① 이상 징후 포착 후 5일 후에 정찰위성 발사가 이루어 질 것이다.
② 12월 7일 정찰위성이 발사될 가능성이 있다.
③ 12월 13일 '이상 징후'가 포착될 가능성이 있다.
④ '이상 징후' 포착 가능성과 정찰위성 발사 가능성을 둘 다 가진 요일은 화요일이다.
⑤ 월요일에 정찰위성 발사 가능성이 있다.

해설

표를 사용해서 12월 3일~12월 16일 스케줄을 구해본다. 이상 징후는 12월 5일이 지나고 포착되었다. 따라서 12월 7일 이전에 정찰위성이 발사되진 않았다. 또한 12월 16일까지는 정찰위성이 발사되었으므로 12월 15, 16일은 징후를 포착할 수 없다.

날짜	12/3	4	5	6	7	8	9
요일	일	월	화	수	목	금	토
징후	×	×	×				
발사	×	×	×	×	×		
날짜	10	11	12	13	14	15	16
요일	일	월	화	수	목	금	토
징후						×	×
발사							

금요일과 토요일에 정찰위성이 발사가 되진 않았다. 적어도 12월 14일까지는 정찰위성이 발사되었으므로 12월 13~14일에는 이상 징후를 발견할 수 없다.

날짜	12/3	4	5	6	7	8	9
요일	일	월	화	수	목	금	토
징후	×	×	×				
발사	×	×	×	×	×	×	×
날짜	10	11	12	13	14	15	16
요일	일	월	화	수	목	금	토
징후				×	×	×	×
발사						×	×

같은 주에 이상 징후와 발사가 이루어졌기 때문에 12월 9일까지는 이상 징후를 포착할 수 없다. 따라서 가능한 날짜는 아래와 같이 나타낼 수 있다.

날짜	12/3	4	5	6	7	8	9
요일	일	월	화	수	목	금	토
징후	×	×	×	×	×	×	×
발사	×	×	×	×	×	×	×
날짜	10	11	12	13	14	15	16
요일	일	월	화	수	목	금	토
징후	○	○	○	×	×	×	×
발사	×	×	○	○	○	×	×

이상 징후가 포착될 수 있는 날은 12/10~12이고 정찰위성 발사가 가능한 날은 12/12~14이다.

④ 12월 12일 화요일에 둘 다 가능성이 있다.

① 12월 14일 발사일 경우 가장 빠르게 이상 징후를 포착해도 12월 10일로 4일 후이다.

②, ③, ⑤ 표에서 확인할 수 있다.

정답 I ④

유형3 도형추리

대표유형

주어진 도형에 적용된 규칙을 찾아서 (?)에 해당하는 도형을 고르면?

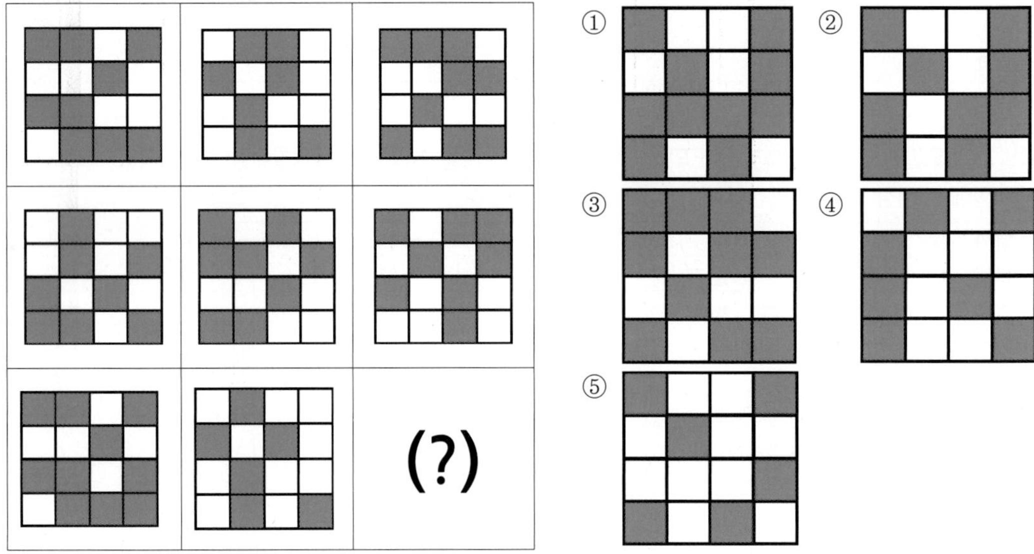

해설

아래와 같은 규칙에 의해 변형되었다.

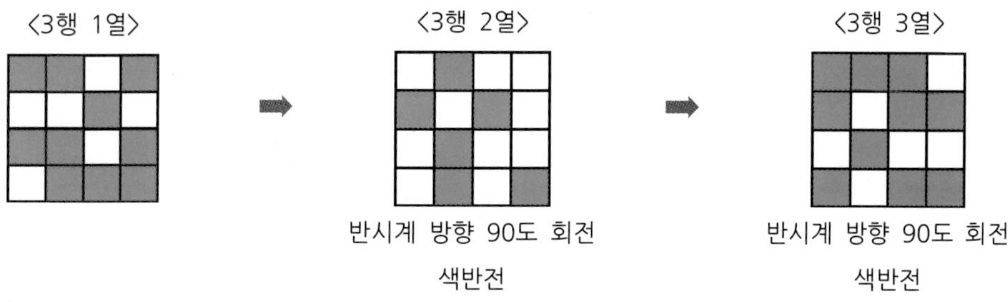

정답 | ③

유형전략

가장 먼저, 흰색 블록의 수를 세어본다. 만약 흰색 블록의 수가 가로나 세로로 일정하다면 그 방향으로 회전이나 이동 규칙을 의심해본다. 만약 흰색 블록의 수가 앞뒤로 6, 10과 같이 합이 16으로 변한다면 색반전을 의심한다. 색반전 규칙이라면 전체 도형의 칸이 4×4 행렬 총 16개이므로 앞뒤 흰색 블록 수가 총 16개가 될 것이다. 위 문제는 가로 방향으로 흰색 블록의 수가 앞뒤 합이 16이므로 가로 색반전 규칙을 의심하고 시작할 수 있다.

① 규칙 방향 먼저 찾기: 유사성을 보고 규칙이 열에 있는지, 행에 있는지, 다른 방식인지 파악
② 규칙 찾기: 유사한 방향으로 회전, 색반전, 한칸씩 이동, 내부회전, 색조합 등 감안하면서 살핌

대표유형

주어진 도형에 적용된 규칙을 찾아서 (?)에 해당하는 도형을 고르면?

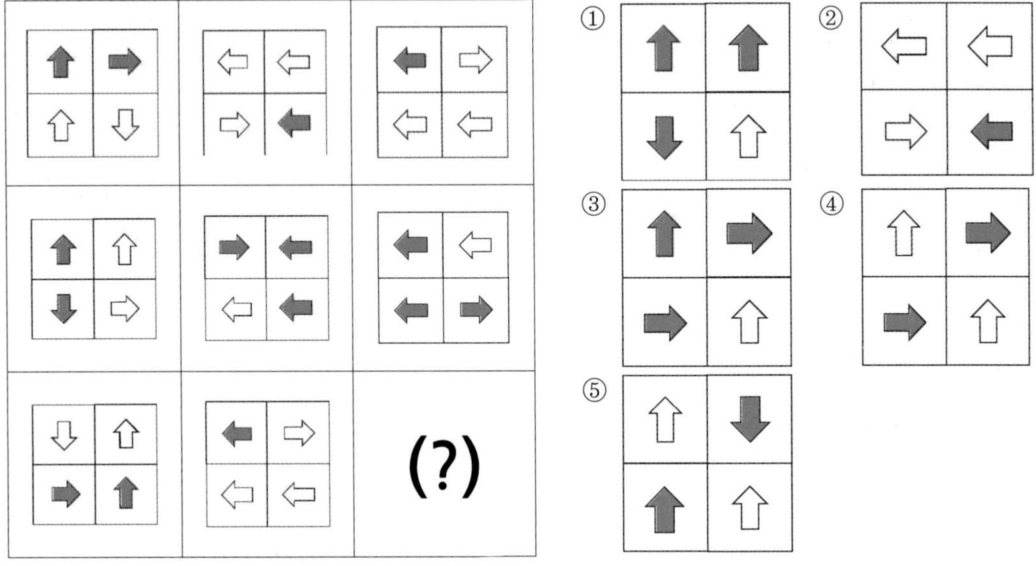

해설

아래와 같은 규칙에 의해 변형되었다.

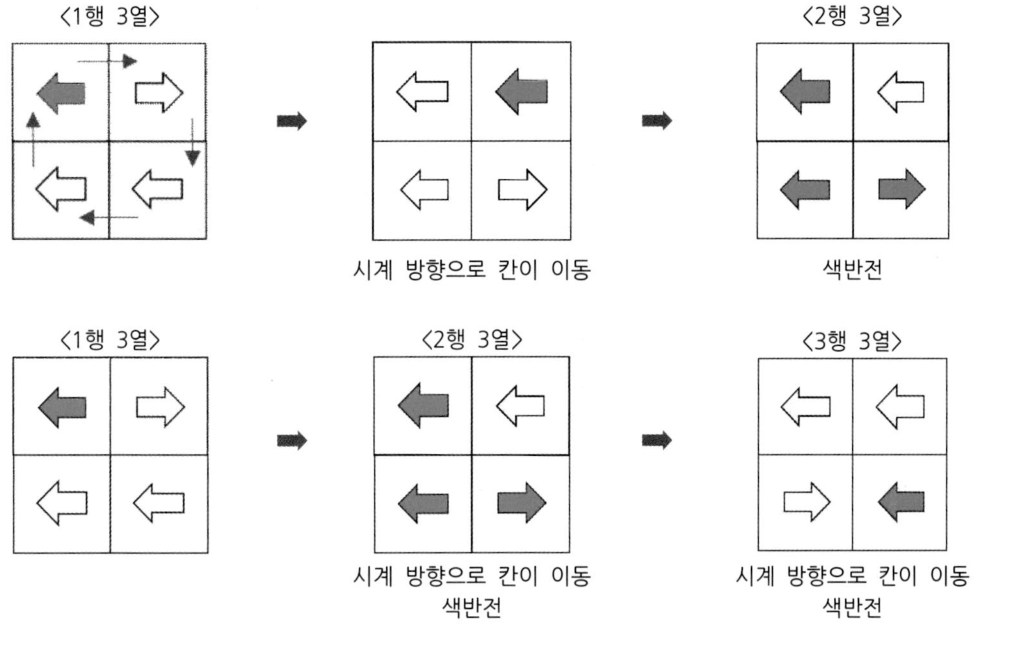

정답 | ②

■ 도형추리 유형 익히기

주어진 도형에 적용된 규칙을 찾아서 (?)에 해당하는 도형을 고르면?

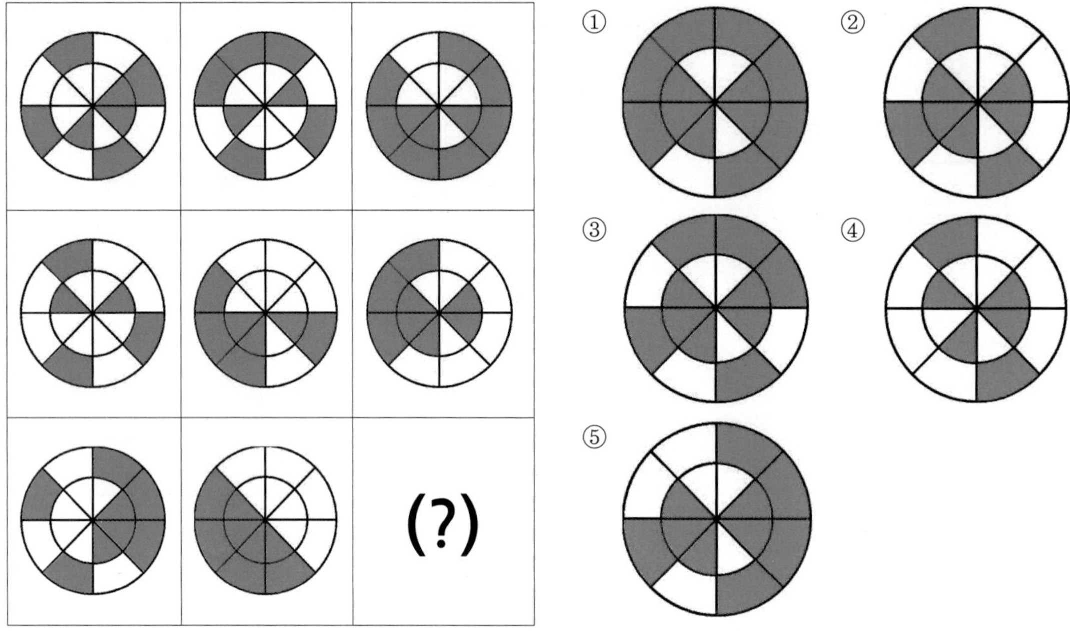

해설

아래와 같은 규칙에 의해 변형되었다.

같은 위치의 색이 같은 경우는 백색으로,
같은 위치의 색이 다른 경우는 흑색으로 변환

정답 ❙ ⑤

주어진 도형에 적용된 규칙을 찾아서 (?)에 해당하는 도형을 고르면?

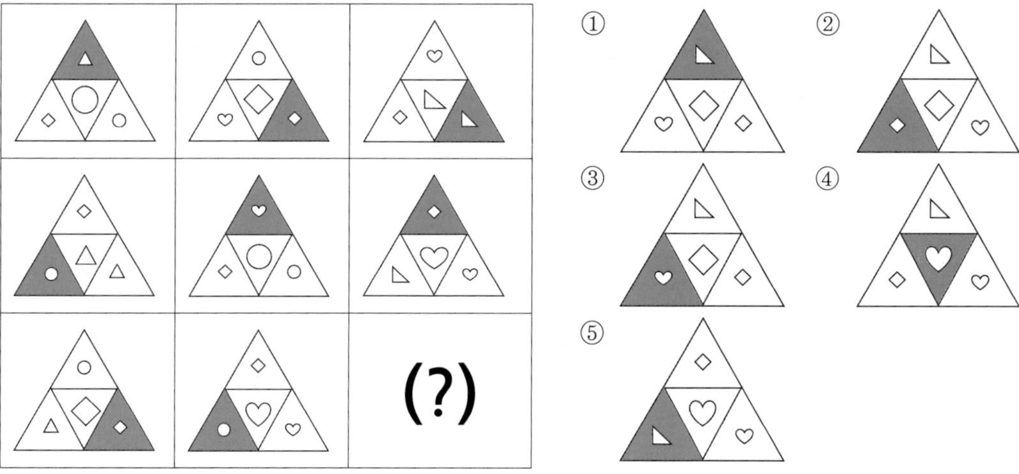

해설

아래와 같은 규칙에 의해 변형되었다.

<1행 3열> <2행 3열> <3행 3열>

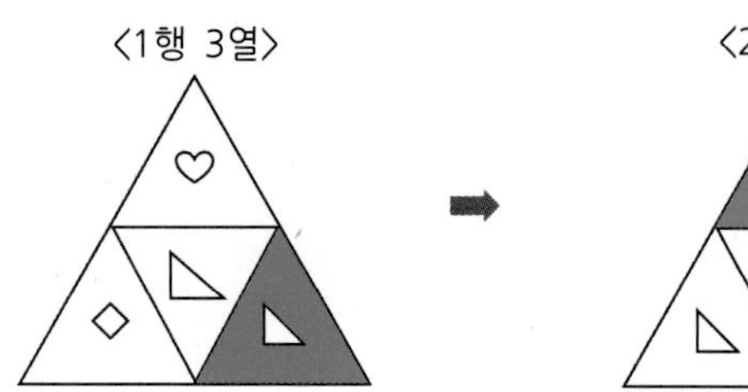

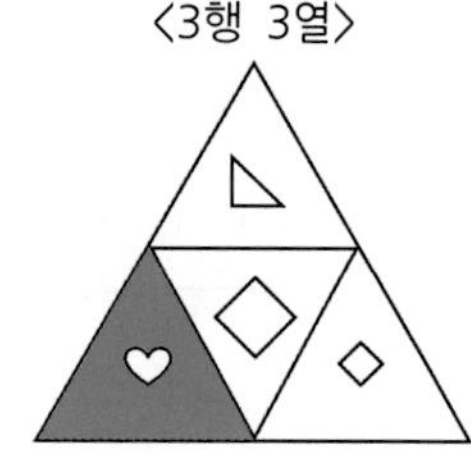

색칠 칸만 반시계 방향으로 회전
가운데 도형 모양 순환 변환
변두리 도형 시계 방향 위치 회전

색칠 칸만 반시계 방향으로 회전
가운데 도형 모양 순환 변환
변두리 도형 시계 방향 위치 회전

정답 | ③

유형4 도식추리

대표유형

[01~04] 주어진 도형들은 문자와 숫자의 배열을 일정하게 변환하는 규칙이 있다. 이때 각 도형의 규칙을 찾아 문제에 적당한 (?)를 고르시오.

		32UZ		5AT6		
		↓		↓		
1H5R	→	○	→	◇	→	H2T4
		↓		↓		
TA56	→	□	→	A56T		
		↓				
		△				
		↓				
		4UC2				

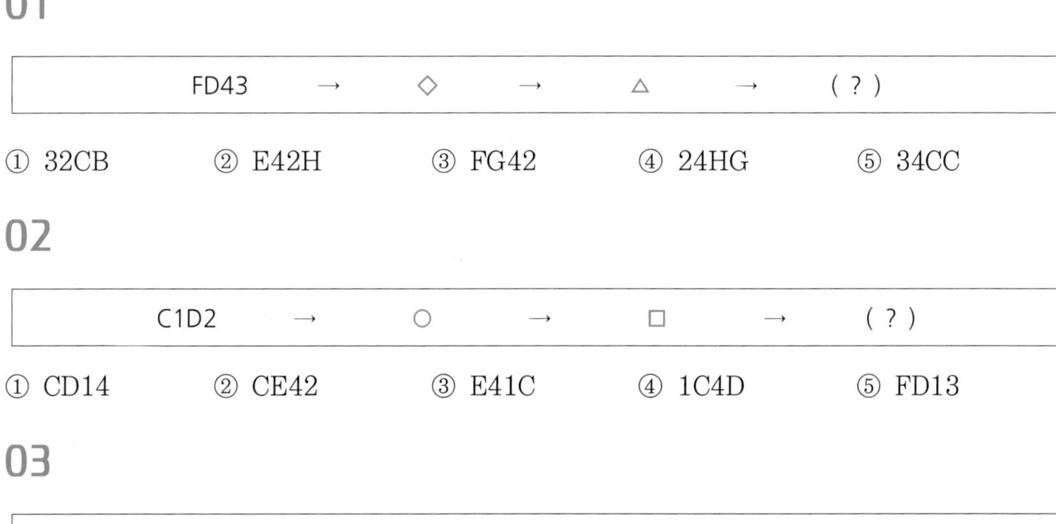

01

FD43 → ◇ → △ → (?)

① 32CB ② E42H ③ FG42 ④ 24HG ⑤ 34CC

02

C1D2 → ○ → □ → (?)

① CD14 ② CE42 ③ E41C ④ 1C4D ⑤ FD13

03

BB14 → △ → ○ → ◇ → (?)

① CE41 ② E4C1 ③ D4C2 ④ DD31 ⑤ CC42

04

A33G	→	◇	→	□	→	△	→	(?)

① BG42 ② 42GB ③ 4G3C ④ 43CD ⑤ CH41

해설

가장 먼저 문자표를 써 놓고 시작한다.

A	B	C	D	E	F	G	H	I	J	K	L	M
N	O	P	Q	R	S	T	U	V	W	X	Y	Z

각 도형들은 아래와 같은 규칙이 있다.

기호	규칙	기호	규칙
○	(+1, 0, -1, +2)	◇	(P_2, P_1, P_4, P_3)
△	(+2, +1, +1, -2)	□	(P_2, P_3, P_4, P_1)

'○'는 '연산 규칙'으로 기존 숫자에 규칙의 수를 더해주는 방식으로 문자의 경우는 알파벳 순서로 적용함
'◇'는 '위치 변환 규칙'으로 배열의 위치를 규칙에 따라 변경함

01 아래와 같이 변환된다.

FD43 →(◇) DF34 →(△) FG42

정답 Ⅰ ③

02 아래와 같이 변환된다.

C1D2 →(○) D1C4 →(□) 1C4D

정답 Ⅰ ④

03 아래와 같이 변환된다.

BB14 →(△) DC22 →(○) EC14 →(◇) CE41

정답 Ⅰ ①

04 아래와 같이 변환된다.

A33G →(◇) 3AG3 →(□) AG33 →(△) CH41

정답 Ⅰ ⑤

유형전략

아래와 같은 순서로 빠르게 풀어본다.

① 보기에서 규칙 한 개로만 변환된 곳을 먼저 찾는다. 그리고 그 규칙부터 찾는다.
② 변환 전과 변환 후를 비교하여 4개가 모두 같은 문자와 숫자이면 '위치 변환 규칙'이다.
→ 물론 4개의 문자와 숫자가 같아도 '연산 규칙'일 때도 있을 수 있다. 하지만 확률상 희박하고, 그런 경우라면 다른 규칙들을 적용하면서 가려내면 된다.
③ 변환 규칙이 '위치 변환 규칙'인지, '연산 규칙'인지 확인 후 우선 한 가지 규칙을 빠르게 찾는다.
④ 다음 규칙들을 한 개씩 연결하여 모두 찾는다.
⑤ 문제에 도형 규칙을 적용하여 답을 구한다.

이 유형은 4개짜리 묶음 문제로 1문제를 풀면 4문제를 모두 맞힐 수 있다. 다소 시간이 걸리더라도 무조건 4문제를 모두 맞히고 넘어간다는 생각으로 시작해야 한다. 연습을 통해서 4문제를 맞히는 데 걸리는 시간을 단축하는 것을 목표로 학습한다.

■ 도식추리 유형 익히기

[01~04] 주어진 도형들은 문자와 숫자의 배열을 일정하게 변환하는 규칙이 있다. 이때 각 도형의 규칙을 찾아 문제에 적당한 (?)를 고르시오.

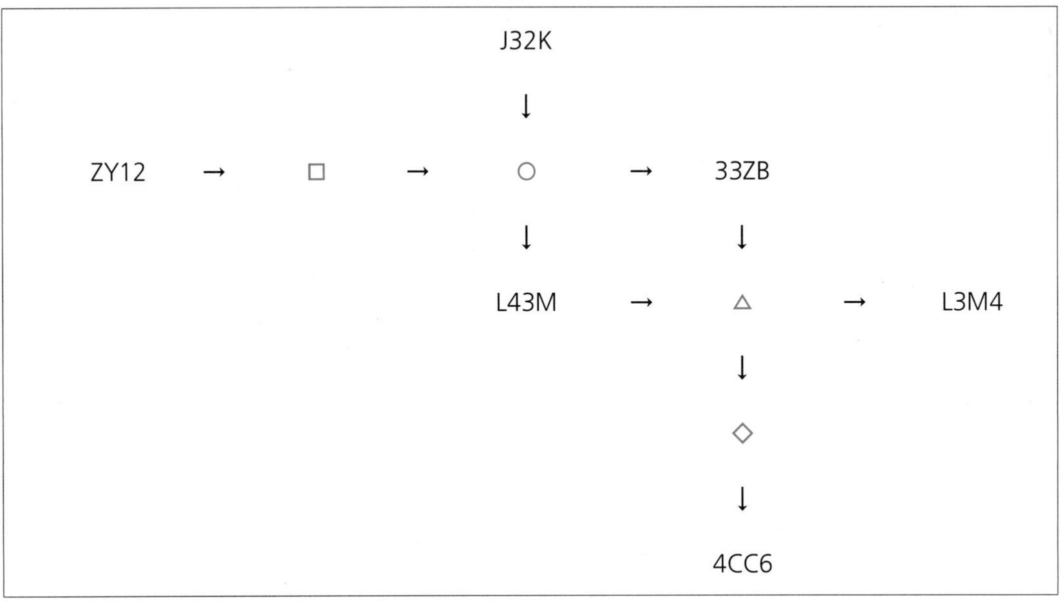

01

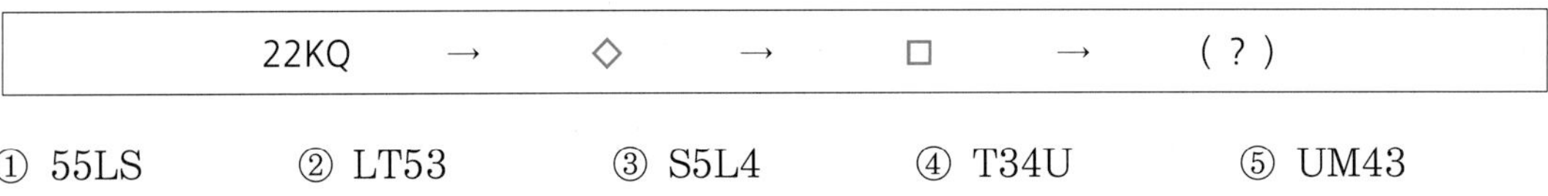

① 55LS ② LT53 ③ S5L4 ④ T34U ⑤ UM43

02

4V2X → ○ → △ → (?)

① 53YW ② YW43 ③ YX36 ④ ZZ57 ⑤ 63ZW

03

Q12F → △ → □ → ◇ → (?)

① F43T ② ET44 ③ UE45 ④ 5V4H ⑤ G43T

04

IP31	→	◇	→	○	→	□	→	(?)

① 56TL ② 55TK ③ T5K6 ④ S65L ⑤ SL56

해설

반드시 가장 먼저 문자표를 써 놓고 시작한다.

A	B	C	D	E	F	G	H	I	J	K	L	M
N	O	P	Q	R	S	T	U	V	W	X	Y	Z

각 도형들은 아래와 같은 규칙이 있다.

기호	규칙	기호	규칙
○	(+2, +1, +1, +2)	◇	(+1, +3, +1, +3)
△	(P_1, P_3, P_4, P_2)	□	(P_3, P_4, P_2, P_1)

01 아래와 같이 변환된다.

22KQ →(◇) 35LT →(□) LT53

정답 I ②

02 아래와 같이 변환된다.

4V2X →(○) 6W3Z →(△) 63ZW

정답 I ⑤

03 아래와 같이 변환된다.

Q12F →(△) Q2F1 →(□) F12Q →(◇) G43T

정답 I ⑤

04 아래와 같이 변환된다.

IP31 →(◇) JS44 →(○) LT56 →(□) 56TL

정답 I ①

유형5 어휘추리

대표유형

주어진 단어쌍의 관계를 유추하여 빈칸에 들어갈 알맞은 단어를 고르면?

거드럭거리다 : 모만하다 = 새치름하다 : (　　　　)

① 신통하다　② 새침하다　③ 괴상하다
④ 용하다　⑤ 자상하다

해설

'거드럭거리다'와 '모만하다'는 뜻이 비슷한 유의관계이다.

- 거드럭거리다: 거만스럽게 잘난 체하며 자꾸 버릇없이 굴다.
- 모만하다: 남을 업신여기고 저만 잘난 척하다.

따라서 '새치름하다'와 뜻이 같은 '새침하다'가 빈칸에 알맞다.

- 새치름하다: 쌀쌀맞게 시치미를 떼는 태도가 있다.
- 새침하다: 쌀쌀맞게 시치미를 떼는 태도가 있다.

그 외 단어들의 뜻도 함께 살펴 본다.

- 신통하다: 신기할 정도로 묘하다.
- 괴상하다: ① 보통과 달리 괴이하고 이상하다.
  ② 마땅한 도리나 이치에 벗어나 있다.
- 용하다: ① 재주가 뛰어나고 특이하다.
  ② 성질이 순하고 어리석다.
- 자상하다: ① 찬찬하고 자세하다.
  ② 인정이 넘치고 정성이 지극하다.

정답 I ②

유형전략

문제를 풀면서 어떻게 출제되는지만 파악하자. 이 유형을 효과적으로 대비하기 위해서는 문제를 푸는 것보다는 유의 및 반의관계 단어들을 정리하여 외우는 것이 더욱 효과적이다. e북혁명 카페 내 어휘추리 단어집을 활용하여 학습하자. https://cafe.naver.com/ebookrevolution

대표유형

주어진 단어 쌍의 관계가 다른 하나를 고르면?

① 그르다 – 옳다
② 단출하다 – 번화하다
③ 곰살궂다 – 쌀쌀하다
④ 저어하다 – 안녕하다
⑤ 시쁘다 – 경미하다

해설

주어진 단어들의 관계는 반의관계이고, ⑤는 유의관계이다.

- 그르다: 어떤 일이 사리에 맞지 아니한 면이 있다.
- 옳다: 사리에 맞고 바르다.
- 단출하다: 일이나 차림차림이 간편하다.
- 번화하다: 번성하고 화려하다.
- 곰살궂다: 태도나 성질이 부드럽고 친절하다.
- 쌀쌀하다: 사람의 성질이나 태도가 정다운 맛이 없고 차갑다.
- 저어하다: 익숙하지 아니하여 서름서름하다.
- 안녕하다: 아무 탈 없이 편안하다.
- 시쁘다: 껄렁하여 대수롭지 않다.
- 경미하다: 가볍고 아주 적어서 대수롭지 아니하다.

정답 I ⑤

■ 어휘추리 유형 익히기

[01~03] 주어진 단어쌍의 관계를 유추하여 빈칸에 들어갈 알맞은 단어를 고르시오.

01

말미 : 짬 = 어리보기 : ( )

① 아동 ② 얼뜨기 ③ 돋보기
④ 깍쟁이 ⑤ 미리보기

02

두부 : 콩 = 어묵 : ( )

① 국물 ② 생선 ③ 떡볶이
④ 꼬치 ⑤ 무

03

멀찍이 : 다붓이 = 해찰 : ( )

① 대충 ② 집중 ③ 건성
④ 집합 ⑤ 소집

해설

01

'말미'와 '짬'은 뜻이 비슷한 유의관계이다.
• 말미: 일정한 직업이나 일 따위에 매인 사람이 다른 일로 말미암아 얻는 겨를
• 짬: 어떤 일에서 손을 떼거나 다른 일에 손을 댈 수 있는 겨를
따라서 '어리보기'와 뜻이 비슷한 '얼뜨기'가 빈칸에 알맞다.
• 어리보기: 말이나 행동이 다부지지 못하고 어리석은 사람을 낮잡아 이르는 말
• 얼뜨기: 겁이 많고 어리석으며 다부지지 못하여 어수룩하고 얼빠져 보이는 사람을 낮잡아 이르는 말
그 외 단어들의 뜻도 함께 살펴 본다.
• 아동: 나이가 적은 아이
• 돋보기: 작은 것을 크게 보이도록 알의 배를 볼록하게 만든 안경
• 깍쟁이: 이기적이고 인색한 사람
• 미리보기: 사용자가 파일을 열기 전에 내용을 미리 확인할 수 있도록 하는 기능

정답 ❙ ②

02

'두부'는 '콩'으로 만든다. 따라서 '어묵'은 '생선'으로 만들기 때문에 빈칸에 알맞은 것은 '생선'이다. 유의어, 반의어 외에도 기능관계, 재료관계, 포함관계 등도 출제될 수 있으니 이에 대비해야 한다.

정답 ❙ ②

03

'멀찍이'와 '다붓이'는 뜻이 반대인 반의관계이다.
• 멀찍이: 사이가 꽤 떨어지게
• 다붓이: 붙어 있는 정도가 매우 가깝게
따라서 '해찰'과 뜻이 반대인 '집중'이 빈칸에 알맞다.
• 해찰: 일에는 마음을 두지 아니하고 쓸데없이 다른 짓을 함
• 집중: 한 가지 일에 모든 힘을 쏟아부음
그 외 단어들의 뜻도 함께 살펴 본다.
• 대충: 대강을 추리는 정도로
• 건성: 어떤 일을 성의 없이 대충 겉으로만 함
• 집합: 사람들이 한곳으로 모임
• 소집: 단체나 조직체의 구성원을 불러서 모음

정답 ❙ ②

[04~06] 주어진 단어 쌍의 관계가 다른 하나를 고르시오.

04

① 우수리 – 잔돈
② 띠앗 – 우애심
③ 하늬바람 – 서쪽바람
④ 달구리 – 황혼
⑤ 상황 – 정세

05

① 차 – 트럭
② 가방 – 지갑
③ 옷 – 바지
④ 운동 – 축구
⑤ 책 – 월간지

06

① 풀치다 – 용서하다
② 각축하다 – 경쟁하다
③ 갈음하다 – 대신하다
④ 냉각하다 – 식히다
⑤ 구쁘다 – 만복하다

해설

04

주어진 단어들의 관계는 유의관계이고, ④는 반의관계이다.
- 우수리: 물건값을 제하고 거슬러 받는 잔돈
- 잔돈: 거슬러 주거나 받는 돈
- 띠앗: 형제나 자매 사이의 우애심
- 우애심: 형제간 또는 친구 간에 사랑하고 위하는 마음
- 하늬바람: 서쪽에서 부는 바람
- 달구리: 이른 새벽의 닭이 울 때
- 황혼: 해가 지고 어스름해질 때
- 상황: 일이 되어 가는 과정이나 형편
- 정세: 일이 되어 가는 형편

정답 | ④

05

주어진 단어들의 관계는 포함관계이다.
① '차'의 종류에는 '트럭'이 있다.
③ '옷'의 종류에는 '바지'가 있다.
④ '운동'의 종류에는 '축구'가 있다.
⑤ '책'의 종류에는 '월간지'가 있다.
하지만 '가방'의 종류에는 '지갑'이 있지는 않다.

정답 | ②

06

주어진 단어들의 관계는 유의관계이고, ⑤는 반의관계이다.
- 풀치다: 맺혔던 생각을 돌려 너그럽게 용서하다.
- 용서하다: 지은 죄나 잘못한 일에 대하여 꾸짖거나 벌하지 아니하고 덮어 주다.
- 각축하다: 서로 이기려고 다투며 덤벼들다.
- 경쟁하다: 같은 목적에 대하여 이기거나 앞서려고 서로 겨루다.
- 갈음하다: 다른 것으로 바꾸어 대신하다.
- 대신하다: 어떤 대상의 자리나 구실을 바꾸어서 새로 맡다.
- 냉각하다: 식혀서 차게 하다.
- 식히다: 더운 기를 없애다.
- 구쁘다: 배 속이 허전하여 자꾸 먹고 싶다.
- 만복하다: 배가 잔뜩 부르다.

정답 | ⑤

유형6 독해

대표유형

주어진 내용이 모두 참이라고 할 때, 반드시 거짓인 것을 고르면?

> 오스만 제국은 13세기부터 20세기 초까지 존재했던 유라시아의 이슬람 제국이다. 16세기와 17세기에 유럽, 아시아, 아프리카의 대부분을 지배하는 세계에서 가장 강력한 제국 중 하나였다. 오스만 제국은 오늘날의 튀르키예, 이라크, 시리아, 레바논, 요르단, 이스라엘, 팔레스타인, 그리스, 불가리아, 세르비아, 알바니아, 루마니아, 헝가리, 크로아티아, 보스니아 헤르체고비나 등을 포함하는 광대한 영토를 통제했다. 오스만 제국은 다양한 종교와 문화의 사람들로 구성된 다문화 제국이었다. 오스만 제국의 경제는 농업, 상업, 공업으로 크게 나눌 수 있는데 농업은 오스만 제국의 경제에서 가장 중요한 부문이었으며, 주로 밀, 쌀, 보리, 옥수수 등이 재배되었다. 상업은 아시아와 유럽을 연결하는 중요한 교역로를 통해 이루어졌으며, 직물, 향신료, 도자기 등이 주요 수출품이었다. 공업은 주로 직물, 금속, 도자기, 건축 등 분야에서 발전했다. 또한 오스만 제국은 강력한 군대와 해군을 가지고 있었고, 그들의 영토를 확장하기 위해 여러 번 전쟁을 벌였다. 오스만 제국은 17세기 이후 쇠퇴하기 시작했다. 그들은 유럽의 강대국들과의 전쟁에서 패배했고, 그들의 영토는 점차 줄어들기 시작했다. 1922년 오스만 제국은 무스타파 케말 아타튀르크가 이끄는 터키 혁명으로 붕괴되었다. 하지만 오스만 제국은 세계사에 중요한 영향을 미쳤다. 그들은 유럽과 아시아의 교역과 문화 교류를 촉진했다. 또한, 그들은 튀르키어어와 이슬람 문화의 확산에 기여했다.

① 오스만 제국은 다양한 종교를 인정하였다.
② 오스만 제국은 현재 이슬람 국가 형성에 기여하였다.
③ 오스만 제국은 유럽 강대국들에 의해 전쟁으로 멸망하였다.
④ 과거 일부 동유럽 국가들은 이슬람 문화권에 속했다.
⑤ 오스만 제국은 교역을 통해 유럽과 아시아를 연결하는 중요한 역할을 했다.

해설

③ 오스만 제국은 '1922년 오스만 제국은 무스타파 케말 아타튀르크가 이끄는 터키 혁명으로 붕괴되었다.'고 했으므로 명백히 잘못된 진술이다.
① 5번째 줄 '오스만 제국은 다양한 종교와 문화의 사람들로 구성된 다문화 제국이었다.'에서 확인할 수 있다.
② 마지막 문장 '또한, 그들은 튀르키어어와 이슬람 문화의 확산에 기여했다.'에서 유추할 수 있다.
④ 2번째 줄 '오스만 제국은 오늘날의 튀르키예, 이라크, 시리아, 레바논, 요르단, 이스라엘, 팔레스타인, 그리스, 불가리아, 세르비아, 알바니아, 루마니아, 헝가리, 크로아티아, 보스니아 헤르체고비나 등을 포함하는 광대한 영토를 통제했다.'에서 확인할 수 있다.
⑤ 7번째 줄 '상업은 아시아와 유럽을 연결하는 중요한 교역로를 통해 이루어졌으며, 직물, 향신료, 도자기 등이 주요 수출품이었다.'에서 유추할 수 있다.

정답 ❙ ③

유형전략

독해 유형은 기본적으로 글을 빠르게 읽고 내용을 파악할 수 있는 독해력이 좋은 사람이 절대 유리하다. 독해력을 단기간 빠르게 키울 수는 없겠지만 풀이시간을 줄이기 위해 아래를 참고하여 학습해 본다.

① 자신의 독해력 측정
지문의 길이는 500자 내외로 주어지는데 이 지문을 읽고 파악하는 데 자신이 어느 정도 걸리는지 측정해본다. 1분 이내로 정확히 파악할 수 있다면 정공법으로 풀어도 괜찮은 수준이다. 만약 그렇지 못하다면 답만 빠르게 찾아 푸는 연습에 집중해서 준비하는 것이 유리하다.

② 애매모호한 선택지 버리기
위처럼 '반드시 거짓인 것'을 고르는 문제는 판단이 애매모호한 선택지는 답이 될 수 없다. 이런 선택지는 판단에 시간을 쓰지 말고 확실히 틀렸다는 단서를 찾는 것에만 집중하여 답만 빠르게 찾는 연습을 한다.

대표유형

주어진 글을 읽고 아래 [보기]를 이해한 것으로 적절한 것을 고르면?

대한민국의 출산율은 1970년대 이후 지속적으로 감소하고 있다. 1970년대에는 평균 출산율이 4.5명이었지만, 2022년에는 0.78명으로 떨어졌다. 이는 세계 최저 수준이다. 대한민국 출산율이 감소하는 원인은 크게 다음과 같이 나눌 수 있다. 첫째는 경제적 요인이다. 여성의 사회 진출이 확대되고, 경제적 부담이 증가하면서 출산을 미루거나 포기하는 경우가 많아지고 있다. 여성의 경제활동 참여율은 1970년대 35%에서 2022년 60.8%로 크게 증가했다. 여성의 경제활동 참여율이 높아지면 가구의 소득은 증가하지만, 출산에 따른 경제적 부담도 증가하게 된다. 또한, 양육비, 교육비 등 자녀 양육에 드는 비용이 증가하면서 출산을 포기하는 경우도 많아지고 있다. 둘째는 사회적 요인이다. 결혼 연령이 높아지고, 비혼과 저출산이 증가하면서 출산 환경이 악화되고 있다. 결혼 연령은 1970년대 23.8세에서 2022년 32.8세로 크게 높아졌다. 결혼 연령이 높아지면 자녀를 낳을 수 있는 기간이 줄어들고, 출산을 미루는 경향이 커진다. 또한, 비혼 인구가 증가하고, 저출산 인구가 증가하면서 출산을 장려하는 사회적 분위기가 약화되고 있다. 셋째는 문화적 요인이다. 자녀에 대한 가치관이 변화하고, 출산에 대한 부정적 인식이 확산되면서 출산율이 감소하고 있다.

보기

2023년 기준, 세계에서 가장 출산율이 높은 나라는 이스라엘로, 합계출산율이 3.05명이다. 다음으로 멕시코(2.29명), 튀르키예(2.10명), 뉴질랜드(2.05명), 아일랜드(2.01명) 등이 있다. 이스라엘의 출산율이 높은 이유는 유대교에서 출산에 대한 긍정적 인식이 강한 부분이 있고, 정부의 출산 장려 정책도 적극적인 것으로 알려져 있다. 이들은 출산장려금을 확대하고, 육아휴직 기간을 연장하고 있다. 또한 가족 친화적인 사회 문화를 가지고 있어 출산율에 영향을 주었을 것으로 보인다. 그리고 이스라엘의 국가 경제력이 안정된 부분도 작용했을 것이다.

① 대한민국의 출산율이 낮은 것은 종교적인 이유 때문이다.
② 다른 국가에 비해 출산율이 낮은 것은 대한민국의 경제력이 낮기 때문이다.
③ 대체로 경제력이 높은 나라일수록 출산율이 높다.
④ 여성에 대한 출산 장려 정책이 강화된다면 저출산에 극복하는 데 도움이 될 것이다.
⑤ 여성의 경제적 지위를 높여야 출산율을 높일 수 있다.

해설

④ 지문에서 여성의 경제활동 참여율이 높아졌고, 양육비 부담에 대한 내용을 언급하였다. [보기]에서 이스라엘의 출산 장려 정책에서 적극적인 부분이 출산율에 영향을 준 부분으로 언급하고 있으므로 ④가 가장 적절하다.
① 이스라엘의 출산율이 높은 이유가 종교적인 이유가 있다고 해서 대한민국의 출산율이 낮은 것을 종교적인 이유로 보기 힘들다.
② 지문에서 대한민국의 소득은 오히려 증가하였다고 했으므로 적절하지 않다.
③ 멕시코, 튀르키예, 뉴질랜드, 아일랜드의 예가 있긴 하지만 이것으로 단정하기 어렵다.
⑤ 경제활동 참여율이 높아진 것이 원인이 되긴 하지만, 경제적 지위와는 무관하다.

정답 I ④

유형전략

다소, 요령이 통하지 않는 문제 중 하나다. 전체적인 내용과 맥락을 이해하고 있어야 풀 수 있는 문제가 많다. 이 문제 유형은 지문이 짧지 않은 이상 어느 정도 풀이 시간이 걸릴 것을 예상하고 시작해야 한다.

대표유형

주어진 주장에 대한 반박으로 가장 타당한 것을 고르면?

난민 수용은 인권의 문제이자 국제사회의 책임이라는 주장이 있다. 하지만, 난민 수용에는 여러 가지 부작용이 있다. 난민 수용은 국가의 안보와 경제에 위협이 될 수 있다. 난민은 종종 전쟁, 테러, 범죄 등과 같은 위협으로부터 도망쳐 온 사람들이다. 따라서, 난민 수용은 국가 간 지정학적 상황과 종교, 이해관계에 따라 충돌이 발생할 수 있어 안보를 위협할 수 있다. 또한, 난민 수용은 절대적으로 경제적 부담만 가중시킨다. 난민들은 사회에 적응하기 위해 교육, 의료, 주거 등과 같은 복지 서비스를 필요로 한다. 이러한 복지 서비스는 국가의 재정에 부담을 줄 수 있다. 또한, 난민 수용은 기존 국민과의 갈등을 유발할 수 있다. 그 이유는 난민은 문화, 종교, 언어 등이 다른 경우가 많고, 이는 기존 국민과의 갈등을 유발할 수 있기 때문이다. 특히, 난민 수용에 대한 국민의 반발이 심한 경우에는 사회적 불안정이 야기될 수 있다. 그리고 난민 수용은 난민의 본국 복귀를 어렵게 할 수 있다. 왜냐하면, 난민 수용은 난민이 본국으로 돌아갈 수 있는 동기를 약화시키기 때문이다. 이러한 이유로, 난민 수용은 신중하게 결정해야 할 문제이다. 난민 수용을 통해 인권을 보호하고 국제 사회의 책임을 다하는 것도 중요하지만, 국가의 안보와 경제, 사회적 안정을 고려하여 난민 수용을 결정해야 한다.

① 여성과 어린이 난민만 수용하면 국가 안보에 위협이 되지 않는다.
② 난민은 새로운 노동력을 제공하고 기술과 문화를 융합시켜 국가 경제 발전에 기여할 수 있다.
③ 난민들은 따로 생활하기 때문에 국민들과 갈등이 유발되지 않는다.
④ 난민들은 본국으로 돌아갈 생각이 없다.
⑤ 난민들은 테러리스트들이 아니다.

해설

② '난민 수용은 절대적으로 경제적 부담만 가중시킨다.'고 했는데 난민 수용으로 있을 수 있는 긍정적인 효과도 생각해 볼 수 있다. 노동 생산력 증가와 새로운 기술 및 문화 융합으로 국가 발전에 기여할 수도 있기 때문이다.

① 난민 수용은 나이와 성별에 관계 없이 지정학적 상황과 종교, 이해 관계에 따라 국가 간 무력 충돌을 야기할 수 있어 안보에 위협이 될 수 있다.

③ 난민 수용을 하면 결국 국민과 섞여서 경제활동을 할 것이다. 따로 생활한다는 전제에 무리가 있다.

④ 난민 중 본국으로 복귀하고 싶은 사람도 있을 것이고, 그렇지 않을 사람도 있기 때문에 단정적으로 말하기 어렵다.

⑤ 본문에서 난민들을 테러리스트로 언급한 부분이 없다.

정답 I ②

대표유형

주어진 문단을 가장 올바른 순서로 배열한 것을 고르면?

(가) 경복궁은 조선 왕조의 정치, 문화, 종교의 중심지였으며, 우리 민족의 정체성을 형성하는 데 중요한 역할을 했다. 그런데 경복궁을 잘 관리하지 못하고 담벼락에 낙서가 남겨진 것은 참으로 안타깝다. 낙서를 지우더라도, 그 흔적은 남아 우리 민족의 역사와 문화에 상처를 남길 것이다.

(나) 따라서 경복궁 담벼락 낙서 사례는 문화재 관리의 중요성을 다시 한번 일깨워준다. 문화재는 우리 민족의 소중한 유산이다. 문화재를 잘 관리하여 후손들에게 물려주어야 할 책임이 있다.

(다) 2023년 12월, 경복궁 담벼락에 낙서가 발견되어 큰 논란이 되었다. 누군가 스프레이를 이용해 담벼락에 크게 낙서를 한 것이다. 이 낙서는 경복궁의 역사적 가치를 훼손하는 범죄 행위이다.

(라) 그러기 위해서는 문화재를 보호하기 위한 법규를 강화해야 한다. 그리고 문화재 관리 인력의 전문성을 향상시켜야 한다. 이를 통해 문화재를 체계적으로 관리하고, 보존하여 이러한 범죄가 다시 발생하지 않도록 해야 한다.

(마) 또한, 다른 한편으로 문화재는 관광 자원으로써 경제적 가치를 지닌다. 문화재는 외국인 관광객을 유치하여 국가 경제에 기여하기도 한다. 경복궁은 우리나라를 대표하는 관광지 중 하나로, 매년 수백만 명의 외국인 관광객이 찾는다. 경복궁 담벼락에 낙서가 남겨진 것은 외국인 관광객들에게 부정적인 인상을 줄 수 있다. 이는 국가 이미지 손상과 경제적 손실을 초래할 수 있다.

① (가) (나) (마) (다) (라)
② (가) (다) (나) (라) (마)
③ (다) (가) (마) (나) (라)
④ (다) (나) (가) (라) (마)
⑤ (다) (마) (가) (나) (라)

해설

글은 다음과 같은 순서로 배열되어야 자연스럽다.
(다) 경복궁 담벼락 낙서 발생 - (가) 경복궁의 역사적 의미와 훼손의 안타까움 - (마) 문화재의 경제적 가치 - (나) 문화재 관리의 중요성 - (라) 문화재 보호 강화 방법

정답 Ⅰ ③

유형전략

글의 흐름은 문단 앞의 접속사나 연결 문장의 호응 등으로 구분하기 쉽다. 따라서 접속사나 연결 문장으로 시작하는 문단을 먼저 살펴보고 앞에 어떤 문단이 와야 자연스러운지 생각하면서 순서의 범위를 좁혀 간다.

■ 독해 유형 익히기

주어진 내용이 모두 참이라고 할 때, 반드시 거짓인 것을 고르면?

> 빈대는 사람의 피를 빨아먹고 사는 기생충으로, 과거에는 전 세계적으로 널리 퍼져 있었으나, DDT 등의 살충제의 개발로 인해 그 수가 크게 줄어들었다. 그러나 최근 들어 빈대가 다시 늘어나고 있는 추세이며, 특히 우리나라에서도 빈대 발생 사례가 증가하고 있다. 아쉽게도, 빈대 박멸이 어려운 이유는 다음과 같다. 빈대는 매우 작은 크기와 탁월한 은신 능력으로 인해 발견하기가 어렵다. 성충 빈대의 길이는 약 5mm로 매우 작고, 몸 색깔이 갈색이나 흑갈색으로 어두워서 눈에 잘 띄지 않는다. 빈대는 틈새나 구멍, 어두운 곳 등에 숨어 생활하기 때문에 발견하기가 더욱 어렵다. 또한 빈대의 생존력이 강하다. 빈대는 굶주림에 견딜 수 있는 기간이 길고, 추위에도 잘 견딘다. 빈대는 한 번에 5~10개의 알을 낳을 수 있으며, 알에서 성충이 되기까지 약 2~3주가 소요된다. 따라서 빈대의 알, 유충, 성충을 모두 제거하지 않으면 다시 번식하여 문제가 될 수 있다. 그리고 빈대는 다양한 환경에서 서식할 수 있다. 빈대는 침구류, 가구, 벽지 등 다양한 곳에서 서식할 수 있으며, 사람이 머무르는 곳이라면 어디에서나 발견될 수 있다. 따라서 빈대를 완전히 박멸하는 것은 꽤 어려운 일이다.

① 빈대는 저온에서도 생존하기 때문에 고온으로 빈대를 죽이는 것이 더 효과적이다.
② 빈대는 여러 면에서 발견하기 어려워서 박멸이 더 힘들다.
③ 빈대는 생존력이 매우 강해서 살충제로는 살충 효과를 보기 어렵다.
④ 빈대의 성충을 박멸해도 유충과 알이 남아 있다면 다시 나타날 것이다.
⑤ 빈대는 우리나라뿐만 아니라 전 세계적으로 널리 퍼져 사는 곤충이다.

해설

③ 1번째 줄 '빈대는 사람의 피를 빨아먹고 사는 기생충으로, 과거에는 전 세계적으로 널리 퍼져 있었으나, DDT 등의 살충제의 개발로 인해 그 수가 크게 줄어들었다.'를 통해 살충제는 살충 효과가 있다고 볼 수 있다. 따라서 반드시 거짓이 된다.

① 6번째 줄 '또한 빈대의 생존력이 강하다. 빈대는 굶주림에 견딜 수 있는 기간이 길고, 추위에도 잘 견딘다.'를 통해 유추해 볼 수 있다.

② 4번째 줄 '빈대는 매우 작은 크기와 탁월한 은신 능력으로 인해 발견하기가 어렵다. 성충 빈대의 길이는 약 5mm로 매우 작고, 몸 색깔이 갈색이나 흑갈색으로 어두워서 눈에 잘 띄지 않는다. 또한, 빈대는 틈새나 구멍, 어두운 곳 등에 숨어 생활하기 때문에 발견하기가 더욱 어렵다.'를 통해 유추할 수 있다.

④ 7번째 줄 '빈대는 한 번에 5~10개의 알을 낳을 수 있으며, 알에서 성충이 되기까지 약 2~3주가 소요된다. 따라서 빈대의 알, 유충, 성충을 모두 제거하지 않으면 다시 번식하여 문제가 될 수 있다.'를 통해 유추할 수 있다.

⑤ 초반 설명을 통해 충분히 유추할 수 있다.

정답 ❙ ③

주어진 글과 [보기]를 읽고 이해한 것으로 적절한 것을 고르면?

자율주행은 자동차가 스스로 주변 환경을 인식하고 판단하여 주행하는 기술이다. 운전자의 개입 없이 주행이 가능하기 때문에 교통사고의 감소, 운전자의 편의 증대, 교통 효율성의 개선 등 다양한 이점을 기대할 수 있다. 자율주행 기술은 크게 인지, 판단, 제어의 세 단계로 구분된다. 인지 단계에서는 카메라, 레이더, 라이다 등의 센서를 통해 주변 환경을 인식한다. 판단 단계에서는 인식한 정보를 바탕으로 안전하게 주행할 수 있는 경로를 결정한다. 제어 단계에서는 결정된 경로에 따라 자동차의 속도, 방향, 가속, 제동을 제어한다. 자율주행 기술은 아직 개발 초기 단계에 있지만, 빠르게 발전하고 있다. 2022년 기준으로 미국, 중국, 유럽 등 주요 국가에서는 자율주행차의 상용화를 위한 연구개발이 활발하게 진행되고 있다. 자율주행 기술이 상용화되면 교통사고의 감소에 크게 기여할 것으로 기대된다. 이는 운전자의 실수로 인한 사고를 예방할 수 있기 때문이다. 또한, 운전자의 편의 증대에도 기여할 것으로 기대된다. 운전 중 휴식을 취하거나 다른 일을 할 수 있기 때문이다. 교통 효율성의 개선에도 기여할 것으로 기대된다. 교통량이 감소하고 주행 속도가 빨라지기 때문이다.

보기

자율주행 기술이 상용화되기 위해서는 우선, 해결해야 할 과제도 있다. 윤리적 문제이다. 자율주행차가 사고를 피하기 위해 어떤 결정을 내릴 것인지에 대한 윤리적 기준을 마련해야 한다. 예를 들어, 자율주행차가 보행자와 충돌할 위험이 있는 상황에서 어떤 조치를 취할 것인지에 대한 결정은 매우 어려운 윤리적 문제이다. 이에 대한 법적 제도의 마련이 필요하다. 또한 자율주행차의 운행에 대한 법적 근거를 마련해야 한다. 예를 들어, 자율주행차가 사고가 났을 때 책임 소재에 대한 법적 규정이 지금은 모호하기 때문이다.

① 자율주행 기술은 곧 상용화될 것이다.
② 자율주행 기술의 상용화를 위해서는 윤리적 기준과 법적 제도 마련이 중요하다.
③ 자율주행 기술은 모든 상황에서 인간 운전자보다 올바르게 판단한다.
④ 자율주행 기술은 운전자의 편의 증대에만 기여할 수 있다.
⑤ 안전성이 확보된다면 자율주행 기술은 바로 상용화될 수 있다.

해설

② 지문에서는 자율주행 기술이 우리에게 많은 이점을 준다는 것을 말하고, [보기]에서는 자율주행 기술이 상용화되기 위해서는 윤리적 기준과 관련법 제도 마련에 대한 준비가 필요하다고 말하고 있다. 따라서 '자율주행 기술의 상용화를 위해서는 윤리적 기준과 법적 제도 마련이 중요하다.'는 주장은 글을 가장 적절히 이해한 주장이다.
① 글에 따르면 자율주행 기술이 상용화되기 위해서는 아직은 윤리적 기준과 법적 제도 마련이 더 필요하다.
③ 자율주행 기술이 충돌 위험 상황에서 윤리적 판단을 해야 하는 경우 판단의 근거가 명확하지 않다.
④ 자율주행 기술은 운전자의 편의 증대뿐만 아니라 교통사고의 감소, 교통 효율성의 개선 등 다양한 이점이 있다고 말하고 있다.
⑤ 안정성 외에도 윤리적 기준과 법적 제도 마련이 필요하다.

정답 Ⅰ ②

주어진 주장에 대한 반박으로 가장 타당한 것을 고르면?

> AI의 발전은 인간의 삶에 다양한 변화를 가져올 것으로 예상된다. AI는 일자리, 의료, 교육, 교통 등 다양한 분야에서 활용될 것으로 예상되며, 인간의 삶을 보다 편리하고 풍요롭게 만들어 줄 것으로 기대된다. 그러나 AI의 발전은 오히려 경제적인 부작용을 초래할 수 있다. AI의 도입으로 인해 일자리가 감소하고, 소득 불평등이 심화될 수 있다. 특히, 단순 반복적인 업무나 육체 노동을 담당하는 일자리가 AI로 대체될 가능성이 높다. 이는 실업률의 증가와 소득 불평등의 심화로 이어질 수 있다. 또한, AI가 주도하는 경제 구조로 인해 기존의 경제 질서가 붕괴될 수 있다. 예를 들어, AI가 주도하는 자율주행 자동차의 도입으로 인해 교통, 운송, 보험 등의 산업 구조가 크게 변화할 수 있다. 이러한 변화에 적응하지 못하는 기업과 노동자는 어려움을 겪을 수 있다. 따라서 AI의 발전은 오히려 우리에게 경제적으로 악영향을 줄 것이다.

① AI는 인간의 일자리를 대체할 수 없기 때문에 경제적인 부작용이 발생하지 않을 것이다.
② AI의 발전으로 인해 경제적인 부작용이 발생하더라도, 그 정도는 미미할 것이다.
③ AI 발전의 부작용은 시간이 지나면 적응할 수 있는 문제이다.
④ AI가 주는 산업 구조의 변화는 꼭 경제적으로 악영향만 있는 것은 아니다.
⑤ AI의 발전은 경제적인 부작용을 초래하지만, 그 부작용은 정부의 정책으로 완화될 수 있다.

해설

④ 글에서 AI는 산업 구조를 크게 변화시키고, 이로 인해 기존 경제 질서가 붕괴되어 경제적으로 악영향을 줄 수 있다고 주장하고 있다. 하지만, AI가 산업 구조를 변화시키면서 생길 수 있는 이점도 생각할 수 있다. AI의 발전으로 AI 개발자, AI 유지보수 전문가, AI 윤리 전문가 등 새로운 일자리 창출, 다른 긍정적인 경제적 영향 등을 통해 AI의 발전이 우리에게 경제적으로 악영향을 준다는 주장을 가장 적절하게 반박할 수 있다.

정답 | ④

주어진 내용을 바탕으로 추론할 수 있는 것을 고르면?

로마는 고대 사회에서 가장 발달한 문명 중 하나로, 화장실 문화도 매우 발달했다. 로마인들은 화장실을 공중 화장실, 개인 화장실, 요양탕 화장실 등으로 구분하여 사용했다. 공중 화장실은 로마의 화장실 문화에서 가장 대표적인 형태이다. 로마의 공중 화장실은 매우 규모가 컸으며, 시민이 한 번에 수백 명이 사용할 수 있었다. 공중 화장실은 주로 목욕탕이나 도로변에 위치했으며, 무료로 사용이 가능했다. 로마의 공중 화장실은 매우 위생적인 시설이었다. 화장실 바닥은 타일로 마감되어 있었으며, 배수 시설이 잘 갖추어져 있었다. 또한, 공중 화장실에는 휴지 대신 해면이나 물로 뒷처리를 하는 것이 일반적이었다. 로마의 공중 화장실은 단순한 배설 공간이 아니라, 사회적 교류의 장소이기도 했다. 로마인들은 공중화장실에서 정치, 경제, 문화 등 다양한 주제로 이야기를 나누었다. 개인 화장실은 로마의 부유층이 주로 사용했다. 개인 화장실은 공중 화장실에 비해 규모가 작았지만, 화려한 장식으로 꾸며져 있었다. 개인 화장실에는 물을 내리는 시설이 설치되어 있었으며, 휴지 대신 면이나 종이를 사용했다. 요양탕 화장실은 로마의 공중 목욕탕에 설치된 화장실이다. 뜨거운 물에 몸을 담근 후 배변을 하는 것이 일반적이었다. 요양탕 화장실은 배변을 통해 몸의 독소를 배출하고, 건강을 증진하는 데 도움이 된다고 생각되었다. 이처럼 로마의 화장실 문화는 고대 사회에서 매우 선진적인 것으로 평가된다. 로마인들은 화장실을 위생적이고 편리하게 이용하기 위해 다양한 노력을 기울였다.

① 로마의 화장실 문화는 로마 사회의 민주적이고 개방적인 성격을 반영한다.
② 로마의 화장실은 프라이버시가 보장된 곳이었다.
③ 로마에서 화장실은 부유층의 전유물로 다양한 주제로 대화하고 교류하는 곳이었다.
④ 로마에서는 모든 사람이 배변 후 종이를 사용할 수 있었다.
⑤ 공중 화장실도 개인 화장실과 구조가 거의 비슷했다.

해설

① 로마의 공중 화장실은 접근이 용이한 도로변에 위치했으며, 무료로 사용이 가능했다. 또한 그곳에서 다양한 주제로 이야기를 나누었다고 했다. 이런 점을 통해 '로마의 화장실 문화는 로마 사회의 민주적이고 개방적인 성격을 반영한다.'고 유추할 수 있다.
② 로마의 공중 화장실은 개방된 구조로 프라이버시가 보장된 구조는 아니었다.
③ 로마의 공중 화장실은 시민 누구나 무료로 사용이 가능했다.
④ 로마에서 배변 후 종이를 사용할 수 있었던 계층은 주로 부유층이었다.
⑤ 개인 화장실은 공중 화장실과 다르게 규모가 작았고, 화려한 장식이 있었으며, 물을 내리는 시설이 설치되어 있었다.

정답 | ①

주어진 문단을 가장 올바른 순서로 배열한 것을 고르면?

(가) 또 다른 설은 송나라 황귀비가 병에 걸려 산사나무 열매와 설탕을 함께 달여 먹게 하였는데, 그 결과 황귀비는 완쾌하게 되었고 이 소식이 민간에까지 전해지면서 백성들은 산사를 긴 나무에 엮어 팔기 시작했고 이것이 탕후루의 유래로 전해지고 있다.

(나) 그 중 가장 유력한 설은 몽골계 유목민족인 거란족이 기원했다는 설이다. 거란족은 과일을 보존하기 위해 설탕물을 과일에 발라 말리거나 얼리는 방법을 개발했는데, 이것이 탕후루의 원형이 되었다는 것이다.

(다) 한국에서는 고려 시대부터 탕후루가 전해져 내려왔다고 한다. 조선 시대에는 탕후루를 "탕후루", "탕후리", "탕후리", "탕후릑" 등으로 불렀으며, 임금님께 진상되는 과자 중 하나였다고 한다. 현재 탕후루는 중국과 한국을 넘어 동남아시아 등지로 전해져 전 세계적으로 사랑받는 과자로 자리 잡았다.

(라) 탕후루의 기원은 중국으로 추정된다. 탕후루의 이름은 중국어로 "설탕 박"이라는 뜻으로, 박 모양의 과일을 설탕으로 덮어 만든 것을 의미한다. 탕후루의 기원에 대해서는 확실한 기록이 없기 때문에 여러 가지 설이 존재한다.

(마) 그 후, 명나라 때는 탕후루를 만들기 위한 전문점들이 생겨났다. 명나라에 쓰여진 문헌에는 "설탕으로 덮인 과일"에 대한 기록이 있으며, 다양한 지역에서 다른 종류의 과일을 사용하여 만들기 시작했다.

① (나) (가) (라) (마) (다)
② (다) (라) (마) (나) (가)
③ (라) (나) (가) (마) (다)
④ (라) (마) (나) (가) (다)
⑤ (마) (다) (가) (라) (나)

해설

글은 다음과 같은 순서로 배열되어야 자연스럽다.
(라) 탕후루의 기원설 - (나) 대표 유력설(거란족 기원) - (가) 또 다른 설(송나라 황귀비) - (마) 명나라 시기 탕후루 대중화 - (다) 한국 및 동남아시아 전파

정답 | ③

PART 2

GSAT 실전 모의고사

SAMSUNG

1 실전 모의고사 1회

■ 시험구성

영역	유형	문항	총 문항	시간
Ⅰ 수리논리	응용계산	2문제	20문제	30분
	자료해석	18문제		
Ⅱ 추리	명제	3문제	30문제	30분
	조건추리	11문제		
	도형추리	3문제		
	도식추리	4문제		
	어휘추리	2문제		
	독해	7문제		

실전과 같은 마음으로 시각을 정확히 준수하여 학습하시기 바랍니다.

수리논리(30분) 시작 ______시 ______분 ~ 종료 ______시 ______분
추리(30분) 시작 ______시 ______분 ~ 종료 ______시 ______분

다음 페이지부터 시작!

I 수리논리

20문제 / 30분

01

회사에서 어떤 프로젝트를 진행하는 데 전체 30명이 필요할 것으로 예상하였다. 그런데 인원 계획이 변경되어 예상 인원보다 남직원은 4명이 줄었고, 여직원은 50%가 늘었다. 결과적으로 처음 예상 인원보다 전체 2명이 늘었다고 할 때, 처음 예상한 남직원의 수는?

① 10명 ② 12명 ③ 15명
④ 18명 ⑤ 20명

02

해외영업팀은 1월부터 5월까지 각 월마다 한 명씩 총 5회 해외 출장을 가는데 팀원인 a, b, c는 꼭 1번씩은 출장을 가야 한다. 이때 1월부터 5월까지 해외 출장 스케줄을 짠다고 할 때, 가능한 경우의 수를 고르면?

① 135가지 ② 150가지 ③ 165가지
④ 170가지 ⑤ 195가지

03

우리나라 건설공사액에 관한 자료를 보고 옳지 않은 것을 고르면?

[표] 2020~2021 우리나라 건설공사액 총액 (단위: 십억 원, %)

구분	건설공사액				증감
	'20년		'21년		
		구성비		구성비	
건설업	288,749	100.0	307,655	100.0	18,906
종합건설업	121,866	42.2	137,963	44.8	16,097
전문업종 건설업	166,883	57.8	169,693	55.2	2,810
전문	82,866	28.7	86,656	28.2	3,790
설비	21,467	7.4	21,212	6.9	-255
시설물	6,775	2.3	6,044	2.0	-731
전기	32,286	11.2	31,347	10.2	-938
정보통신	16,709	5.8	17,577	5.7	869
소방	6,780	2.3	6,856	2.2	76

① 2020년, 2021년 건설업 중 '전문업종 건설업'의 비율은 항상 55% 이상이었다.
② '전문업종 건설업' 중 '전문' 공사액은 2021년에 전년 대비 증가했고, 구성비도 높아졌다.
③ '전문업종 건설업' 중 '시설물'은 2021년에 전년 대비 공사액이 10% 이상 감소했다.
④ 2020년, 2021년 건설업 전체 공사액 평균은 300조 원을 넘지 않는다.
⑤ 건설업 중 '종합건설업'은 2021년 전년 대비 공사액이 15조 이상 증가했다.

04

2020년 남자 1인 가구 중 일을 하는 비율이 가장 높은 연령대를 찾고, 그 연령대의 남녀 전체에서 일하는 비율을 계산하여 가장 적당한 값을 고르면?

[표] 2020 성별, 연령별 경제활동상태별 1인 가구 (단위: 천 가구)

구분	남자			여자		
	계	일함	일하지 않음	계	일함	일하지 않음
계	3,304	2,354	950	3,339	1,756	1,583
29세 이하	686	453	233	657	457	200
30~39세	715	637	77	401	339	62
40~49세	572	490	82	332	258	74
50~59세	595	456	138	445	302	143
60~69세	451	249	202	588	256	332
70세 이상	286	68	218	917	145	772

① 약 82% ② 약 85% ③ 약 87%
④ 약 90% ⑤ 약 92%

05

아래에 주어진 가구 소득 구간별 1인당 사교육비 자료를 보고 올바른 설명을 고르면?

[그래프] 가구 소득 구간별 1인당 월별 사교육비 및 참여율

(단위: 만 원, %)

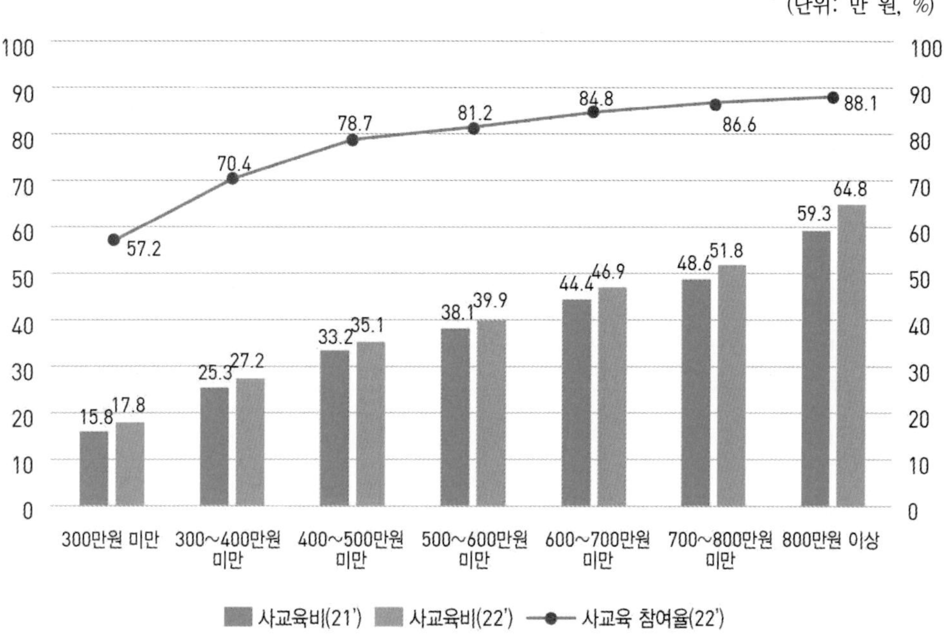

① 2021년 소득 '300만 원 미만' 구간의 사교육 참여율은 57.2%이다.

② 2021년 소득 800만 원 이상 구간의 연간 1인당 사교육비는 720만 원 이상이다.

③ 500~600만 원 미만' 구간에서 2021년과 2022년 연간 1인당 사교육비의 차이는 20만 원 이상이다.

④ 2022년 전년 대비 1인당 월별 사교육비 증가폭이 3만 원 이상인 구간은 총 3개 구간이다.

⑤ 2022년 사교육 참여율이 80% 미만인 구간들 중 2022년 전년 대비 월별 사교육비 증가폭이 가장 큰 구간은 '400~500만 원 미만'이다.

06

2021년 우리나라의 여성 소방관을 제외한 총인구 수를 계산하여 고르면?

[표] 우리나라 소방관 현황

(단위: 명, %)

구분	소방관 수		소방관 1인당 담당 인구*
	소방관 수	여성 소방관 비중	
2015	42,634	7.3	1,197
2016	44,121	7.2	1,161
2017	48,042	7.2	1,069
2018	52,245	8.3	987
2019	56,647	9.4	914
2020	60,994	9.3	850
2021	64,750	10.0	800

*소방관 1인이 담당하는 인구의 수로 (총인구 ÷ 소방관 수)이다.

① 51,753,525명 ② 51,793,525명 ③ 51,995,520명
④ 52,194,520명 ⑤ 52,453,575명

07

주어진 과학기술연구개발 인력 승진 현황 자료를 보고 알맞은 설명으로 옳은 것을 고르면?

[표] 기관유형별 여성 과학기술연구개발 인력 승진 현황 (단위: 명)

연도	전체	이공계 대학	공공 연구기관	민간기업 연구기관
2017	1,926	278	255	1,393
2018	1,806	268	227	1,311
2019	1,666	303	267	1,096
2020	1,383	344	290	749
2021	1,444	346	391	707

[그래프] 남성 과학기술연구개발 인력 승진 현황 (단위: 명)

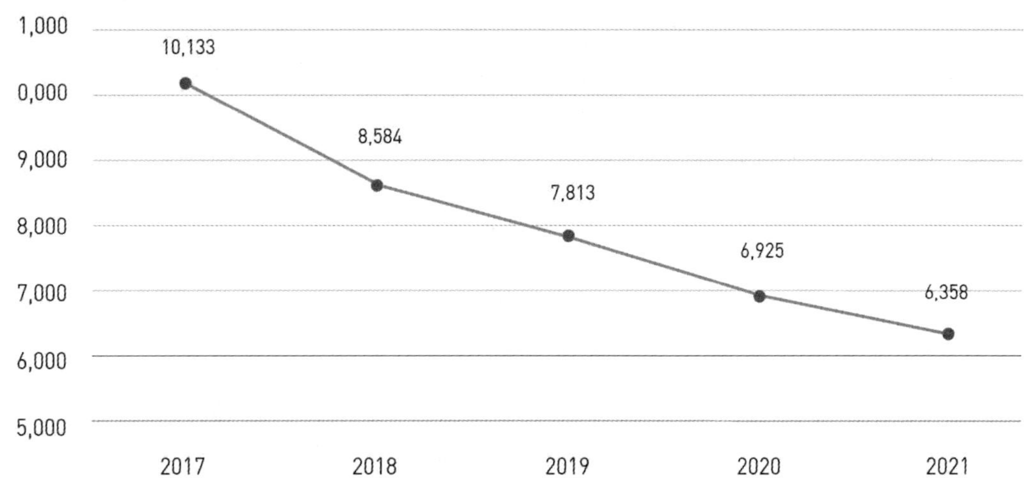

*이공계 대학, 공공 연구기관, 민간기업 연구기관 전체 남성 승진 인원임

① 2018년 과학기술연구개발 인력 승진자 중 여성 비율은 15% 이상이었다.
② 2017년 과학기술연구개발 인력 여성 승진자 중 민간기업 연구기관 승진자 비율은 50% 이하다.
③ 2021년 과학기술연구개발 승진자는 남성이 여성의 4배가 넘지 않는다.
④ 과학기술연구개발 인력 전체 여성 승진자는 매년 줄었다.
⑤ 2021년 과학기술연구개발 인력 남성 승진자는 4년 전에 비해 4,000명 이상 줄었다.

08

주어진 우리나라 실업자 및 실업률 추이 자료를 보고 올바른 설명을 고르면?

[그래프] 2023년 1월~8월 우리나라 실업자 및 실업률 추이

(단위: 천 명, %)

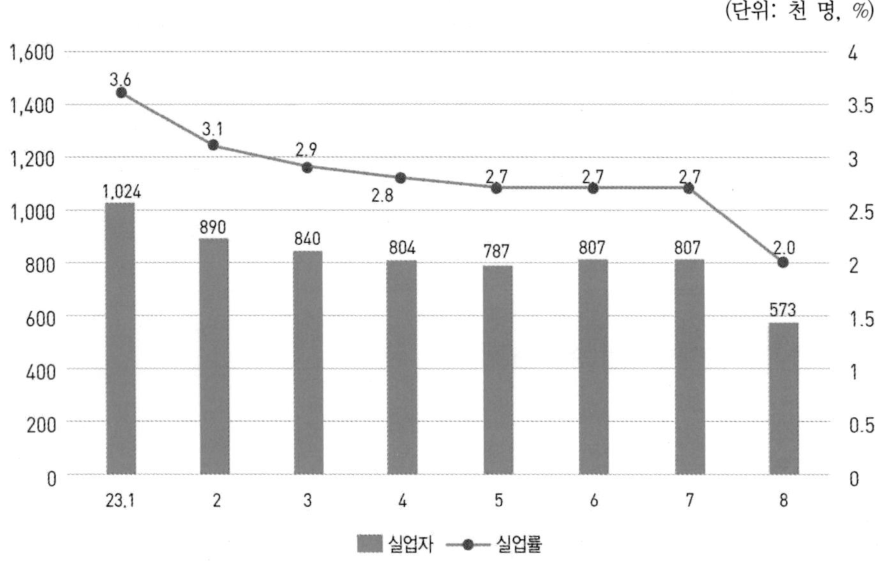

*실업률(%)=(실업자/경제활동인구)×100

*경제활동인구=취업자+실업자

① 2023년 2분기 우리나라 실업자 수 평균은 80만 명을 넘는다.

② 2023년 1분기 평균 실업률은 3.3%가 넘는다.

③ 2023년 1월~8월까지 실업자 수가 6번째로 많았던 달의 실업률은 2.9%가 넘는다.

④ 2023년 5월 취업자 수는 2,900만 명을 넘지 못 한다.

⑤ 자료에서 실업률이 같았던 달은 모두 실업자 수도 같았다.

09

2020년 창업 본인 부담금이 평균보다 높은 산업들의 2021년 평균 창업 비용을 계산하여 고르면?(단, 산업별 조사 표본은 같은 비율로 가정한다.)

[표] 사업체당 총 창업비용 및 본인 부담금 (단위: 백만 원)

산업별	2020년		2021년	
	창업 비용	본인 부담	창업 비용	본인 부담
전체	85	65	88	66
제조업	122	85	125	84
도•소매업	74	60	70	56
숙박•음식점업	96	72	110	81
교육서비스업	60	49	59	49
예술•스포츠•여가업	141	107	161	112
수리•기타서비스업	62	49	66	51
기타 산업	81	63	86	64

① 0.93억 원 ② 0.98억 원 ③ 1.14억 원
④ 1.23억 원 ⑤ 1.32억 원

[10-11] 주어진 자료들을 보고 물음에 답하시오.

[표1] 우리나라 비만 유병률

(단위: %)

구분	전체	성별		연령대별					
		남자	여자	19~29	30대	40대	50대	60대	70세↑
2016	35.5	41.8	29.2	27.2	34.2	39.0	36.1	40.2	37.5
2017	34.8	41.1	28.4	29.4	33.4	35.3	38.0	38.0	34.7
2018	35.0	41.9	28.1	26.9	37.8	36.8	35.2	36.8	38.0
2019	34.4	41.4	27.3	27.6	34.9	35.6	36.5	37.3	34.3
2020	38.4	46.9	29.9	32.6	41.6	39.0	40.2	41.1	35.3
2021	37.2	44.8	29.5	28.6	39.4	42.9	36.8	40.6	33.5

*비만 유병률: 만 19세 이상 인구 중 체질량지수가 25kg/m^3 이상인 사람의 비율

*각 연령별 조사 인원 수는 동일함

[표2] 우리나라 유산소 신체활동 실천율

(단위: %)

구분	전체	성별		연령대별					
		남자	여자	19~29	30대	40대	50대	60대	70세↑
2016	47.8	51.3	44.3	61.9	49.1	47.9	45.4	45.8	28.5
2017	46.4	49.1	43.8	65.6	47.5	47.5	44.4	35.8	27.2
2018	44.9	48.7	41.1	63.8	50.7	45.8	37.9	38.7	23.4
2019	45.6	50.3	41.0	62.1	49.2	45.3	41.4	39.3	30.4
2020	44.0	47.1	40.8	57.8	47.1	42.8	39.9	40.5	29.4
2021	44.9	47.4	42.3	61.2	51.0	47.6	40.7	38.7	23.2

*신체활동 실천율: 만 19세 이상 인구의 유산소 신체활동 실천율을 의미하며, 1주일에 중강도 신체활동을 2시간 30분 이상 또는 고강도 신체활동을 1시간 15분 이상 또는 중강도와 고강도 신체활동을 섞어서(고강도 1분은 중강도 2분) 각 활동에 상당하는 시간을 실천한 사람의 비율

10

주어진 자료들을 보고 올바른 설명이 아닌 것을 고르면?

① 남자의 유산소 신체활동 실천율이 가장 낮은 해의 40대 비만 유병률은 전체 평균보다 높았다.
② 2016~2018 3년간 남자의 유산소 신체활동 실천율 평균은 50% 넘지 않는다.
③ 70세 이상 비만 유병률이 가장 높은 해는 70세 이상 신체활동 실천율이 가장 낮은 해였다.
④ 유산소 신체활동 실천율은 매년 '70세 이상'에서 가장 낮다.
⑤ 매년 신체활동 실천율은 남자가 여자보다 높은 데도 비만 유병률은 남자가 여자보다 더 높다.

11

비만 유병률의 남녀 차이가 가장 큰 해의 30대 이상 비만 유병률의 평균을 계산한 것으로 알맞은 것을 고르면?

① 38.33% ② 39.44% ③ 39.88%
④ 39.98% ⑤ 40.12%

[12-13] 주어진 자료들을 보고 물음에 답하시오.

[표1] 우리나라 농가 소득

(단위: 천 원)

구분	2018	2019	2020	2021	2022
합계	42,066(5?)	41,182	45,029(8?)	47,759	46,153
농업 소득	12,920	10,261	11,820	12,961	9,485
농업 외 소득	16,952	17,327	16,608	17,884	19,202
이전 소득	9,891	11,230	14,263	14,809	15,245
비경상 소득	2,302	2,364	2,337	2,105	2,221

[표2] 우리나라 어가 소득

(단위: 천 원)

구분	2018	2019	2020	2021	2022
합계	51,836	48,415(6?)	53,187	52,392(3?)	52,911
어업 소득	25,670	20,672	22,716	19,676	20,722
어업 외 소득	13,523	13,326	12,959	14,313	12,685
이전 소득	10,193	11,220	14,331	15,711	17,131
비경상 소득	2,450	3,198	3,181	2,693	2,373

12

주어진 자료를 보고 바른 설명이 아닌 것을 고르면?

① 농가 소득 중 '농업 소득'이 가장 높았던 해의 어가 소득 중 '이전 소득'은 '어업 외 소득'보다 높았다.

② 2020~2022 3년간 농가 소득의 평균은 4,600만 원을 넘는다.

③ 어가 소득 중 '비경상 소득'이 두 번째로 낮았던 해의 농가 소득 중 '비경상 소득'은 세 번째로 높은 해였다.

④ 농가 소득 중 '이전 소득'은 매해 꾸준히 증가하였다.

⑤ '농업 소득'과 '어업 소득'의 차이는 매년 1,000만 원 이상 났다.

13

농가와 어가 소득 차이가 가장 컸던 해의 농가 소득 중 '농업 소득'의 구성 비율을 계산하여 고르면?

① 30.71% ② 27.14% ③ 26.25%

④ 24.92% ⑤ 20.55%

[14-15] 주어진 자료들을 보고 물음에 답하시오.

[표1] 2015, 2020 주택종류별 빈집 현황

(단위: 천 호, %, %p)

구분	2015년	2020년	증감
계	1,069	1,511	442
구성비	100.0	100.0	0
단독주택	24.4	22.5	-1.9
아파트	53.4	54.9	1.5
연립주택	5.1	4.9	-0.2
다세대주택	15.5	16.1	0.6
비거주용 건물 내 주택	1.5	1.6	0.1

[표2] 2015, 2020 주택종류별 빈집 사유 현황

(단위: 천 호, %)

구분	계	매매임대 이사	미분양 미입주	현재 수리 중	가끔 이용	폐가	영업용	기타
2015년 전체	1,069	511	158	28	247	79	34	11
	100.0	47.8	14.8	2.6	23.1	7.4	3.2	1.0
단독주택	100.0	30.0	2.4	1.5	45.3	19.2	0.9	0.6
아파트	100.0	50.6	20.8	3.2	16.8	3.1	4.5	1.0
연립주택	100.0	53.9	11.3	2.3	21.3	7.1	2.0	2.1
다세대주택	100.0	65.6	15.9	2.3	10.3	3.5	1.1	1.2
비거주용 건물 내 주택	100.0	37.1	4.8	4.3	24.8	10.4	17.8	1.0
2020년 전체	1,511	649	210	49	410	88	29	75
	100.0	42.9	13.9	3.3	27.1	5.9	1.9	5.0
단독주택	100.0	23.8	3.4	1.8	42.9	16.0	1.7	10.4
아파트	100.0	48.1	16.5	4.2	23.4	2.1	2.1	3.7
연립주택	100.0	42.5	17.3	1.9	25.9	8.0	1.3	3.2
다세대주택	100.0	52.8	19.2	2.1	18.4	3.8	1.2	2.5
비거주용 건물 내 주택	100.0	37.0	9.5	5.2	25.7	8.3	10.5	3.8

14

주어진 자료에 대한 설명으로 옳은 것을 모두 고르면?

> ㉠ 2020년 빈집 중 단독주택의 수는 2015년에 비해 10만 호 이상 차이가 난다.
> ㉡ 2015년 빈집 사유 중 3번째로 비중이 높은 사유는 2020년 같은 사유로 21만 호가 빈집이었다.
> ㉢ 2020년 주택종류별 빈집 사유 현황에서 아파트 중 '현재 수리 중'인 비율은 2015년 대비 1%p 낮아졌다.
> ㉣ 2015년과 2020년 주택종류별 빈집 비중 순위는 동일하다.

① ㉡　② ㉣　③ ㉠, ㉡
④ ㉡, ㉣　⑤ ㉢, ㉣

15

2015년과 2020년의 빈집 연립주택 중 폐가 수의 차이를 계산하여 적당한 것을 고르면?

① 2,052호　② 2,332호　③ 2,634호
④ 3,256호　⑤ 3,541호

[16-17] 주어진 자료들을 보고 물음에 답하시오.

[표1] 2023년 8월~9월 우리나라 고용 현황

(단위: 천 명, %)

구분	취업자	실업자	실업률	고용률
8월	28,838	572	1.9	69.6
9월	29,167	531	ⓐ	70.1

*실업률(%)=(실업자/경제활동인구)×100

*경제활동인구=취업자+실업자

*고용률(%)=(취업자/15세 이상 인구)×100

[표2] 2023년 4월~8월 우리나라 고용률과 실업률

(단위: %)

구분		4월	5월	6월	7월	8월
한국	고용률	69.0	69.9	69.9	69.6	69.6
	실업률	2.8	2.7	2.7	2.7	1.9
미국	고용률	72.0	72.0	72.4	72.4	72.1
	실업률	3.1	3.4	3.8	3.8	3.9
일본	고용률	78.9	78.8	79.2	79.1	79.1
	실업률	2.7	2.7	2.6	2.6	2.6

16

주어진 자료에 대한 설명으로 옳은 것을 모두 고르면?

㉠ 우리나라 2023년 9월 실업률 ⓐ에 적당한 값은 1.8%이다.
㉡ 일본의 2023년 4월~8월 5개월간 평균 고용률은 79% 이하다.
㉢ 미국의 2023년 4월~8월 5개월간 평균 실업률은 3.5% 이하다.

① ㉠　② ㉡　③ ㉢
④ ㉠, ㉡　⑤ ㉠, ㉢

17

2023년 9월 우리나라 15세 이상 인구로 가장 가까운 것을 고르면?

① 4,155만 명　② 4,160만 명　③ 4,180만 명
④ 4,205만 명　⑤ 4,255만 명

18

어떤 은행의 방문 고객 수와 서비스에 대한 자료이다. 자료를 보고 빈칸에 해당하는 값을 계산하여 고르면?

[표] 1일 방문객 수 및 서비스 점수 (단위: 명, 점)

구분	1차	2차	3차	4차
방문객 수	100	50	20	(㉡)
서비스 점수	(㉠)	9	15	10

$$\text{서비스 점수} = \frac{100a}{\text{방문객수}} + b$$

	㉠	㉡
①	7	40
②	7	60
③	5	15
④	7	25
⑤	5	45

19

우리나라 건설 기업에 관한 자료이다. 이를 바탕으로 작성한 그래프가 될 수 없는 것을 고르면?

[표] 2020~2022 우리나라 건설업 기업체 수 및 건설공사·계약 금액 (단위: 개, 십억 원)

구분		'20년	'21년	'22년
기업체 수		82,567	85,533	87,239
건설공사액		288,749	307,658	344,445
	국내건설	264,958	281,099	311,870
	해외건설	23,791	26,559	32,575
건설계약액		287,186	314,995	343,849
	국내건설	258,154	279,356	306,655
	해외건설	29,032	35,639	37,194

① 2020~2022 평균 건설업체 수 및 공사·계약액

(단위: 개, 십억 원)

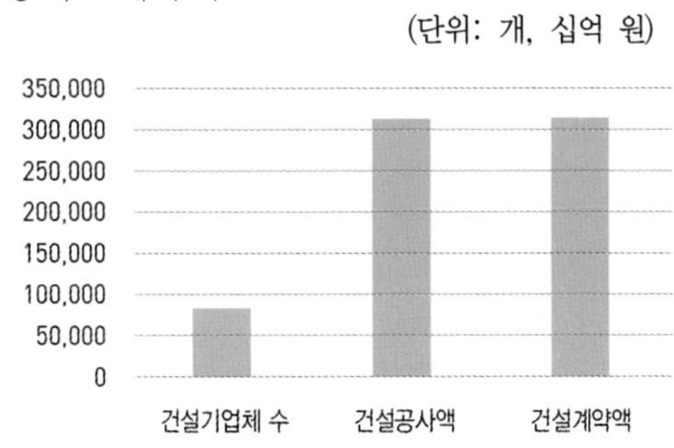

② 2020~2021 건설공사액 증감

(단위: 십억 원)

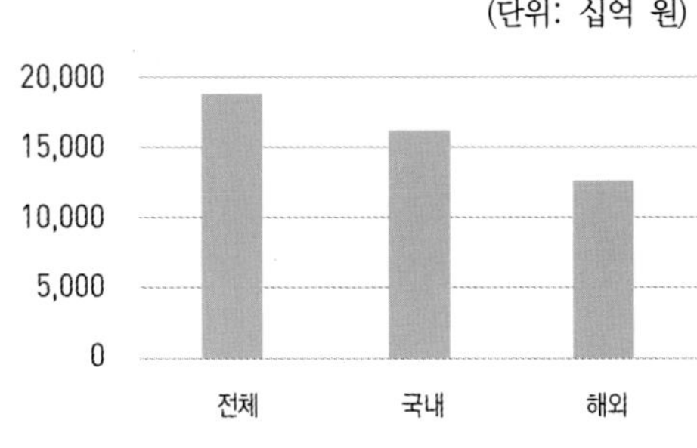

③ 2021~2022 건설공사액 증감

(단위: 십억 원)

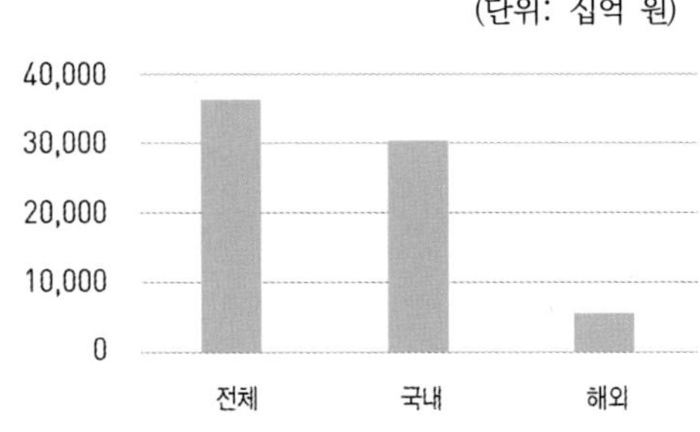

④ 2020~2021 건설계약액 증감

(단위: 십억 원)

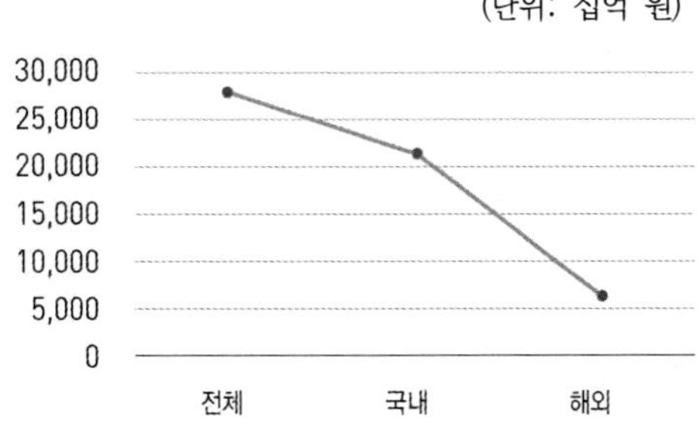

⑤ 2021~2022 건설계약액 증감

(단위: 십억 원)

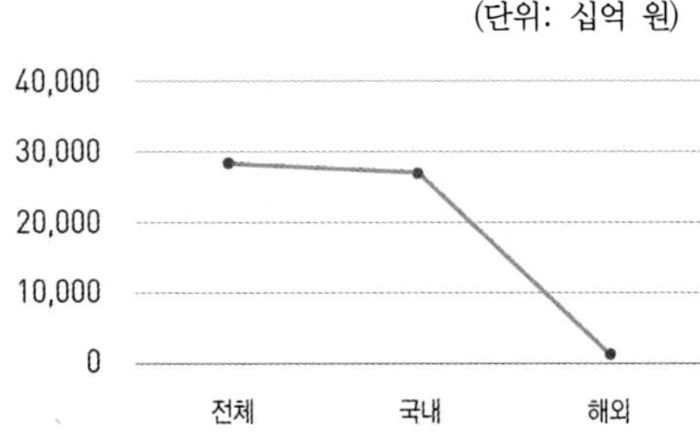

20

영업팀 김 대리와 이 과장의 월별 영업 실적 수를 나타낸 자료이다. 영업 실적 수는 일정한 규칙으로 변화할 때 김 대리가 이 과장의 월별 영업 실적 수를 처음으로 앞서는 때를 고르면?

[표] 영업 실적 수 (단위: 건)

구분	2023년 1월	2023년 2월	2023년 3월	2023년 4월	2023년 5월
김 대리	30	45	60	75	90
이 과장	200	210	220	230	240

① 2025년 11월
② 2025년 12월
③ 2026년 1월
④ 2026년 2월
⑤ 2026년 3월

실전 모의고사 1회

Ⅰ 수리논리 완료

다음 페이지

Ⅱ 추리 시작

II 추리

30문제 / 30분

01

주어진 전제를 통해 항상 참인 결론을 고르면?

전제1	근육을 가진 사람은 유머를 가졌다.
전제2	단백질을 마신 사람은 유머를 가지지 않았다.
결론	

① 단백질을 마시지 않은 사람은 근육을 가지지 않았다.
② 근육을 가지지 않은 사람은 단백질을 마셨다.
③ 단백질을 마신 사람은 근육을 가지지 않았다.
④ 단백질을 마신 사람은 근육을 가졌다.
⑤ 근육을 가진 사람은 단백질을 마셨다.

02

주어진 결론이 반드시 참이 되게 하는 전제를 고르면?

전제1	자만하는 사람은 실수를 한다.
전제2	
결론	자신감에 찬 어떤 사람은 실수를 한다.

① 어떤 자만하는 사람은 자신감에 차 있다.
② 자신감에 찬 사람은 자만하지 않는다.
③ 자만하지 않는 사람 중에 자신감에 차 있지 않는 사람이 있다.
④ 자신감에 차 있지 않는 사람 중에 자만하는 사람이 있다.
⑤ 자만하는 사람은 자신감에 차 있지 않다.

03

주어진 전제를 통해 항상 참인 결론을 고르면?

전제1	배트플립을 잘하는 어떤 사람은 홈런을 좋아한다.
전제2	배트플립을 잘하는 사람은 도루를 하고 있다.
결론	

① 홈런을 좋아하는 어떤 사람은 도루를 하고 있지 않는다.
② 도루를 하는 어떤 사람은 홈런을 좋아하지 않는다.
③ 도루를 하고 있지 않은 사람은 홈런을 좋아한다.
④ 홈런을 좋아하는 어떤 사람은 도루를 하고 있다.
⑤ 홈런을 좋아하는 모든 사람은 도루를 하고 있다.

04

A, B, C, D, E, F 중 여자는 진실, 남자는 거짓을 말할 때, 남자끼리 바르게 묶인 것을 고르면?

대화

- A: C와 E는 나와 성별이 같아.
- B: 나는 E와 성별이 같아.
- C: 나는 B와 성별이 달라.
- D: A는 나와 성별이 같아.
- E: F와 나는 모두 여자야.
- F: 여자는 총 4명이야.

① A, B　② B, D　③ D, E
④ B, D, F　⑤ A, E, F

05

산을 사이에 두고 있는 남쪽 마을 사람들은 진실만 말하고, 북쪽 마을 사람들은 거짓만 말하는 나라가 있다. 이 나라에 사는 인제, 미라, 상식, 지혜, 유미, 철원 6명 중 3명은 남쪽 마을, 나머지 3명은 북쪽 마을에 산다. 주어진 진술을 바탕으로 참인 것을 고르면?

진술

- 인제: 철원은 산 북쪽 방향 마을에 살고 있어.
- 미라: 상식과 지혜는 같은 마을에 살아서 집에 갈 때 매일 같이 가.
- 상식: 나는 미라와 같은 마을에 살고 있어.
- 지혜: 나는 인제와 산에서 만나서 서로 다른 방향을 향해 귀가해.
- 유미: 산 남쪽에 거주하는 사람은 철원과 상식 중 1명이다.
- 철원: 산 북쪽에 거주하는 사람은 인제와 미라 중 1명이다.

① 유미와 상식은 서로 다른 마을에 산다.
② 지혜는 인제와 같은 마을에 거주하지 않는다.
③ 상식과 지혜는 같은 마을에 거주하지 않는다.
④ 미라는 상식과 같은 마을에 산다.
⑤ 인제와 유미는 모두 진실을 말했다.

06

새로운 아파트로 입주하여 가구와 가전제품을 구매했다. TV, 냉장고, 에어컨, 세탁기, 청소기는 각각 다른 시간에 배달이 왔다. 주어진 조건에 따라 순서대로 배달이 왔다고 할 때, 항상 옳은 것을 고르면?

조건

- 어느날 세탁기를 설치하고 있는데 그 다음으로 TV가 가장 먼저 배달이 왔다.
- TV가 세 번째로 배달이 왔다면 청소기는 다섯 번째로 배달이 왔다.
- 에어컨이 가장 먼저 배달이 왔다면 세탁기는 네 번째로 배달이 왔다.
- 냉장고가 가장 먼저 배달이 왔다면 에어컨은 세 번째로 배달이 왔다.
- 냉장고가 세 번째로 배달이 왔다면 청소기는 그 다음 바로 배달이 왔다.
- 냉장고 설치가 가장 급해서 서둘렀고, 적어도 3번째 안에 배달되었다.

① 청소기는 가장 늦게 오지 않는다.
② 청소기가 두 번째로 오면 에어컨이 가장 늦게 온다.
③ 에어컨이 가장 먼저 오면 청소기가 두 번째로 온다.
④ TV가 가장 늦게 온다.
⑤ 에어컨이 가장 늦게 온다.

07

같은 집에 칠남매 A, B, C, D, E, F, G 7명이 화목하게 살고 있다. 이중 쌍둥이는 없다. 주어진 조건을 보고 항상 참인 것을 고르면?

조건

- D는 여섯째가 아닌 걸 다행으로 생각한다.
- E는 성격이 있는 D의 동생이 아닌 걸 다행으로 생각한다.
- 자신이 막내일 거라고 생각한 A는 이후 동생이 3명 더 태어나자 그때마다 당황했다고 한다.
- B와 C 사이에 누군가 1명이 태어났고, B는 여동생인 C를 아낀다.
- G는 귀여운 막내라서 더 사랑을 많이 받고 자랐다.
- F는 누나인 C와 자주 다툰다.

① B는 첫째이다.
② D는 둘째이다.
③ B는 셋째이다.
④ C는 다섯째이다.
⑤ F는 여섯째이다.

08

소개팅 자리에서 원탁에 시계 방향으로 하여 번호 순서대로 다섯 명의 여자 1, 2, 3, 4, 5가 앉아 있다. 그 사이에 다섯 명의 남자 A, B, C, D, E가 한 명씩 앉는다. 사전 조사를 통해 서로의 호감도 점수에 따라서 조건에 맞게 자리를 배치하려고 할 때 거짓인 것을 고르면?

조건

- A는 짝수번호의 여자 옆에 앉아야 하고 5의 옆에는 앉을 수 없다.
- B는 짝수번호의 여자 옆에 앉을 수 없다.
- C가 3 옆에 앉으면 D는 1 옆에 앉는다.
- E는 3 옆에 앉을 수 없다.

① A는 1과 2 사이에 앉을 수 없다.
② D는 4와 5 사이에 앉을 수 없다.
③ C가 2와 3 사이에 앉으면 A는 반드시 3과 4 사이에 앉는다.
④ E가 1과 2 사이에 앉으면 C는 반드시 4와 5 사이에 앉는다.
⑤ E가 4와 5 사이에 앉으면 A는 반드시 2와 3 사이에 앉는다.

09

A~F는 크리스마스 파티를 하기 위해 6인용 원탁에 일정한 간격으로 둘러앉아 음식을 먹고 있다. 주어진 조건을 보고 항상 참인 것을 고르면?

조건

- A는 C가 계속 술을 권하는 것을 알기에 바로 옆자리에 앉지 않았다.
- B와 D는 서로 맞은 편에 앉아 사진을 찍어 주며 즐겁게 대화를 나누었다.
- 절친인 C와 D는 서로 붙어 앉아서 많은 대화를 나누었다.
- C는 동생인 F에게 맞은편에 앉을 것을 권했지만, 끝내 그곳에 앉진 않았다.
- D와 E는 서로 알고 지낸지 얼마되지 않아서 붙어 앉지는 않았다.

① D의 바로 왼쪽 자리에 A가 앉는다면 A의 맞은편에는 F가 앉는다.

② B의 바로 왼쪽 자리에 F가 앉는다면 F의 맞은편에는 E가 앉는다.

③ F의 바로 왼쪽 자리에 A가 앉는다면 A의 맞은편에는 D가 앉는다.

④ C의 바로 왼쪽 자리에는 D가 앉았다.

⑤ C의 바로 오른쪽 자리에는 E, F만 앉을 수 있다.

10

꽃 테마파크를 만들기 위해 아래와 같은 지역에 각기 다른 꽃 A~G를 심으려고 한다. 주어진 조건을 보고, 항상 거짓인 것을 고르면?

조건

테마파크 지역

1	2	3
4	5	6
7	8	9

- 7개 종류의 꽃을 각각 다른 지역에 심었다.
- 5지역은 중심부로 랜드마크 건물을 짓기 위해 공터로 두었다.
- A는 3지역에 심었다.
- B, C를 심은 지역의 숫자의 합은 D를 심은 지역과 숫자가 같았다.
- 마지막으로 어떤 꽃을 심고 보니 왼쪽에는 E가, 오른쪽에는 F가 심어져 있었다.

① 5지역 외 남은 공터에 테마파크의 입구를 만들었다면 1지역에 만들었을 것이다.
② 2지역에는 B를 심었다.
③ 4지역에는 C를 심었다.
④ A와 D를 심은 지역은 맞닿아 있다.
⑤ C와 D를 심은 지역은 맞닿아 있다.

11

A, B, C, D, E, F의 총 6명의 직원 가운데 4명의 직원을 긴급 프로젝트에 참여시켜야 한다. 아래의 조건을 모두 충족시켜야 할 때, 반드시 참인 것을 고르면?

조건

- A 또는 B는 반드시 참여해야 한다. 하지만 A, B가 함께 참여할 수 없다.
- D 또는 E는 반드시 참여해야 한다. 하지만 D, E가 함께 참여할 수 없다.
- 만일 B가 참여하지 않게 된다면 F도 참여할 수 없다.

① A, C는 프로젝트에 참여한다.
② B, E는 프로젝트에 참여한다.
③ C, D는 프로젝트에 참여한다.
④ B, C, F는 프로젝트에 참여한다.
⑤ B, D, F는 프로젝트에 참여한다.

12

너무 배고픈 A, B, C, D는 중식당에 가서 각자 다른 메뉴를 주문하여 배부르게 먹고 나왔다고 한다. 주어진 조건을 보고 항상 참인 것을 고르면?

조건

- 각각 식사 메뉴로 짜장면, 짬뽕, 우동, 볶음밥을 시켰다.
- 모든 식사 메뉴는 '보통'과 '곱빼기'로 양을 구분하여 주문할 수 있다.
- C는 너무 배고파서 짜장면 곱빼기를 시켰다.
- D는 C가 곱빼기를 시키자 자신도 따라서 곱빼기를 시켰다.
- 우동을 시킨 사람은 볶음밥을 시킨 사람과 다른 양으로 주문했다.
- 짬뽕을 시킨 사람은 다이어트 중이라서 보통으로 시켰다.
- A와 B는 같은 양으로 시켰다.

① D는 볶음밥을 시켰다.
② A는 짬뽕을 시켰다.
③ B는 볶음밥을 시켰다.
④ B가 볶음밥을 시켰다면 D는 우동을 시켰다.
⑤ A가 짬뽕을 시켰다면 D는 우동을 시켰다.

13

잊어버린 네 자리 숫자의 비밀번호를 기억해 내려고 한다. 비밀번호에 대해서 가지고 있는 단서가 조건과 같을 때 반드시 거짓이 되는 것을 고르면?

조건

- 버튼 0~9 중 비밀번호를 구성하고 있는 어떤 숫자도 소수가 아니다.
- 4와 8 중에 하나만 비밀번호에 들어가는 숫자다.
- 비밀번호는 짝수로 시작하고 숫자는 중복되지 않는다.
- 네 개의 숫자를 큰 수부터 차례로 나열해서 비밀번호를 만들었다.

① 비밀번호 숫자에 8이 포함된다.
② 앞에서 두 번째 숫자는 6이다.
③ 앞에서 두 번째 숫자는 4이다.
④ 두 번째 순서의 숫자에서 그 다음 숫자를 빼면 4가 된다.
⑤ 가능한 비밀번호의 조합은 2가지이다.

14

새로 입사한 남직원 A, B와 여직원 C, D, E, F를 각 부서의 요구를 모두 충족시켜 신규 배치할 때, 조건을 보고 반드시 옳은 것을 고르면?

조건

- 인사팀: 남자 1명이 배치되어야 함
- 재무팀: 남자 1명이 배치되거나 여자 2명이 배치되어야 함
- 영업팀: B가 배치되거나 A와 E가 함께 배치되어야 함
- 총무팀: E와 F 중 1명이 배치되고, C와 D 중 1명이 배치되어야 함

① 영업팀에 A, E가 배치된다.
② 인사팀에 B가 배치된다.
③ 재무팀에 C와 E가 배치된다면 총무팀에는 D와 F가 배치된다.
④ 재무팀에 A가 배치된다.
⑤ 재무팀에 B가 배치된다.

[15-17] 주어진 도형에 적용된 규칙을 찾아서 (?)에 해당하는 도형을 고르시오.

15

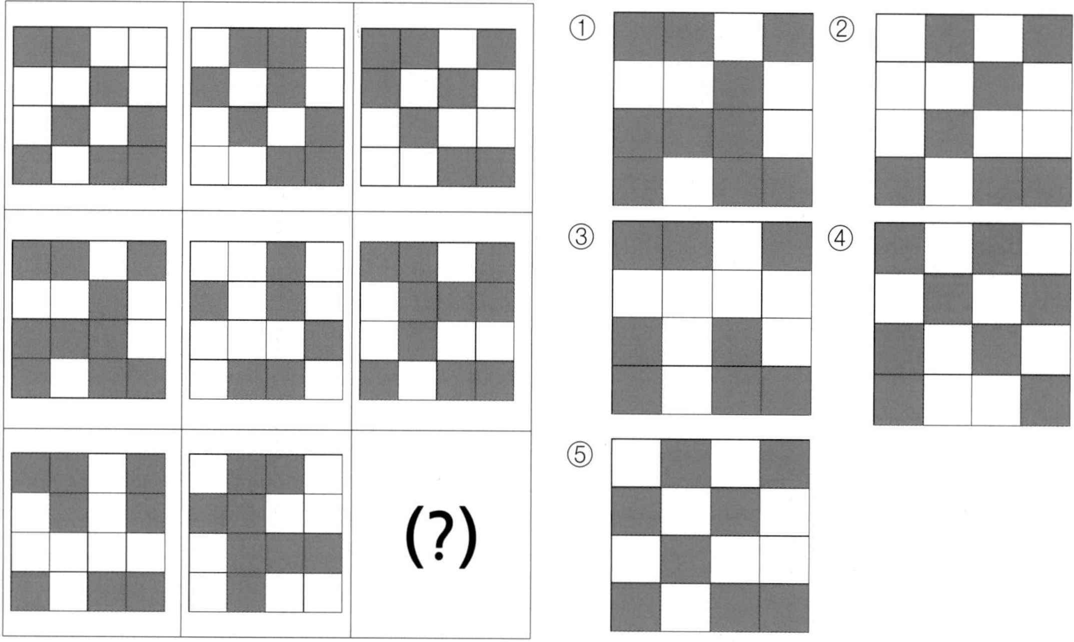

16

(?)

①

②

③

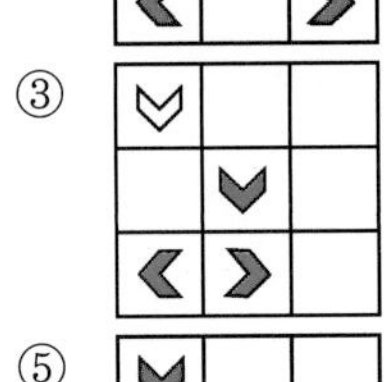

④

⑤

17

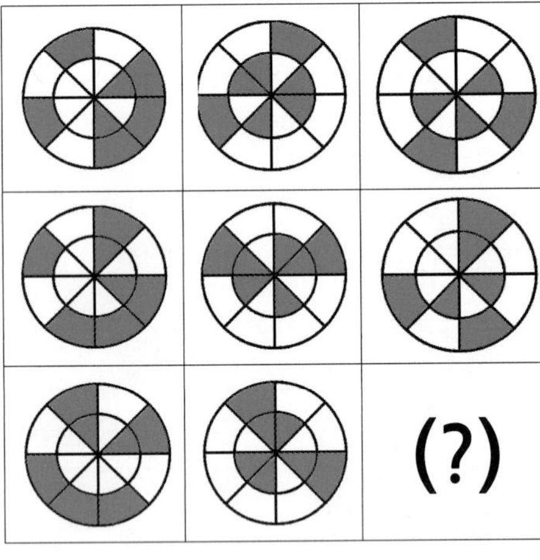

(?)

①

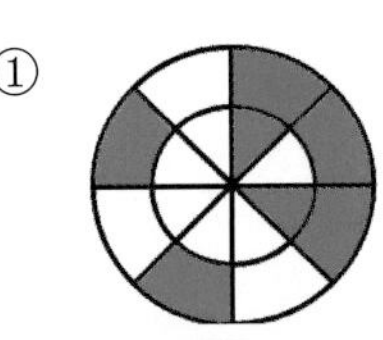

②

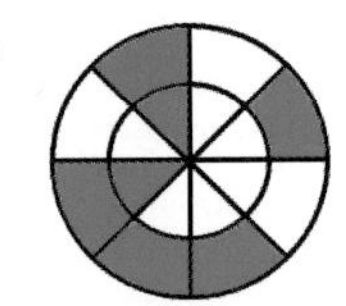

③

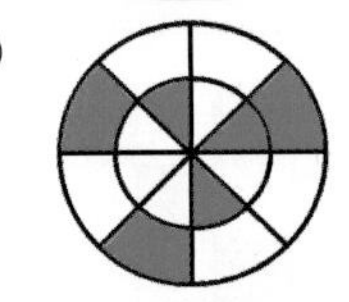

④

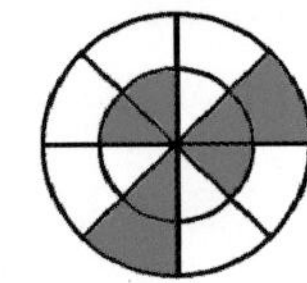

⑤

[18~21] 주어진 도형들은 문자와 숫자의 배열을 일정하게 변환하는 규칙이 있다. 이때 각 도형의 규칙을 찾아 문제에 적당한 (?)를 고르시오.

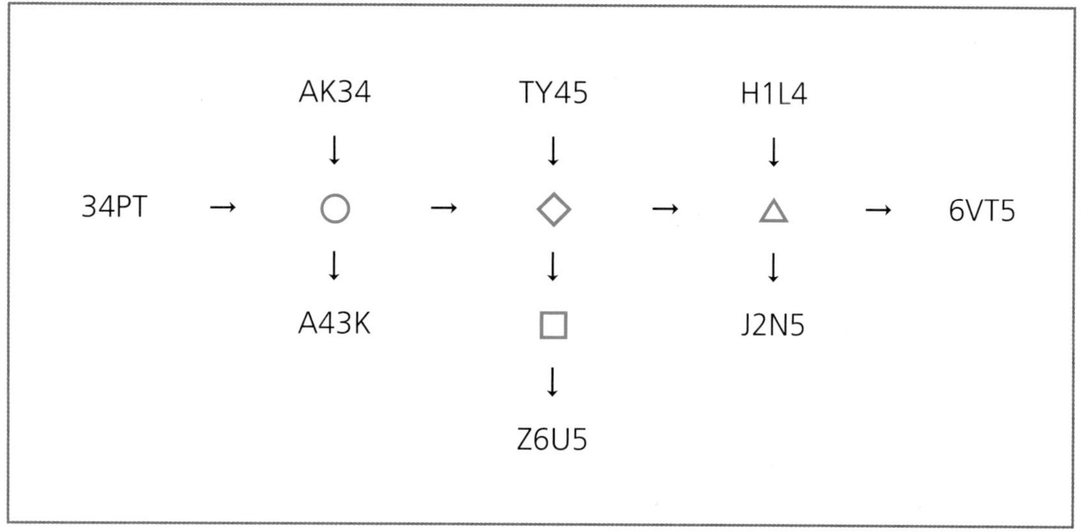

18

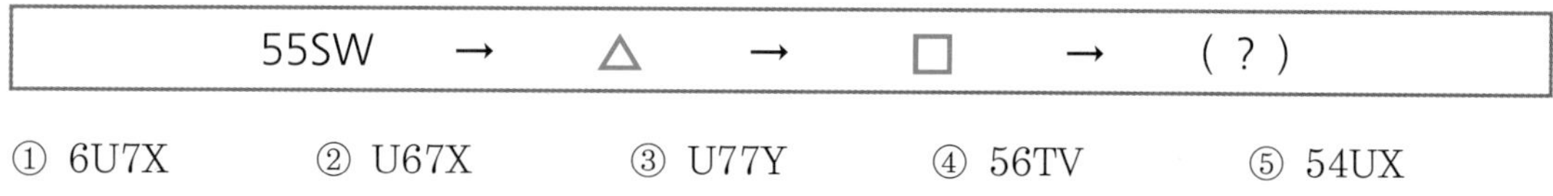

① 6U7X ② U67X ③ U77Y ④ 56TV ⑤ 54UX

19

① 3H7B ② 8B3H ③ 3F6B ④ BF46 ⑤ FB45

20

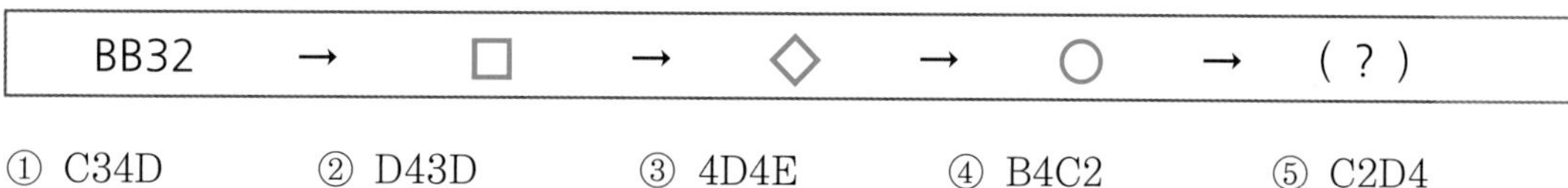

① C34D ② D43D ③ 4D4E ④ B4C2 ⑤ C2D4

21

F3Q2 → ◇ → △ → □ → (?)

① 6IU3 ② 3J3U ③ 43JV ④ 5UI3 ⑤ V44J

22

주어진 단어쌍의 관계를 유추하여 빈칸에 들어갈 알맞은 단어를 고르면?

고단하다 : 외롭다 = 밝히다 : (　　　)

① 견책하다　② 발표하다　③ 끄다
④ 대견하다　⑤ 순진하다

23

주어진 단어 쌍의 관계가 다른 하나를 고르면?

① 사후 – 생전
② 기성복 – 맞춤복
③ 까투리 – 장끼
④ 환송 – 환영
⑤ 한창 – 한물

24

주어진 내용이 모두 참이라고 할 때, 반드시 거짓인 것을 고르면?

> 팁의 역사는 17세기 유럽에서 시작된다. 당시 유럽에서는 귀족들이 하인이나 사회적 약자에게 호의를 베푸는 관습이 있었는데, 이 관습이 팁의 기원이다. 당시 영국의 커피하우스에서는 중국에서 들여온 차가 대단히 유행했는데 없어서 못 팔 정도로 인기가 좋았다. 커피하우스의 주인은 이 점을 이용해서 돈을 벌기 위해 아이디어를 내었다. To Insure Promptness의 약자인 T.I.P.가 적힌 나무상자에 돈을 먼저 넣는 사람부터 중국차를 내어 준 것이다. 이것이 런던의 음식점, 술집 등으로 퍼지면서 팁 문화가 전국으로 퍼져나갔다. 미국에서도 19세기 중반 남북전쟁 이후, 팁 문화가 확산되기 시작했다. 흑인 노동자들이 노예에서 해방된 후, 낮은 임금을 받고 일하는 경우가 많았는데 고용주들은 종업원들의 임금을 보충하기 위해 팁을 지급하도록 고객들에게 요구하기 시작했다. 이것이 미국 팁 문화의 시작이 되었다. 현재 미국은 팁 문화가 보편화된 국가다. 식당, 호텔, 미용실, 택시 등 다양한 서비스업에서 팁을 주는 것이 일반적이다. 미국의 팁 문화는 종업원들의 임금 보충을 위한 수단으로 시작되었지만, 현재에는 친절한 서비스에 대한 보답의 의미이다. 최근 미국에서는 지나친 팁 요구로 소비자에게 큰 부담을 준다는 부정적 시각이 강하다. 서양의 문화로만 생각해오던 이런 지나친 팁 문화는 유행처럼 우리나라에도 번지는 지경에 이르렀다.

① 때로는 지나친 팁 문화가 서비스 소비자에게 부담이 된다.
② 미국의 현재 팁 문화는 임금이 낮은 서비스업 종사자의 임금을 보충해 주기 위한 수단이다.
③ 팁 문화의 기원은 17세기 유럽이고, 당시 커피하우스를 통해 확산되었다.
④ 노예해방 이후에도 당시 흑인들의 경제적 신분은 매우 낮았다.
⑤ 우리나라에도 지나친 팁 문화가 유입되고 있다.

25

주어진 내용이 모두 참이라고 할 때, 반드시 거짓인 것을 고르면?

노화는 시간이 지나면서 생물체의 구조와 기능이 퇴화하는 현상이다. 노화는 모든 생물체에서 나타나는 자연스러운 과정이지만, 그 정확한 원인은 아직 완전히 밝혀지지 않았다. 노화의 과학적 과정은 크게 세 가지로 나눌 수 있다. 첫 번째는 세포 수준에서의 노화다. 세포는 시간이 지날수록 분열을 반복하면서 손상을 입게 된다. 이러한 손상은 세포의 기능을 저하시키고, 결국 세포의 죽음을 초래한다. 세포 노화의 원인은 산화 스트레스로, 세포에서 발생하는 활성산소는 세포의 DNA, 단백질, 지질 등을 손상시킨다. 그리고 텔로미어는 세포의 염색체 끝에 위치한 DNA의 반복 서열인데 세포 분열을 반복할 때마다 짧아지며, 텔로미어가 완전히 소실되면 세포는 더 이상 분열할 수 없게 된다. 두 번째는 조직 수준에서의 노화다. 조직은 세포의 집합체로 이루어져 있는데 세포 노화로 인해 조직의 기능이 저하되면, 조직의 구조와 기능이 변한다. 대표적으로 콜라겐은 피부, 연골, 뼈 등 다양한 조직에 존재하는 단백질인데 시간이 지날수록 변성되어 조직의 탄력성과 강도를 저하시킨다. 세 번째는 개체 수준에서의 노화다. 개체 수준에서의 노화는 세포와 조직의 노화로 인해 나타나는 다양한 증상을 말한다. 신체 기능의 저하나 질병 발생 등이 이에 해당한다.

① 나이가 들어 근육량이 감소하여 활동력이 약해지는 것은 개체 수준에서의 노화에 속한다.
② 나이가 들어 피부의 탄력이 떨어지는 것은 조직 수준에서의 노화에 속한다.
③ 노화의 과정은 알 수 있지만, 아직은 노화의 원인이 정확하게 밝혀진 것은 아니다.
④ 나이가 많을수록 텔로미어의 길이가 짧을 가능성이 크다.
⑤ 세포는 계속 분열을 반복하게 되는데 이러한 반복 작용으로 손상되어도 다시 재생된다.

26

주어진 글을 읽고 아래 [보기]를 이해한 것으로 적절한 것을 고르면?

인상파는 19세기 후반 프랑스에서 떠오른 미술 운동으로, 주로 1870년대와 1880년대에 붓물을 일으켰다. 이 화풍은 빛과 색의 변화를 현장에서 직접 관찰하며, 빛의 반사와 색채의 조화에 주목하는 특징을 지닌다. 클로드 모네, 피에르 오귀스트 르누아르, 에두아르 마네 등의 대표적인 화가들이 이 화풍을 대표했다. 인상파의 특징으로는 빛과 색의 표현이 주목된다. 화가들은 자연에서 빛과 색채의 다양성을 직접 관찰하고, 이를 그림에 담아냈다. 터치는 간결하고 단순하며, 느긋한 붓질과 짧은 터치로 자연의 빛과 색을 표현했다. 인상파는 대개 실외에서 작업하면서 측면 조명을 중시하였으며, 이는 주로 야외 풍경과 도시의 풍경이 작품의 주된 소재로 다뤄졌다. 인상파는 전통적인 회화의 주제를 다루면서도 현대적이고 개인적인 시선으로 재해석했다. 그들은 시간과 공간의 표현에서도 혁신을 시도하였으며, 한순간의 인상을 잡아내기 위해 빠르게 움직이는 모습이나 자연의 변화를 표현했다. 이러한 특징들은 당시 예술계에 혁신을 가져오며, 미술사에 큰 영향을 미쳤다. 인상파는 예술에서 새로운 방향을 제시하며 현대적인 시각과 표현의 가능성을 열었다.

보기

클로드 모네의 작품은 주로 풍경화를 중심으로 자연의 빛과 색채를 현장에서 직접 관찰하여 표현한 것으로 유명하다. 특히 자연에서 빛과 색채의 변화를 체계적으로 연구하여 그린 것으로 알려져 있다. 그는 현장에서 직접 자연을 관찰하고 느끼며, 그 과정에서 자연의 아름다움을 정확하게 담아냈다. 이러한 작품들은 그의 예술적 스타일과 실험적인 시도를 대표한다. 모네의 작품에서는 빛의 물리적 효과와 빛이 사물에 미치는 영향을 표현하기 위해 색채의 순수성이 강조되었다. 물과 하늘, 정원과 꽃, 햇빛과 그림자의 조화가 독특한 인상적 느낌을 전한다. 그는 또한 동일한 풍경이나 장면을 다양한 조건에서 그린 일련의 작품을 만들었는데, 이는 그의 예술적 탐구와 창조적인 실험을 보여주는 중요한 증거다. 클로드 모네는 정원과 연못을 주된 소재로 삼은 작품들이 많이 있다. 특히 자신의 정원에서 그린 수련 시리즈는 그의 대표작 중 하나로 꼽힌다.

① 모네는 인상파의 대표 화가로 자신의 그림에 대한 자부심이 강해서 굳이 다양한 소재를 선택해서 그리지는 않았어.

② 인상파는 빛과 색에 주목하여 그리기 때문에 모네가 동일한 풍경을 그리더라도 시간의 변화 따라 작품을 다양하게 표현할 수 있었을 거야.

③ 현장에서 직접 자연을 관찰하고 그린 모네의 작품이 실험적인 시도를 대표한다고 했으니, 그는 분명 활발하고 개성이 넘치는 사람이었을 거야.

④ 모네가 풍경화를 좋아한 것으로 보아 그는 복잡한 도시보다는 농촌을 좋아했을 거야.

⑤ 인상파는 전통적인 시선으로 풍경을 표현했기에 모네의 작품은 꽃을 소재로 많이 그려졌어.

27

주어진 주장에 대한 반박으로 가장 타당한 것을 고르면?

> 최근 유명 유튜버가 광장시장에서 외국인 지인들과 전을 시켰다가 비싼 가격과 적은 양에 당황한 영상이 업로드되면서 전통시장의 바가지 가격 이슈를 다시 한번 불러일으켰다. 전을 시켰는데 양이 적고 가격이 비쌌다면, 소비자 입장에서는 불쾌감을 느낄 수 있다. 더군다나 추가 주문을 유도하는 행동도 계속했다. 하지만, 무조건 상인을 비난하기에는 무리가 있다. 우선, 가격은 상인의 재량에 맡겨지는 부분이다. 소비자 입장에서는 불만족스러울 수 있지만, 상인들은 이익을 남겨야 하기에 이는 상인의 영업 방식으로 이해해야 한다. 동남아 여행을 가면 우리에게 현지인보다 비싼 바가지 요금을 부르는 경우가 많이 있다. 따라서 동남아의 상황과 비교하면 광장시장 바가지 가격은 특별한 것이 아니다. 만약 가격이 비싸다고 생각되면 그 가게는 장사가 되지 않을 테고 옆 가게에 손님이 몰리게 된다. 바가지 가게가 망해도 다른 가게가 혜택을 보니 시장 생태계는 여전히 유지될 것이다.

① 동남아 여행이 항상 바가지 요금만 경험하게 되는 것은 아니다.
② 광장시장 바가지 가격의 이유는 외국인과 동행했기 때문이다.
③ 최근 고금리, 고물가 영향으로 가게의 생존을 위해서 가격 상승은 어쩔 수 없다.
④ 시장은 정찰제가 없어서 건전한 소비 문화를 갖추기 어렵다.
⑤ 바가지 이슈로 사람들이 전통시장을 멀리하게 되면 시장 생태계가 붕괴될 수 있다.

28

주어진 주장에 대한 반박으로 가장 타당한 것을 고르면?

> 최근 주4일 근무제 도입을 위한 논의가 활발히 이루어지고 있다. 주4일 근무제는 주당 근무일을 5일에서 4일로 줄이는 근무 형태이다. 주4일 근무제는 근로자의 삶의 질을 높이고, 노동 생산성을 향상시킬 수 있다는 기대를 받고 있다. 하지만, 주4일 근무제 도입에 대해서는 부정적인 견해도 있다. 주4일 근무제는 근로자의 생산성을 떨어뜨릴 수 있다. 주5일 근무제에 비해 근무일이 하루 줄어들기 때문에 생산성이 20% 줄어든다는 계산을 할 수 있다. 이 생산성 저하는 회사에 안 좋은 영향을 줄 수 있다. 또 주4일 근무제는 기업의 경쟁력을 약화시킬 수 있다. 주5일 근무제에 비해 근무일이 하루 줄어들기 때문에 기업은 동일한 업무량을 처리하기 위해 더 많은 인력을 투입해야 한다. 이는 기업의 인건비 부담을 증가시키고, 영업이익을 감소시킬 수 있다. 그리고 주4일 근무제는 근로자의 건강에 악영향을 미칠 수 있다. 주5일 근무제에 비해 근무일은 줄어들지만, 그 때문에 하루에 감당해야 할 근무 시간은 늘어날 수 있다. 이로 인해 근로자의 스트레스를 증가시키고, 높아진 업무 강도는 결국 근로자의 건강을 악화시킬 수 있다.

① 주4일 근무제는 우리나라 상황에 맞지 않아 외국에서나 가능한 이야기다.
② 주4일 근무제가 노동 생산성을 향상시킬 수는 없다.
③ 주4일 근무제가 스트레스를 증가시켜 근로자의 건강을 해치는 것은 아니다.
④ 주4일 근무제는 유럽에서 보편화된 업무 형태로 생산성이 유지된다는 것이 이미 증명되었다.
⑤ 주4일 근무제로 근무일이 줄겠지만, 회사에서 부담해야 하는 상황으로 근로자가 신경 쓸 필요는 없다.

29

주어진 문단을 가장 자연스러운 순서로 배열한 것을 고르면?

(가) 맥도널드처럼 회사의 이름이 창업자의 이름과 같은 유명한 브랜드를 우리는 쉽게 찾아 볼 수 있다. 샤넬은 창업자 가브리엘 샤넬의 이름으로 지어진 브랜드이고, 그녀의 별칭인 코코(coco)에서 유래하여 이니셜을 따서 로고를 만들었다. 또한 1903년 윌리엄 할리와 아서 데이비슨이 만든 할리데이비슨도 있다. 이 밖에도 창업자의 이름이 회사의 이름이 된 유명한 회사는 너무나도 많다.

(나) 그런데 우리나라의 경우는 예외인 것 같다. 창업자의 이름을 회사 이름으로 쓰는 경우가 거의 없기 때문이다. 우리의 경우는 사람의 이름을 회사 이름으로 쓰기에 불리하다. 우리나라 성은 몇 개의 성이 높은 비중을 차지하고 있어 다양성 확보가 되지 않는다. 성과 이름을 붙여 써도 주로 3자 이내이기 때문에 역시 다양성 측면에서 회사 이름으로 쓰기에 불리하다.

(다) 그렇다면 왜 창업자의 이름을 회사 이름으로 사용할까? 그 이유는 여러 가지 장점이 있기 때문이다. 우선, 창업자의 이름은 창업자의 개성과 열정을 상징하는 것이기 때문에, 창업자 이름을 기업 이름으로 사용하면 기업의 이미지에도 이러한 특성이 반영될 수 있다. 그리고 기업의 신뢰도를 높일 수 있고, 기업의 정체성을 명확히 할 수 있는 장점이 있다.

(라) 맥도널드는 1940년 미국 캘리포니아주 샌버너디노에서 모리스와 리처드 맥도널드 형제가 세운 햄버거 가게이다. 초기에는 드라이브인 형식의 작은 가게였지만, 프랜차이즈 사업으로 확장하면서 맥도널드는 빠르게 성장하여, 현재 맥도널드는 미국뿐만 아니라 전세계로 진출하여, 현재는 약 100여 개국에서 3만 7천여 개의 매장을 운영하는 세계 최대의 패스트푸드 기업으로 자리 잡았다.

(마) 또 다른 이유는 우리의 관습에 있다. 우리는 옛날부터 다른 사람의 이름을 직접 부르지 않고 '자'나 '호'로 부르는 관습이 있었다. 현대 사회에서도 역시 회사에서 이름 대신 직급이나 직함으로 부른 것은 같은 맥락이다. 또 어른들의 존함을 함부로 부르는 것이 우리에게는 익숙하지 않다. 이런 이유로 우리나라에는 창업자의 이름을 회사 이름으로 쓰는 경우가 드물다.

① (가) (나) (다) (마) (라)
② (가) (다) (라) (나) (마)
③ (다) (라) (가) (나) (마)
④ (라) (가) (다) (나) (마)
⑤ (라) (다) (나) (마) (가)

30

주어진 문단을 가장 자연스러운 순서로 배열한 것을 고르면?

(가) 쌀이 중요한 이유는 밀에 비해 칼로리가 3배 높기에 3배의 인구를 먹여 살릴 수 있기 때문이다. 중국과 인도는 벼를 재배하기에 적합한 기후와 지형을 가지고 있다. 두 나라에 속한 위도 상의 기후는 사람이 살기에도, 벼를 재배하기에도 최적의 조건이었다. 벼를 재배하기 위해서는 많은 노동력이 필요하다. 이는 다산을 장려하는 풍습을 만들었다. 이는 또다시 인구를 증가시키는 이유가 되었다.

(나) 2023년 기준 전 세계 인구는 약 80억 명으로, 중국과 인도의 인구 비중은 각각 약 18.4%와 17.7%로, 전 세계 인구의 약 36%를 차지한다. 중국은 약 14억 2,860만 명의 인구를 보유하고 있으며, 인도는 약 14억 2,570만 명의 인구를 보유하고 있다. 이 두 나라는 전 세계 인구에서 세 명 중 한 명 이상을 차지하는 거대 국가이다. 그렇다면 왜 세계 인구는 유독 이 두 나라에 집중되었을까?

(다) 이런 이유로 유독 인구가 많았던 두 나라는 현대의 의료 발전에 힘입어 어느 나라보다도 더 인구가 폭발적으로 성장하는 나라가 되었다. 옛날부터 인구가 많았기에 계속해서 더 많아진 이유이다. 물론 최근 경제 성장으로 전세계의 인구는 감소하는 추세이다. 두 나라도 인구 감소 추세에 접어들었지만, 그래도 여전히 세계 인구의 36%를 차지하는 인구 대국이다.

(라) 인구가 폭발적으로 성장하려면 세 가지 요소가 필요하다. 하나는 인구를 수용할 수 있는 넓은 땅이다. 또 하나는 큰 강이다. 근처에 물이 있다면 그 지역은 사람이 살아가는 데에 아주 유리한 조건이 된다. 인류 4대 문명의 발상지가 큰 강 유역인 이유이기도 하다. 황허강과 인더스강, 갠지스강은 인구가 성장하는 기본 토대가 되었다. 그리고 나머지 하나는 쌀이다.

(마) 특히 남자 아이는 노동력 측면에서 더 유리했기 때문에 남아 선호 사상을 강화시켰고, 남아 선호 사상은 남자 아이를 낳지 못하면 낳을 때까지 낳게 만드는 원인이 되어 인구 증가를 또 부추겼다. 그리고 중국과 인도는 전세계를 죽음의 공포로 몰아넣은 페스트와 천연두마저도 빗겨 갔다.

① (가) (다) (나) (라) (마)
② (나) (가) (라) (다) (마)
③ (나) (라) (가) (마) (다)
④ (라) (가) (마) (다) (나)
⑤ (라) (마) (다) (나) (가)

실전 모의고사 1회 완료

수고하셨습니다.

2 실전 모의고사 2회

■ 시험구성

영역	유형	문항	총 문항	시간
Ⅰ 수리논리	응용계산	2문제	**20문제**	30분
	자료해석	18문제		
Ⅱ 추리	명제	3문제	**30문제**	30분
	조건추리	11문제		
	도형추리	3문제		
	도식추리	4문제		
	어휘추리	2문제		
	독해	7문제		

실전과 같은 마음으로 시각을 정확히 준수하여 학습하시기 바랍니다.

수리논리(30분) 시작 ______시 ______분 ~ 종료 ______시 ______분
추리(30분) 시작 ______시 ______분 ~ 종료 ______시 ______분

다음 페이지부터 시작!

I 수리논리

20문제 / 30분

01

호수로 물탱크를 채우려고 한다. 물탱크의 용량은 호수 A, B, C로 같이 채우면 1시간, A, B로 같이 채우면 2시간, B, C로 같이 채우면 1시간 30분이 걸리는 용량이다. 만약 호수 A, C로 이 물탱크를 같이 채울 때 걸리는 시간은?

① 1시간 6분 ② 1시간 12분 ③ 1시간 15분
④ 1시간 24분 ⑤ 1시간 30분

02

신입사원 채용 면접을 위해 일렬로 놓여 있는 7개의 의자에 남자 지원자 4명, 여자 지원자 3명이 임의로 앉을 때, 여자 지원자가 2명 이상 서로 이웃하게 앉을 확률을 고르면?

① $\frac{2}{5}$ ② $\frac{3}{5}$ ③ $\frac{4}{7}$
④ $\frac{5}{7}$ ⑤ $\frac{6}{7}$

03

주어진 인터넷 쇼핑몰 취급상품 범위별 및 운영형태별 거래액 동향 자료에 대한 설명으로 옳지 않은 것을 고르면?

[표] 인터넷 쇼핑몰 취급상품 범위별 및 운영형태별 거래액 동향 (단위: 억 원, %)

구성		2022년		2023년	
		연간	8월	7월	8월
총 거래액		2,098,790	180,086	188,571	191,023
취급상품 범위별	종합몰*	1,326,080	111,634	114,709	116,190
	비중	63.2	62.0	60.8	60.8
	전문몰**	772,710	68,452	73,862	74,833
	비중	36.8	38.0	39.2	39.2
운영 형태별	온라인몰***	1,622,712	139,312	146,016	148,487
	비중	77.3	77.4	77.4	77.7
	온·오프라인 병행몰****	476,079	40,774	42,556	42,536
	비중	22.7	22.6	22.6	22.3

*인터넷상에서 취급하는 상품군이 다양하게 구성되어 여러 종류의 상품을 일괄 구매할 수 있는 온라인쇼핑몰
**인터넷상에서 하나의 상품군 또는 주된 상품군만을 구성하여 판매하는 온라인쇼핑몰
***컴퓨터 및 네트워크 기반(온라인)을 통해서만 상품 및 서비스를 최종 소비자에게 판매하는 온라인쇼핑몰
****온라인 뿐만 아니라 기존의 상거래방식(오프라인)을 병행하여 상품 및 서비스를 최종소비자에게 판매하는 쇼핑몰

① 온라인으로만 위스키를 판매하는 업체는 '전문몰' 및 '온라인몰'에 속한다.
② 2023년 8월 '종합몰'의 거래액은 전년동월기준 5,000억 원 이상 늘었다.
③ 자료를 보고 판단했을 때 '온라인몰'의 거래액은 '온 · 오프라인 병행몰'의 거래액의 3배가 넘는다.
④ 2022년 연간 '온라인몰'의 거래액은 160조 원을 넘었다.
⑤ '온 · 오프라인 병행몰'에서 2022년 8월 거래액은 2022년 월 평균 거래액보다 높다.

04

가구소득 대비 사회적 현물이전 비율이 13% 이상인 모든 연도의 평균 조정가구소득을 계산하여 고르면?

[표] 사회적 현물이전을 반영한 가구소득 평균 및 증감률

(단위: 만 원, %)

구분	가구소득 평균					
	'16년	'17년	'18년	'19년	'20년	'21년
가구소득(A)	5,478	5,705	5,828	5,924	6,125	6,414
사회적 현물이전(B)	683	720	759	826	835	847
가구소득 대비(B/A*100)	12.5	12.6	13.0	13.9	13.6	13.2

*사회적 현물이전: 국가 또는 민간 비영리단체 등이 개인 또는 가구에 제공하는 재화 및 서비스, 무상급식, 무상보육, 의료비 지원 등이 포함

*조정가구소득=가구소득(A)+사회적 현물이전(B)

① 6,669.5만 원 ② 6,786만 원 ③ 6,809.5만 원
④ 6,889.5만 원 ⑤ 6,953만 원

05

아래에 주어진 우리나라 연도별 일반가구 및 점유 형태 자료를 보고 올바르지 않은 설명을 고르면?

[그래프] 우리나라 일반가구 및 점유 형태 변화

(단위: 천 가구, %)

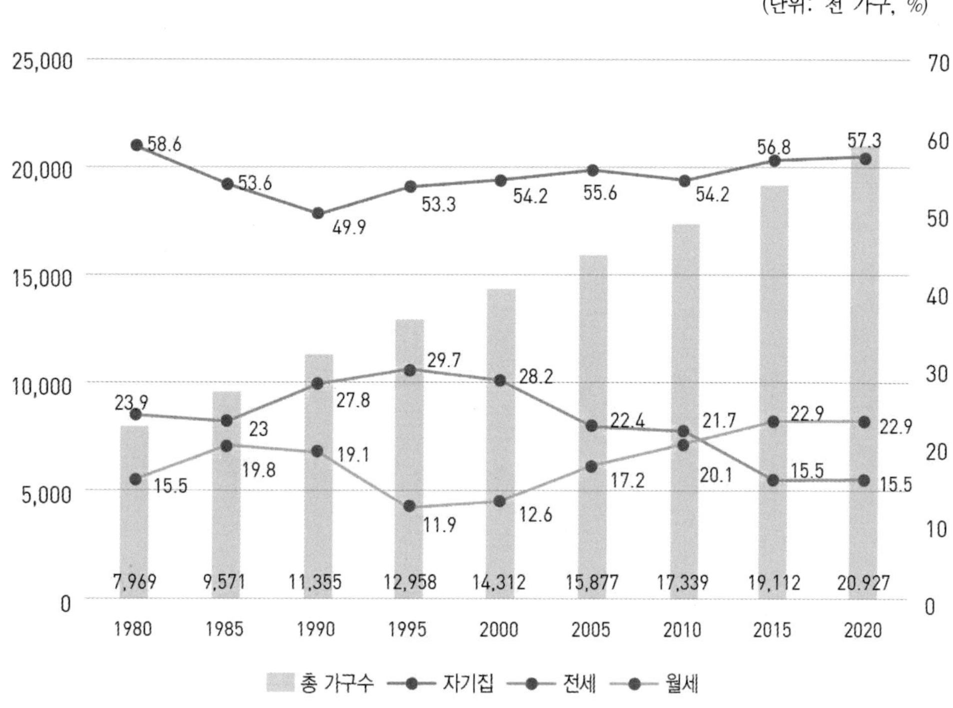

*단, 사글세와 무상 주택 점유율은 미비하여 그래프에서 제외하였으나 총 가구수에는 합산되어 있다. 그 외 항목은 없다.

① 2020년 총 가구수는 5년 전과 비교하여 180만 가구 이상 늘었다.
② 2000년 사글세와 무상 주택의 점유율의 합은 약 5%이다.
③ [그래프]에서 월세 가구 점유율이 네 번째로 높은 해의 월세 가구수는 200만 가구 이하다.
④ [그래프]에서 전세 가구 점유율이 네 번째로 높은 해는 자가 점유율이 그 외 모든 항목의 점유율의 합보다 높았다.
⑤ 2010년 총 가구수는 10년 전과 비교하여 20% 이상 증가하지 않았다.

06

2017년부터 2021년까지 5년간 평균 남자 흡연율과 평균 여자 음주율의 차이를 계산하여 가장 가까운 값을 고르면?

[표] 우리나라 흡연율 및 음주율

(단위: %)

구분	흡연율			음주율		
	전체	남자	여자	전체	남자	여자
2017	21.1	37.0	5.2	59.2	73.1	45.4
2018	21.1	35.8	6.5	57.8	70.0	45.7
2019	20.2	34.7	5.9	57.7	72.4	43.2
2020	19.2	33.0	5.5	55.2	68.7	41.7
2021	18.2	30.7	5.8	53.5	67.1	39.9

① 약 5%p　② 약 6%p　③ 약 7%p
④ 약 8%p　⑤ 약 9%p

07

우리나라 55~64세 인구를 바탕으로 조사한 근속기간 통계 자료를 보고 이에 대한 설명으로 옳지 않은 것을 고르면?

[표] 가장 오래 근무한 일자리 근속 기간

(단위: 천 명, %, 년)

구분	2022년 5월				2023년 5월			
	계*	구성비	남자	여자	계*	구성비	남자	여자
전체	8,126	100.0	4,087	4,040	8,157	100.0	4,101	4,056
5년 미만	1,216	15.0	360	855	1,137	13.9	321	816
5~10년 미만	1,552	19.1	484	1,069	1,462	17.9	453	1,008
10~20년 미만	2,465	30.3	1,184	1,281	2,638	32.3	1,278	1,360
20~30년 미만	1,564	19.3	1,069	496	1,583	19.4	1,050	534
30년 이상	1,329	16.4	990	339	1,337	16.4	999	338
평균 근속기간	15.4		18.9	11.8	15.7		19.1	12.2

*55~64세 인구 중 현재 취업자(가장 오래 근무한 일자리를 현재도 다니는 경우 포함)와 취업경험 있는 현재 미취업자

① 자료에서 남자는 2022년 5월 기준 평균 근속 기간이 20년이 되지 않는다.
② 2023년 5월 기준 30년 이상 근무한 비율은 전년 동월 비율과 동일하다.
③ 2022년 5월 기준 근속 5년 미만 여자의 수는 남녀 전체의 10%를 넘는다.
④ 2023년 5월 기준 근속 기간 '20~30년 미만' 남자의 수는 전체 남자 중에서 25% 이하이다.
⑤ 2022년 및 2023년 5월 두 시점의 남자와 여자 평균 근속 기간은 각각 19년과 12년이다.

08

아래에 주어진 우리나라 연도별 전체 기업 매출액 자료를 보고 잘못된 설명을 고르면?

[그래프] 2012~2021 우리나라 연도별 전체 기업 매출액 변화

(단위: 조 원)

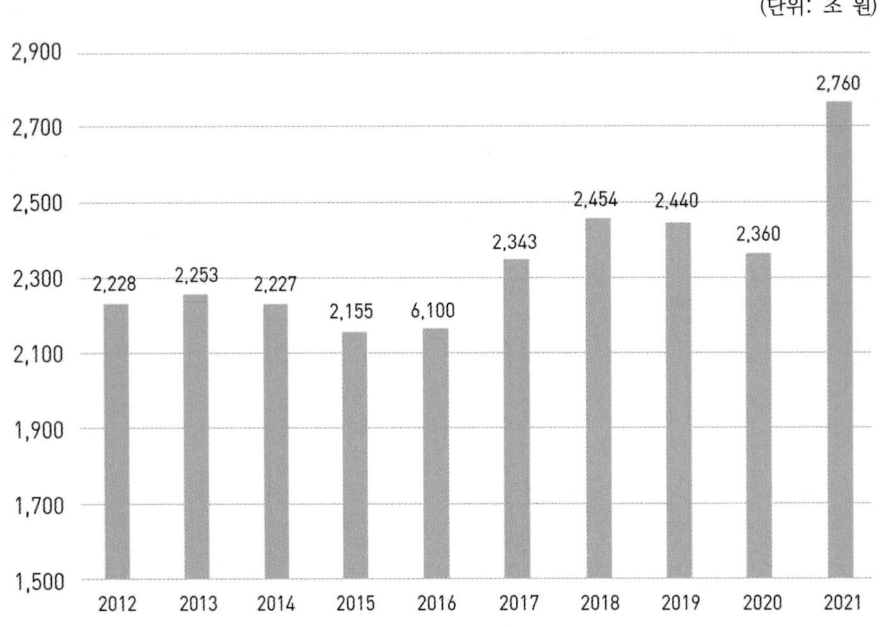

① 2012년부터 2014년까지 연평균 매출액 대비 2017년부터 2019년 연평균 매출액은 10% 이상 증가하였다.

② 전년 대비 매출액 증가 폭이 100조 원 이상인 해는 총 3번 있었다.

③ 2017년 전년 대비 매출액 증가율보다 더 높은 해는 1번 있었다.

④ 2015년 전년 대비 매출 감소액은 2020년 전년 대비 매출 감소액보다 낮았다.

⑤ 2019년 매출액은 5년 전과 비교하여 10% 이상 증가하지 않았다.

09

주어진 2023년 월별 소비자물가 관련 자료들을 보고 해석한 내용으로 옳지 않은 것을 고르면?

[표] 2023년 주유소 평균 판매 가격

(단위: 원)

제품별	5월	6월	7월	8월	9월
보통휘발유	1,629	1,581	1,585	1,717	1,769
실내등유	1,378	1,336	1,318	1,340	1,389
자동차용 경유	1,472	1,394	1,396	1,573	1,667

[그래프] 2023년 월별 소비자물가 지수

(단위: 2020=100)

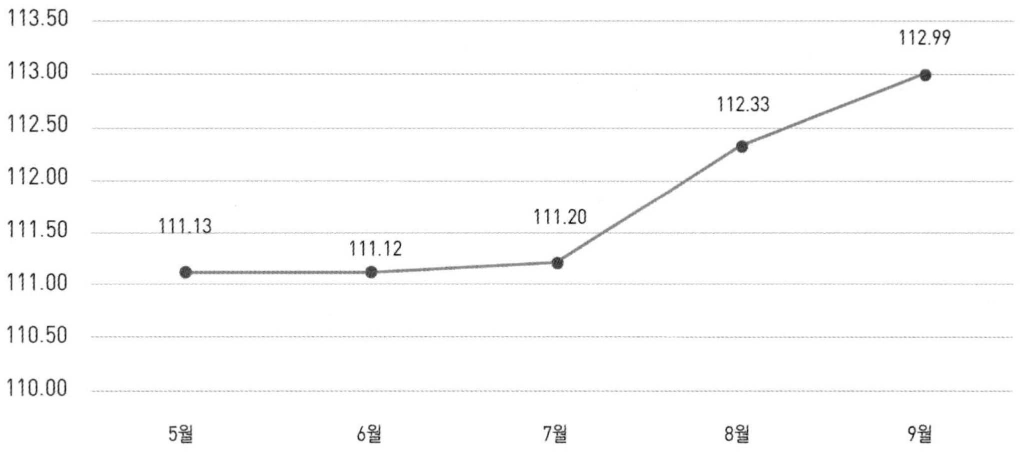

* 2020년 기준시점 100으로 놓고 비교한 수지

① 주어진 자료를 통해 볼 때 소비자물가 지수는 2020년 대비 10% 이상 상승하였다.
② 2023년 5월~7월 자동차용 경유 평균가는 1,400원을 넘는다.
③ 주어진 자료를 통해 볼 때 자동차용 경유는 실내등유보다 가격이 높다.
④ 자동차용 경유 가격이 가장 낮은 달의 보통휘발유 가격은 가격이 가장 높은 달의 가격과 200원 이상 차이가 나지 않는다.
⑤ 2023년 6월 소비자물가와 주유소 제품별 판매 가격은 모두 전월 대비 하락했다가 7월 다시 재반등하였다.

[10-11] 주어진 우리나라 전체 및 1인 가구 자료들을 보고 물음에 답하시오.

[표1] 2015, 2020 성별, 연령별 1인 가구 현황 (단위: 천 가구)

구분	2015년		2020년	
	전체	1인	전체	1인
계	19,112	5,211	20,927	6,643
남자	13,445	2,315	14,081	3,304
여자	5,666	2,896	6,845	3,339
29세 이하	1,272	878	1,774	1,343
30~39세	3,084	823	3,123	1,115
40~49세	4,413	760	4,260	904
50~59세	4,589	861	4,810	1,039
60~69세	2,960	735	3,787	1,039
70세 이상	2,794	1,154	3,174	1,202

[표2] 2015, 2020 교육정도별 1인 가구 현황 (단위: 천 가구)

구분	1인 가구		
	2015년	2020년	증감
계	5,211	6,643	1,432
안다녔음	487	306	-181
초등학교	818	665	-154
중학교	515	567	52
고등학교	1,386	2,017	630
대학교 이상	2,004	3,089	1,085

10

주어진 자료에 대한 설명으로 바르지 못한 것을 고르면?

① 2020년 교육정도별 1인 가구 현황에서 고등학교 학력자 비중은 전체의 30% 이상이다.
② 2015년 대비 2020년 모든 연령에서 1인 가구 수가 늘었다.
③ 2015년과 2020년 모두 50세 이상 전체 가구 수는 1천만 가구를 넘는다.
④ 자료를 따를 때, 남성과 여성 중 1인 가구 비중이 더 높은 것은 여성이다.
⑤ 2020년 우리나라 1인 가구의 80% 이상은 고등학교 이상의 학력을 가지고 있다.

11

2020년 1인 가구 비중이 가장 높은 연령대의 전체 1인 가구 중 구성 비율로 가장 적절한 것을 고르면?

① 15.64% ② 16.78% ③ 18.78%
④ 20.22% ⑤ 22.19%

[12-13] 주어진 자료들을 보고 물음에 답하시오.

[표1] 시・도별 사업체 수 증감(전년 대비) 상・하위 3개 (단위: 개, %)

구분		2021년	구성비	2022년	구성비	증감	증감률
전국		6,079,702	100.0	6,141,263	100.0	61,561	1.0
증가	경기	1,481,054	24.4	1,515,753	24.7	34,699	2.3
	인천	308,892	5.1	317,443	5.2	8,551	2.8
	경남	392,614	6.5	398,395	6.5	5,781	1.5
감소	서울	1,188,091	19.5	1,176,449	19.2	-11,642	-1.0
	대구	279,798	4.6	279,668	4.6	-130	0.0
	부산	401,254	6.6	401,148	6.5	-106	0.0

[표2] 시・도별 종사자 수 증감(전년 대비) 상위 3개, 하위 2개 (단위: 명, %)

시・도별		2021년	구성비	2022년	구성비	증감	증감률
전국		24,931,600	100.0	25,211,397	100.0	279,797	1.1
증가	경기	5,994,570	24.0	6,102,870	24.2	108,300	1.8
	경북	1,234,314	5.0	1,262,738	5.0	28,424	2.3
	인천	1,223,448	4.9	1,247,846	4.9	24,398	2.0
감소	광주	676,261	2.7	671,758	2.7	-4,503	-0.7
	제주	323,316	1.3	318,935	1.3	-4,381	-1.4

12

주어진 자료에 대한 설명으로 옳은 것을 모두 고르면?

> ㉠ 2022년 전년 대비 '경기' 종사자 수의 증감량은 '전국' 종사자 수의 증감량의 40% 이상이다.
> ㉡ 2021년 인천의 사업체당 평균 종사자 수는 4명 이상이다.
> ㉢ 2022년 전년 대비 사업체 수 감소가 가장 큰 지역은 '서울'이고, 전국 구성비는 0.3%p 감소했다.
> ㉣ 2022년 전년 대비 종사자 수 감소량이 4,500명 이상인 지역은 광주 외에는 없다.

① ㉠, ㉢　② ㉠, ㉣　③ ㉡, ㉢
④ ㉢, ㉣　⑤ ㉡, ㉢, ㉣

13

2022년 경기와 인천 지역 모든 사업체의 평균 종사자 수를 계산하여 가장 근접한 것을 고르면?

① 3.6명　② 3.8명　③ 4.0명
④ 4.2명　⑤ 4.4명

[14-15] 주어진 자료들을 보고 물음에 답하시오.

[표1] 2020 우리나라 대표자 연령별 사업체 수

(단위: 천 개)

산업별	20대 이하	30대	40대	50대	60대 이상
전체	191	633	1,159	1,293	850
제조업	13	46	119	185	127
건설업	11	39	126	170	89
도・소매업	73	234	388	402	288
숙박・음식점업	48	126	178	224	160
정보통신업	4	13	28	18	7
부동산업	2	11	35	60	55
전문・과학・기술업	6	24	40	28	13
사업시설・지원업	6	23	37	35	19
교육서비스업	8	42	71	39	8
예술・스포츠・여가업	5	20	28	33	19
수리・기타 서비스업	16	55	108	101	64

[표2] 2021 우리나라 대표자 연령별 사업체 수

(단위: 천 개)

산업별	20대 이하	30대	40대	50대	60대 이상
전체	213	659	1,150	1,268	827
제조업	13	48	119	182	124
건설업	13	42	129	173	92
도・소매업	85	244	378	384	273
숙박・음식점업	51	131	178	221	156
정보통신업	4	14	28	19	7
부동산업	3	12	36	60	55
전문・과학・기술업	6	23	39	27	12
사업시설・지원업	5	20	35	33	18
교육서비스업	9	47	75	40	8
예술・스포츠・여가업	5	20	28	32	19
수리・기타 서비스업	18	57	106	97	62

14

주어진 자료에 대한 설명으로 옳은 것을 고르면?

① 우리나라 총 사업체 수는 2020년과 2021년 모두 400만 개 이상이었다.
② 우리나라 총 제조업 사업체 수는 2021년 50만 개가 넘었다.
③ 2020년 '부동산업' 대표자가 세 번째로 많은 연령대는 그 해 '도·소매업' 대표자 연령별 비중이 세 번째로 높았다.
④ 2021년 50대 대표자가 세 번째로 많은 산업은 '건설업'이다.
⑤ 2020년 40대 이하 대표자가 운영하는 교육서비스업 사업체 수는 12만 개를 넘지 못한다.

15

2021년 사업체 수가 두 번째로 많은 산업의 2020년 대표자의 나이가 40대 이상인 사업체 수의 합을 고르면?

① 54.5만 개 ② 56.2만 개 ③ 57.3만 개
④ 557만 개 ⑤ 562만 개

[16-17] 주어진 자료들을 보고 물음에 답하시오.

[표1] 2021 우리나라 전체 내국인 인구 현황 (단위: 천 명)

구분	총합	남자	여자
전체	50,088	24,944	25,145
30세 미만	14,797	7,696	7,101
30~39세	6,489	3,358	3,131
40~49세	7,841	3,980	3,861
50~59세	8,327	4,182	4,145
60~69세	6,939	3,386	3,554
70~79세	3,646	1,650	1,996
80세 이상	2,048	691	1,356

[표2] 2021 우리나라 전체 내국인 주택 소유자 현황 (단위: 천 명)

구분	총합	남자	여자
전체	15,089	8,206	6,883
30세 미만	291	158	133
30~39세	1,647	967	680
40~49세	3,335	1,858	1,478
50~59세	3,793	1,965	1,828
60~69세	3,256	1,711	1,545
70~79세	1,723	920	803
80세 이상	724	369	355
사망자*	320	259	60

*통계 작성 시점에 이미 사망했으나 소유권이 유지되고 있는 주택 소유권자를 의미함

16

주어진 자료에 대한 설명으로 옳은 것을 모두 고르면?

> ㉠ 2021년 50세 미만 내국인 주택 소유자는 전체의 40% 미만이다.
> ㉡ 2021년 50대 내국인 여성 중 주택 소유자 비율은 40% 이상이다.
> ㉢ 2021년 모든 연령에서 내국인 남자 주택 소유자는 여자보다 많다.
> ㉣ 2021년 내국인 60세 이상 인구는 여자가 남자보다 120만 명 이상 많다.

① ㉠, ㉡　② ㉠, ㉢　③ ㉡, ㉢
④ ㉠, ㉡, ㉢　⑤ ㉠, ㉡, ㉣

17

2021년 40~69세 내국인 인구 중 남자 비율과 2021년 40~69세 내국인 주택 소유자 중 남자 비율의 %p 차이를 계산하여 가장 적당한 것을 고르면?(단, 소수점 첫째 자리에서 반올림한다.)

① 약 1%p　② 약 3%p　③ 약 5%p
④ 약 7%p　⑤ 약 9%p

18

어떤 게임에 대한 플레이 시간과 캐릭터 레벨에 대한 자료이다. 자료를 보고 빈칸에 해당하는 값을 계산하여 고르면?

[표] 플레이 시간 및 캐릭터 레벨 (단위: 레벨, 시간)

구분	갑	을	병	정
캐릭터 레벨	2	(㉠)	4	5
플레이 시간	14	27	(㉡)	65

$$(\text{플레이 시간}) = (\text{캐릭터 레벨})^2 \times a + (\text{캐릭터 레벨}) \times b$$

	㉠	㉡
①	3	24
②	3	44
③	6	85
④	6	90
⑤	7	120

19

우리나라 개인 소유 주택의 단독 및 공동 소유에 관한 자료이다. 이를 바탕으로 작성한 그래프가 될 수 없는 것을 고르면?

[표] 2020~2021 개인 소유 주택의 단독 및 공동 소유 현황 (단위: 천 호)

구분		2020년 주택	2020년 아파트	2021년 주택	2021년 아파트
전체		15,968	9,647	16,242	9,924
단독 소유		13,889	8,309	14,096	8,506
공동 소유		2,079	1,338	2,145	1,418
	2인	1,907	1,292	1,981	1,372
	3인	105	36	100	35
	4인	34	7	33	8
	5인 이상	33	3	32	3

① 개인 소유 주택 중 아파트 비중

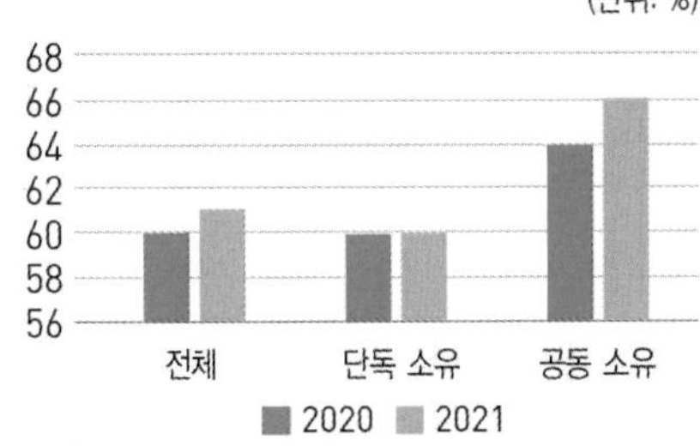

② 2020~2021 개인 소유 주택 증감 현황

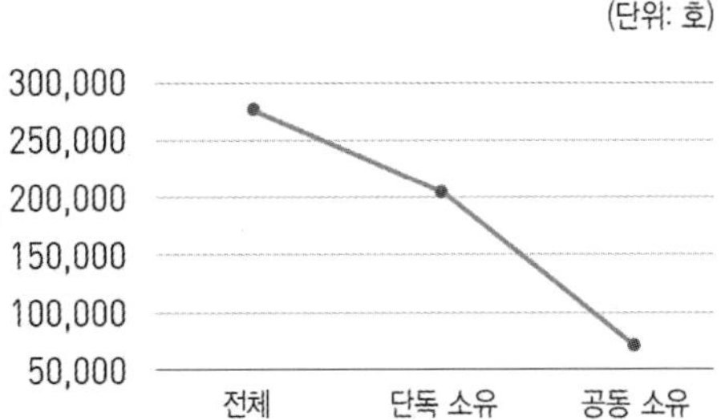

③ 2020~2021 개인 소유 아파트 증감 현황

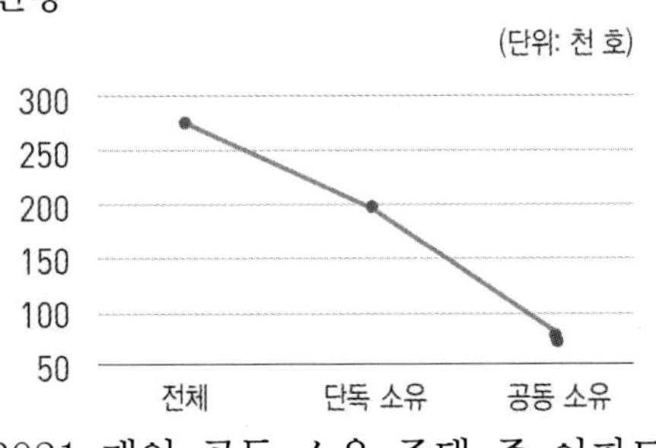

④ 2020~2021 개인 공동 소유 아파트 증감 현황

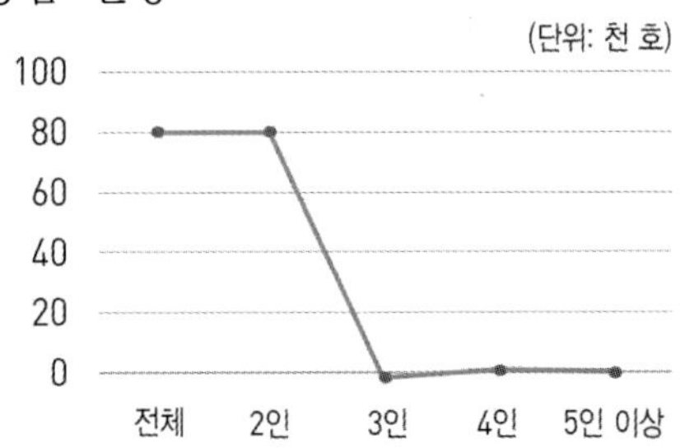

⑤ 2021 개인 공동 소유 주택 중 아파트 비중

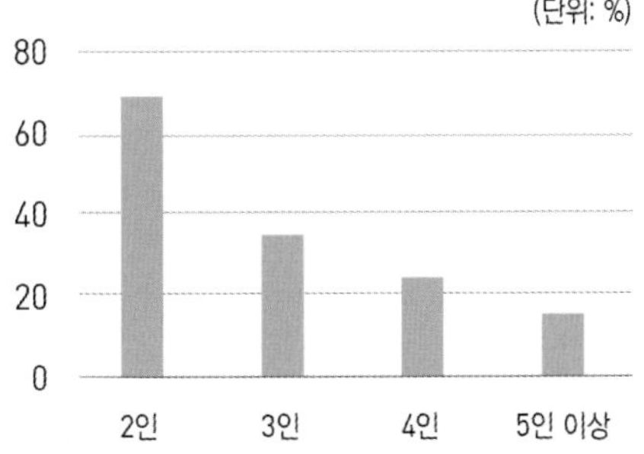

20

새로 지은 두 개의 공장의 월별 반도체 생산량을 나타낸 자료이다. 생산량은 일정한 규칙으로 변화할 때 2023년 1월부터 생산을 시작하여 처음으로 두 공장의 반도체 누적 생산량의 합이 150,000개를 넘는 때를 고르면?

[표] 영업 실적 수

(단위: 백 개)

구분	2023년 1월	2023년 2월	2023년 3월	2023년 4월	2023년 5월
공장 A	20	21	23	27	35
공장 B	100	120	140	160	180

① 2023년 6월　② 2023년 7월　③ 2023년 8월
④ 2023년 9월　⑤ 2023년 10월

실전 모의고사 2회

I 수리논리 완료

다음 페이지

II 추리 시작

II 추리

30문제 / 30분

01

주어진 전제를 통해 항상 참인 결론을 고르면?

전제1	어떤 국가는 바다를 오염시킨다.
전제2	모든 국가는 자연을 걱정한다.
결론	

① 바다를 오염시키는 모든 국가는 자연을 걱정한다.
② 바다를 오염시키는 어떤 국가는 자연을 걱정한다.
③ 자연을 걱정하는 어떤 국가는 바다를 오염시키지 않는다.
④ 자연을 걱정하는 모든 국가는 바다를 오염시킨다.
⑤ 바다를 오염시키는 어떤 국가는 자연을 걱정하지 않는다.

02

주어진 결론이 반드시 참이 되게 하는 전제를 고르면?

전제1	노래하는 어떤 사람은 음치이다.
전제2	
결론	노래하는 어떤 사람은 몸치가 아니다.

① 음치인 모든 사람은 몸치이다.
② 음치인 어떤 사람은 몸치이다.
③ 몸치인 어떤 사람은 음치이다.
④ 몸치가 아닌 모든 사람은 음치이다.
⑤ 음치인 모든 사람은 몸치가 아니다.

03

주어진 전제를 통해 항상 참인 결론을 고르면?

전제1	달랏을 좋아하지 않는 사람은 베트남인이 아니다.
전제2	모든 베트남인은 쌀국수를 좋아한다.
결론	

① 쌀국수를 좋아하는 사람은 달랏을 좋아한다.
② 쌀국수를 좋아하는 사람은 달랏을 좋아하지 않는다.
③ 달랏을 좋아하는 사람 중에는 쌀국수를 좋아하지 않는 사람이 있다.
④ 쌀국수를 좋아하는 사람 중에는 달랏을 좋아하는 사람이 있다.
⑤ 쌀국수를 좋아하는 사람 중에는 달랏을 좋아하지 않는 사람이 있다.

04

A, B, C, D, E 5명 중 2명은 서울, 2명은 수원, 1명은 평택에서 근무한다. 주어진 대화에서 5명 중 3명은 진실을 말하고, 2명은 거짓을 말할 때, 항상 거짓인 것을 고르면?

대화

- A: 나는 E와 같은 지역에서 근무하고 있어.
- B: A, B, C, D 중 나와 같은 지역에서 근무하는 사람은 없어.
- C: 평택에서 근무하는 사람은 A이야.
- D: 나는 수원에서 근무하고 있어.
- E: 나는 서울에서 근무하고 있지 않아.

① D와 E는 같은 지역에서 근무한다.
② B는 수원에서 근무한다.
③ A는 수원에서 근무한다.
④ C와 D는 같은 지역에서 근무한다.
⑤ D는 서울에서 근무한다.

05

배고픈 대인 5명이 1인 1판을 하기 위해 피자집에 왔다. 피자는 기본 재료에 게살, 버섯, 페페로니, 새우 중 1가지씩 추가 토핑을 선택할 수 있었는데 1명 빼고는 모두 다른 재료로 각자 토핑을 추가했다. 주문 후에 5명 중 1명이 자신이 추가한 토핑에 대해 거짓을 말하고 있다. 주어진 대화를 바탕으로 옳지 않은 것을 고르면?

대화

- A: 토핑 중에서 게살이 가장 비쌀 거 같아서 게살을 추가했어.
- B: 난 해산물을 좋아해서 게살과 새우 중 끝까지 고민하다가 결국 그 중 하나를 선택했어.
- C: 나는 그냥 생각하기 싫어서 메뉴판에서 가장 앞에 있는 게살을 추가했어.
- D: 나는 해산물을 먹지 못해서 다른 걸 토핑으로 추가했어.
- E: C는 페페로니를 좋아하니? 아까 추가하는 걸 봤어.

① A는 토핑을 추가했다.
② E는 토핑을 추가하지 않았다.
③ B의 토핑은 게살이다.
④ C의 토핑은 게살이 아니다.
⑤ D의 토핑은 페페로니가 아니다.

06

A~F가 놀이공원에서 놀이기구를 타기 위해 줄을 서고 있다. 주어진 조건에 따라 줄을 서고 있을 때 항상 거짓인 것을 고르면?

조건

- A는 F보다 앞에 서 있다.
- E는 A와 B보다 뒤에 서 있다.
- C와 D 사이에는 누군가 2명이 있다.
- F는 C와 D 중 앞에 서 있는 사람보다 앞에 서 있다.

① C는 3번째로 줄을 서 있다.
② D는 6번째로 줄을 서 있다.
③ B는 앞에서 3번째 안에 서 있다.
④ A는 B보다 앞에 서 있다.
⑤ E는 D보다 앞에 서 있다.

07

E스포츠 격투기 게임 대회에 참가한 관우, 조운, 장비, 유비, 황충, 마초, 제갈량 총 7명 중 같은 순위는 없다. 주어진 조건을 살펴보고, 항상 거짓인 것을 고르면?

조건

- 제갈량은 가장 성적이 좋거나, 가장 성적이 좋지 않다.
- 마초는 황충보다 성적이 좋다.
- 관우는 조운보다 등수가 낮고, 두 명의 등수는 연속한다.
- 장비는 황충보다 성적이 좋지 않다.
- 장비와 유비 등수 사이에 1명이 있다.
- 관우와 장비 등수 사이에 3명이 있다.

① 제갈량이 우승하였다.
② 조운이 우승하였다.
③ 관우는 4위이다.
④ 장비는 7위이다.
⑤ 제갈량은 7위이다.

08

연간 평가를 위해 부서장 면담을 진행하고자 직원 A~F 총 6명이 미팅룸 앞에 대기하고 있다. 먼저 온 순서대로 원탁에 12시 방향을 시작으로 시계 방향으로 하여 일정한 간격으로 모두 앉았다. 주어진 조건을 보고 항상 참인 것을 고르면?

조건

- C와 F는 마주보고 앉아 있다.
- A는 3번째로 도착하였다.
- C와 E는 연달아 도착하였다.
- B와 F는 이웃하여 앉지 않았다.
- D는 E보다 먼저 도착하였다.

① B는 4번째로 도착했다.
② E는 C보다 먼저 도착했다.
③ 가장 먼저 온 사람은 D이고, 그 다음에 온 사람은 F이다.
④ F가 가장 먼저 온 사람이다.
⑤ E가 가장 늦게 온 사람이다.

09

새로 입사한 신입직원 A, B, C, D, E 5명이 새로운 1인 1실 기숙사를 배정받았다. 각자 배정받은 기숙사 숙소에 대한 주어진 조건을 보고 항상 참인 것을 고르면?

조건

기숙사 구조(4층)

401호	402호
301호	302호
201호	202호
101호	102호

- E는 B보다 높은 층에 거주한다.
- A, C, D의 숙소는 끝자리 호수가 같다.
- B, E의 숙소는 끝자리 호수가 같다.
- A와 E는 서로 같은 층에 거주한다.
- B는 C, D보다 높은 층에 거주한다.

① C는 2층에 산다.
② D는 2층에 산다.
③ B는 301호에 산다.
④ 만약 C가 201호에 산다면 E는 402호에 산다.
⑤ 만약 A가 401호에 산다면 D는 101호에 산다.

10

A, B, C, D, E, F, G 7명은 네덜란드 출장을 갔다. 공항에 도착하여 숙소로 가기 위해 전용버스에 탑승했다. 주어진 정보에 따라 지정된 좌석에 앉는다고 할 때, 항상 거짓인 것을 고르면?

정보

[버스 내부]

운전석	입구
가이드	

- 버스 맨 앞줄의 오른쪽은 입구로 앉을 수 없으며, 왼쪽은 운전석이다.
- 운전석 바로 뒤쪽은 책임감 강한 가이드가 앉아서 인원을 열심히 인솔한다.
- A는 가이드가 앉은 열에 앉았고, 바로 뒷자리에 있는 B와 수다를 떨고 있다.
- D는 F의 바로 오른쪽에 앉아서 서로 사진을 열심히 찍고 있다.
- D의 앞에 앞에는 G가 앉아 있고 같은 열에 앉아서 머리가 보일 듯 말듯하다.

① A의 옆자리에는 C가 앉는다.
② B의 옆자리에는 E가 앉는다.
③ 가이드의 옆자리에는 C가 앉는다.
④ 가이드의 옆자리에는 E가 앉는다.
⑤ D는 가이드와 가장 먼 곳에 앉는다.

11

부서 체육대회를 위해서 서로 비슷한 실력을 가진 네 개의 농구팀을 만들려고 한다. 20명을 초급실력인 1점에서부터 선수급 실력인 5점까지 평가하여 총점으로 볼 때는 같은 점수를 지닌 네 팀을 만들었다. 이때 주어진 조건을 보고 만들어 낸 농구팀의 특성으로 잘못된 것을 고르면?

조건

- 5점의 실력을 가진 사람은 2명, 4점의 실력을 가진 사람은 3명, 나머지 점수는 각각 5명씩 있다.
- 한 팀에 동일한 실력을 가진 사람들이 최대 1쌍까지만 가능하다.
- 두 팀은 구성원의 개별점수가 완전히 똑같다.
- 농구의 한팀은 5명으로 구성된다.
- 2점 실력의 선수는 모든 팀에 있다.

① 5점 선수를 가진 팀 중에는 1점 선수를 2명 가진 팀이 있다.
② 어떤 팀은 3점 선수를 한 명도 가지지 않는다.
③ 모든 팀들은 적어도 한 명의 1점 선수를 가진다.
④ 어떤 팀은 5점 선수 한 명과 4점 선수 한 명씩을 가진다.
⑤ 3점 선수를 1명 가진 팀은 2점 선수를 1명 가진다.

12

사무실에 회의실이 1개 밖에 없는 탓에 회의실 예약은 항상 붐빈다. 업무가 바쁜 월말 어느날 6명의 직원 A, B, C, D, E, F가 회의실을 예약하고 이용했다. 회의실은 항상 예약되어 있었고, 예약 취소는 없었다고 한다. 또한 A, B, C, D, E, F는 같은 시간에 회의실에 있지 않았다. 주어진 조건을 보고 항상 참인 것을 고르면?(단, 예약을 할 수 있는 인원은 A~F 밖에 없고, 다른 사람이 대신 예약한 경우는 없다.)

조건

[회의실 사용 방법] 1. 이용 시간: 9~18시 2. 점심: 12~13시 예약 불가 3. 1시간 단위로 예약 가능 4. 1일 1인 2시간까지 예약 가능	• 오전에 회의실을 예약 사람은 2명이다. • A는 이날 재무 결산 미팅이 있어서 2시간을 이어서 사용했다. • 오후에 회의실을 예약한 사람은 총 5명이다. • A가 회의실에 들어갔을 때 다이어리가 보여서 직전에 사용한 F에게 주었다. • C는 직전 점심시간에 생긴 음식 냄새 제거를 위해 환기 후 미팅했다. • D는 마지막 회의실을 사용하고 간단히 정리 후 나왔다. • E는 B보다 먼저 회의실을 사용하고 싶었지만, 예약이 늦어 더 늦게 사용했다.

① 15시 이후에 F는 회의실을 사용하였다.
② 15시 이후에 B는 회의실을 사용하였다.
③ 15시 이후에 E는 회의실을 사용하였다.
④ A는 오후에 회의실을 사용하였다.
⑤ F는 1시간만 회의실을 사용하였다.

13

애주가 A~F는 동호회 모임에서 술에 대한 개인적 취향을 드러내며 대화하고 있다. 주어진 정보를 보고 항상 참인 것을 고르면?

정보

- C와 B는 미국 술을 좋아하지만, 와인과 맥주에 대한 기호는 서로 다르다.
- A는 와인을 좋아하고, F는 맥주를 좋아한다.
- D는 맥주와 독일 술을 좋아한다.
- 와인과 맥주를 좋아하는 사람의 수는 같다.(모두 둘 중 한 가지만 좋아한다.)
- 미국 술과 독일 술을 좋아하는 사람의 수는 같다.(모두 둘 중 한 가지만 좋아한다.)
- E와 F는 미국과 독일 술에 대한 기호가 같다.

① C는 와인을 좋아한다.
② B는 맥주를 좋아한다.
③ E는 독일 술을 좋아하고, 맥주를 좋아한다.
④ F는 미국 술을 좋아하고, 맥주를 좋아한다.
⑤ C가 와인을 좋아한다면, B는 맥주를 좋아한다.

14

숫자 맞히기 야구 게임의 룰은 한 사람이 1부터 9까지 숫자 중 서로 다른 숫자를 세 개 골라서 배열한 다음, 술래가 그 숫자 배열을 맞히는 게임이다. 술래가 그 세 자리 배열의 수를 불렀을 때 같은 숫자가 존재하면 존재한 만큼 1볼, 2볼, 3볼로 알려주고, 존재하지 않으면 아웃이라고 말한다. 만약 숫자와 자리수까지 일치한다면 1스트라이크, 2스트라이크, 정답이라고 말해준다. 주어진 조건을 보고 참인 것을 고르면?

조건

- A는 룰에 맞도록 세 자리수를 생각했고, B는 그것을 맞추기 위해 게임을 시작했다.
- B는 236이라고 말했고, A는 아웃이라고 말했다.
- B는 457이라고 말했고, A는 1스트라이크, 1볼이라고 말했다.
- B는 489라고 말했고, A는 1스트라이크라고 말했다.
- B는 789라고 말했고, A는 아웃이라고 말했다.

① 위 상황에서 A가 생각한 가능한 수는 2가지이다.
② A가 생각한 수의 각 자리 숫자 3개의 합은 9이다.
③ A가 생각한 수는 500보다 크다.
④ A가 생각한 수는 짝수이다.
⑤ A가 생각한 수는 가운데 숫자가 1이다.

[15-17] 주어진 도형에 적용된 규칙을 찾아서 (?)에 해당하는 도형을 고르시오.

15

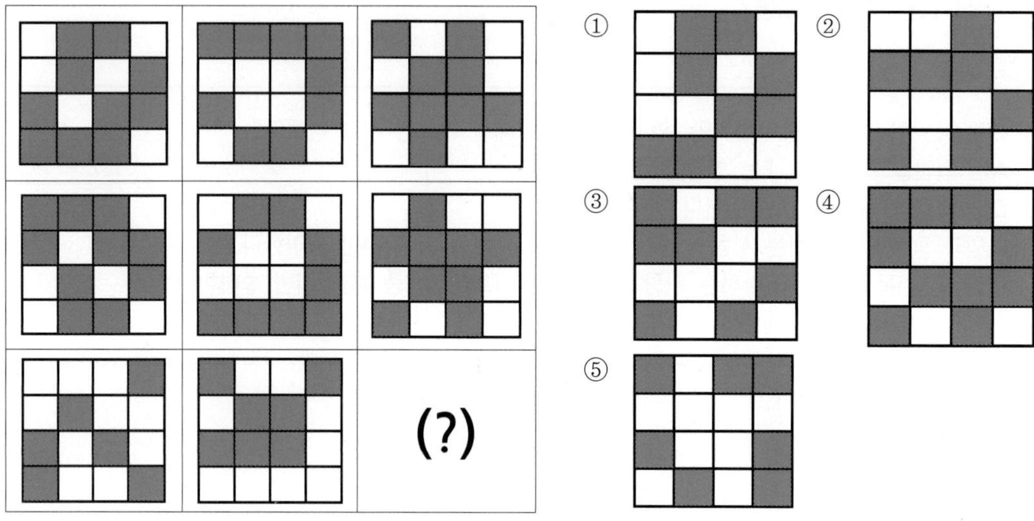

16

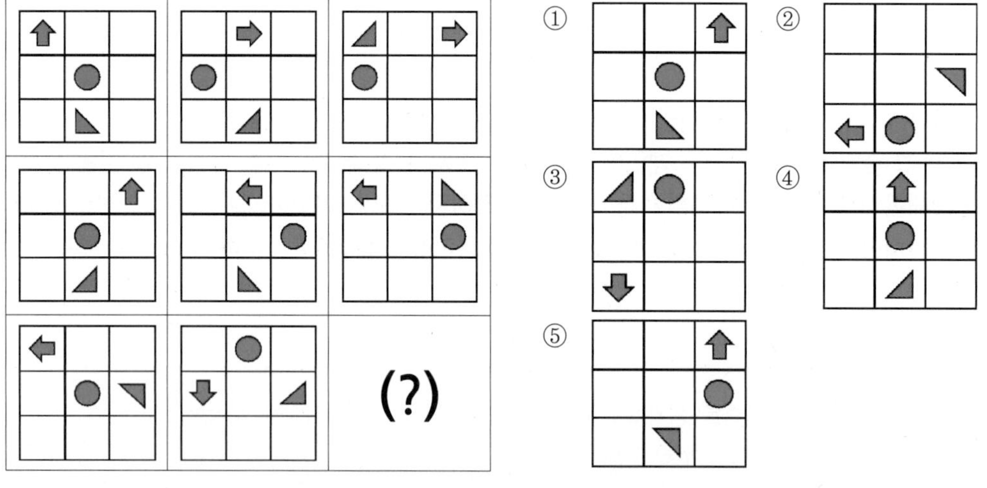

17

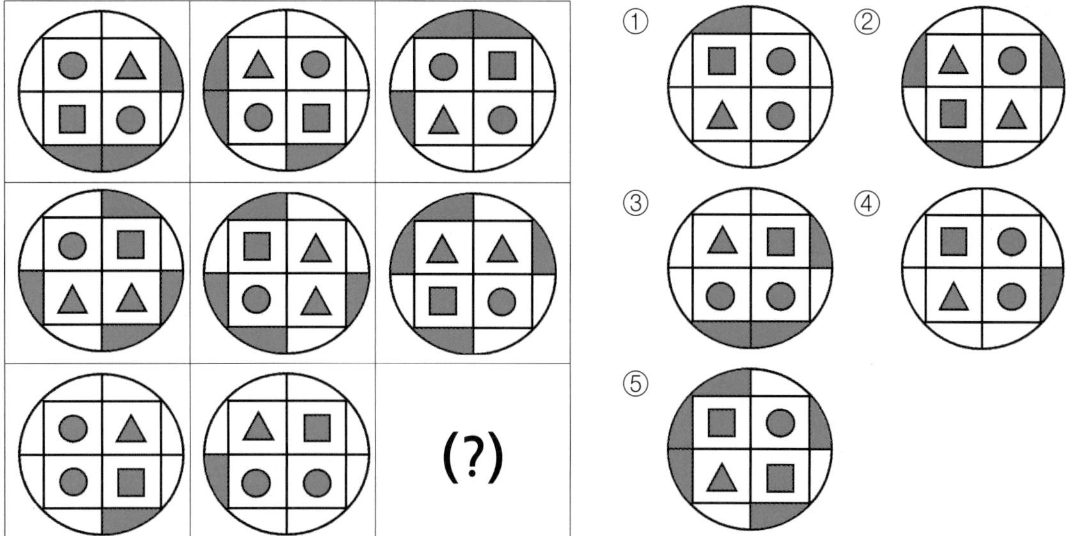

[18~21] 주어진 도형들은 문자와 숫자의 배열을 일정하게 변환하는 규칙이 있다. 이때 각 도형의 규칙을 찾아 문제에 적당한 (?)를 고르시오.

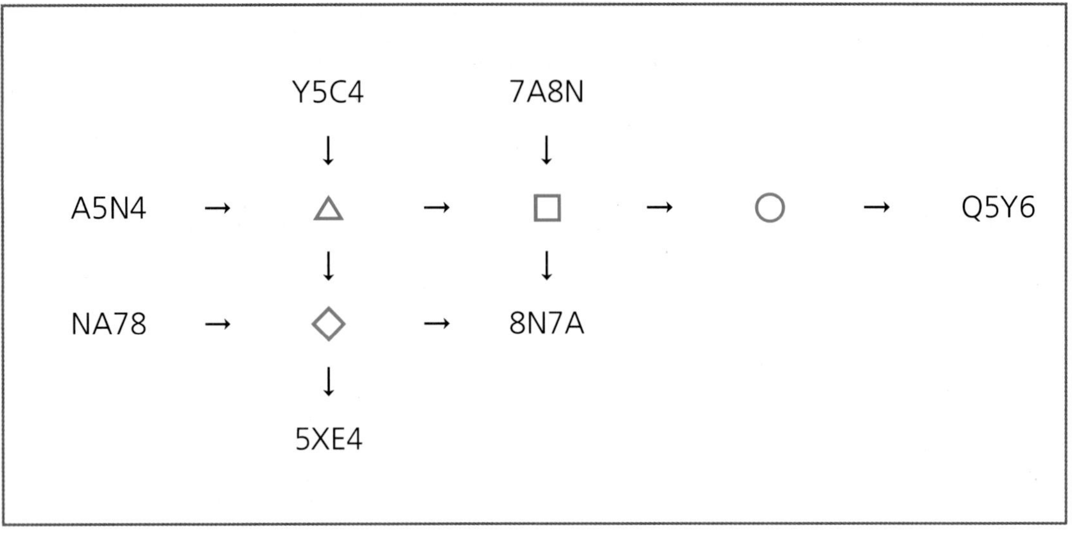

18

4I4Q → ○ → ◇ → (?)

① R53J ② 3J5R ③ 4R5H ④ 65HQ ⑤ S53I

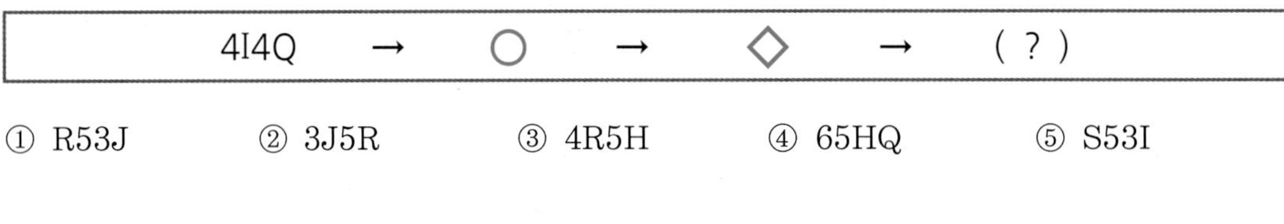

19

2BW4 → □ → △ → (?)

① V34C ② C3W4 ③ 4C3W ④ Y35B ⑤ AY35

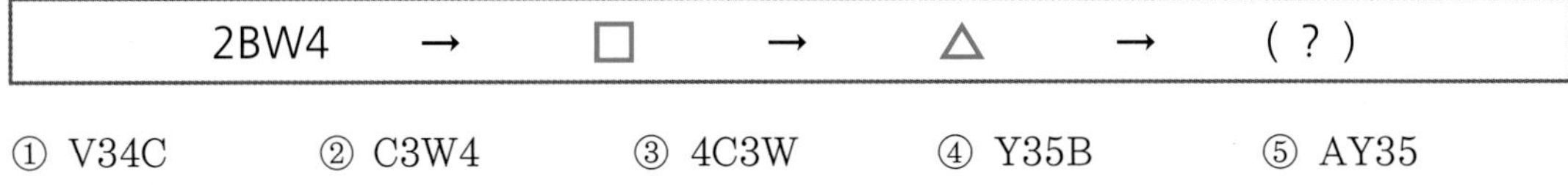

20

XA75 → ○ → □ → ◇ → (?)

① B7X6 ② B6X5 ③ CZ47 ④ A6Y7 ⑤ 4ZB6

21

KR23 → □ → ◇ → △ → (?)

① 3NR1 ② 1RN3 ③ Q1M4 ④ 2M3Q ⑤ S24K

22

주어진 단어쌍의 관계를 유추하여 빈칸에 들어갈 알맞은 단어를 고르면?

미덥다 : 수상하다 = 간약하다 : (　　　)

① 화려하다 ② 간편하다 ③ 단순하다
④ 가뿐하다 ⑤ 강하다

23

주어진 단어 쌍의 관계가 다른 하나를 고르면?

① 의자 – 나무
② 도자기 – 흙
③ 반지 – 금
④ 옷 – 면
⑤ 책 – 연필

24

주어진 내용이 모두 참이라고 할 때, 반드시 거짓인 것을 고르면?

> 전고체전지는 전해질을 액체가 아닌 고체로 사용하는 2차 전지이다. 충전 시에는 양극에서 리튬이온이 전해질을 통해 음극으로 이동하고, 방전 시에는 음극에서 리튬이온이 전해질을 통해 양극으로 이동하는 구조이다. 리튬이온전지와 같이 전해질을 액체로 사용하는 2차 전지와 비교하여 여러 가지 장점이 있다. 고체 전해질은 액체 전해질에 비해 화재나 폭발 위험이 적어서 안전하고, 이온 전도도가 높아서 더 많은 에너지를 저장할 수 있다. 또한, 고체 전해질은 액체 전해질에 비해 부식에 강해, 더 오래 사용할 수 있다. 이렇게 장점이 많은 전고체전지의 상용화를 위해서는 몇 가지 난제들을 해결해야 한다. 우선, 리튬이온의 이동력을 높이면서도 안정성과 내구성이 뛰어난 고체 전해질 개발 기술이 필요하다. 그리고 고체 전해질과 잘 반응하면서도 높은 에너지 밀도를 가진 전극을 개발하는 기술도 필요하다. 마지막으로 한 가지 중요한 기술이 더 필요하다. 바로 고체 전해질과 전극을 안정적으로 제조하는 공정 기술이다. 현재에도 전고체전지의 상용화를 위해 다양한 연구가 진행되고 있다. 만약 전고체전지가 상용화되면, 더 안전하고 효율적인 2차 전지를 사용할 수 있게 될 것으로 기대된다.

① 전고체전지는 여러 가지 장점이 있어서 만약 상용화가 된다면 기존 2차 전지를 대체할 것이다.
② 전고체전지에서 리튬이온이 전해질을 통해 방전 시에는 음극에서 양극으로 이동한다.
③ 리튬이온전지와 전고체전지는 전해질의 차이는 있지만, 모두 2차 전지에 속한다.
④ 전고체전지에 필요한 우수한 고체 전해질과 전극의 개발 기술만 확보되면 상용화가 가능하다.
⑤ 전고체전지는 기존 제품보다 내구성과 안전성이 좋아서 사용하기에 유리한 이점이 있다.

25

주어진 내용이 모두 참이라고 할 때, 반드시 거짓인 것을 고르면?

경기동향지수(Diffusion Index)는 경기의 변화 방향을 나타내는 지표다. 경기동향지수는 0~100 사이의 숫자로 표시되며, 50 이상이면 경기가 확장되고 있다고 판단하고, 50 미만이면 경기가 위축되고 있다고 판단한다. 경기동향지수는 크게 선행지수, 동행지수, 후행지수로 구분된다. 선행지수는 경기의 향후 흐름을 예측하는 데 도움이 되는 지표다. 선행지수의 대표적인 예로는 기업의 설비투자, 신규채용, 수출입 증가율 등이 있다. 동행지수는 현재 경기 상황을 나타내는 지표다. 동행지수의 대표적인 예로는 산업생산, 소비자물가, 실업률 등이 있다. 후행지수는 경기의 과거 흐름을 나타내는 지표다. 후행지수의 대표적인 예로는 소매판매액, 민간소비, 수출입액 등이 있다. 경기동향지수는 정부, 기업, 개인 등 다양한 경제 주체들이 경기를 판단하고 의사결정을 내리는 데 중요한 지표로 사용된다. 한국의 경우, 통계청에서 경기동향지수를 매월 제조업, 비제조업, 서비스업으로 구분하여 발표하고 있다. 경기동향지수는 경기의 전반적인 움직임을 파악하는 데 중요한 지표이지만, 완벽한 지표는 아니다. 다양한 경제 지표를 종합적으로 고려하여 산출되기 때문에 지표별로 편차가 발생할 수 있다. 또한, 과거의 데이터를 기반으로 산출되기 때문에 미래의 경기를 정확하게 예측할 수는 없다. 따라서 경기동향지수는 다른 경제 지표와 함께 종합적으로 고려하여 사용해야 한다.

① 경기동향지수만으로 경기를 정확하게 예측하기는 어렵다.
② 경기동향지수가 45이면 경기가 위축되고 있다고 판단할 수 있다.
③ 경기동향지수 중 후행지수는 경기의 향후 흐름을 예측하는 지표다.
④ 통계청 자료를 살펴보면 경기동향지수를 볼 수 있다.
⑤ 경기동향지수는 다양한 주체가 경기를 판단하고 의사결정을 내리는 데 사용된다.

26

주어진 글을 읽고 아래 [보기]를 이해한 것으로 적절한 것을 고르면?

한 나라의 식문화는 기후, 자원, 사회적 배경에 기인하는 경우가 많다. 유럽은 역사상 여러 번의 전염병으로 많은 인구를 잃었다. 대부분 물에 의한 전염으로 몸에 물을 대는 것조차 두려워서 잘 씻지 않던 시대도 있을 정도였다. 이 과정에서 옛날부터 물을 직접 마시기보다는 와인이나 맥주로 제조하여 좀 더 안전하게 물을 섭취하는 방법을 고안해 왔다. 그들의 주변에서 쉽게 구할 수 있는 보리와 포도는 이를 해결할 수 있게 해주었다. 자연스럽게 맥주와 와인 가공 기술도 발전하면서 유럽에서는 식사를 하면서 물 대신 와인과 맥주를 마시는 문화가 자리잡았다. 또한 유럽의 물은 석회질이 많아서 찬물로 마시기에는 적합하지 않다. 이러한 이유로 그들은 맥주와 와인을 물처럼 마시기 시작했다.

보기

'얼죽아'라는 말이 있을 정도로 우리나라에서는 찬 음료를 좋아한다. 한국 내 스타벅스의 매출 중 75%가 찬 음료일 정도다. 특히 물을 마실 때 우리나라에서는 찬물을 선호한다. 하지만 중국에서는 전통적으로 찬물은 몸에 해롭다고 여겨져 왔다. 중국의 전통 의학인 중의학에서는 찬물은 위장 활동을 방해하고, 소화불량을 유발한다고 믿는다. 또한, 찬물은 몸의 기를 빼앗아 가서, 건강을 해친다고 생각한다. 이렇게 생각하게 된 이면에는 중국의 많은 지역에서 우리나라와 다르게 수질이 좋지 않아서 찬물을 바로 마시면 식중독이나 설사 등의 질병에 걸릴 위험이 있는 환경적 요인도 있다. 그래서 중국에서는 옛날부터 따뜻한 차를 마시는 것이 일반적이다.

① 중국에서 차를 좋아하는 이유는 맥주 양조 기술이 발전하지 못했기 때문이야.
② 중국인들은 선천적으로 위장이 좋지 않아 찬물 대신 따뜻한 차를 마시는구나.
③ 우리나라에서 찬물을 선호할 수 있었던 이유는 우리나라의 수질이 좋았기 때문일 거야.
④ 유럽인들은 와인과 맥주를 많이 마시기 때문에 우리나라보다 알콜 중독 문제가 심할 거야.
⑤ 우리나라는 찬 음료를 많이 마시기 때문에 이로 인해 다른 나라보다 스타벅스 매출이 높을 거야.

27

주어진 주장에 대한 반박으로 가장 타당한 것을 고르면?

우리나라의 층간 소음 문제는 심각한 사회 문제로 떠오르고 있다. 이웃으로 인한 층간 소음은 심리적 불안과 우울증을 유발할 수도 있다. 그리고 심한 경우 이웃 간 폭력으로까지 이어지기도 한다. 이러한 층간 소음 문제의 심각성을 인식하고, 정부와 지자체는 다양한 정책을 추진하고 있다. 하지만, 층간 소음의 근본적인 원인을 해결하기에는 역부족이라는 지적이 많다. 층간 소음의 근본적인 원인은 바로 법적 규제가 미비하다는 것이다. 만약 큰 층간 소음으로 피해를 주는 이웃이 발생한다면 지금보다 처벌 수위를 강화하여 처벌해야 한다. 그리고 층간 소음으로 피해를 입은 주민들에게 피해 보상을 더욱 강화한다면, 피해 주민들의 권리를 보호하고 층간 소음 문제 해결에 대한 동기 부여를 할 수 있을 것이다. 이제 층간 소음 문제는 이웃 간의 갈등을 넘어 사회의 안정을 위협하는 심각한 문제로 방치하면 안되는 수준에 이르렀다. 반드시 큰 소음으로 이웃을 괴롭히는 사람들에 대해 강력한 법적 규제를 해야 한다. 이를 통해 층간 소음의 근본적인 원인을 해결하고, 피해 주민들의 권리를 보호해야 할 것이다.

① 층간 소음을 법적으로 규제하려면 피해가 되는 층간 소음의 정도를 법적으로 먼저 규정할 수 있어야 가능할 것이다.
② 우리나라 건물 구조상 층간 소음이 없기는 어렵다. 이웃끼리 이해하며 살아야 한다.
③ 법적 규제보다 더 중요한 것은 이웃을 서로 배려하는 마음이다.
④ 층간 소음에 대한 법적 규제를 강화하기 이전에 건물을 건축할 때 층간 소음이 최소화되도록 건축법을 더욱 강화해야 한다.
⑤ 최근 층간 소음 문제는 어느 정도 안정화되어 있다.

28

주어진 주장에 대한 반박으로 가장 타당한 것을 고르면?

수술실 CCTV 법적 의무화는 최근 사회적으로 큰 관심을 받고 있는 이슈이다. 이는 환자의 안전을 보호하고, 의료 질을 향상시킬 수 있다는 주장이 제기되고 있다. 이런 수술실 CCTV 설치는 많은 긍정적인 측면이 있다. 우선, 환자의 안전을 보호할 수 있다. 수술실 CCTV를 설치하면 수술 과정을 실시간으로 녹화하고, 이를 통해 의료사고 발생 시 원인을 규명하고, 책임자를 처벌할 수 있다. 또한, 수술실 CCTV는 의료진의 부주의나 의료사고를 예방하는 데에도 도움이 될 수 있다. 그리고 의료 질을 향상시킬 수 있다. 수술실 CCTV를 설치하면 의료진의 업무가 투명해지고, 의료진의 책임감이 높아질 수 있다. 그리고 수술 과정을 기록하고 분석함으로써 의료진의 실력을 향상시키고, 의료 행정의 효율성을 높일 수 있다. 또, 의료 소비자의 권리를 보호할 수 있다. 수술실 CCTV를 설치하면 혹시 모를 추행을 방지할 수 있으며 환자의 불안감을 해소하고, 의료 서비스에 대한 신뢰를 높일 수 있다. 이처럼 수술실 CCTV 설치는 환자의 안전을 보호하고, 의료 질을 향상시키며, 의료 소비자의 권리를 보호하는 데 도움이 될 수 있는 제도로 긍정적인 면만 가져온다. 따라서, 수술실 CCTV 설치를 법적으로 의무화하는 방안을 적극적으로 검토해야 할 것이다.

① 수술실 CCTV를 녹화해도 의료 사고를 막을 수는 없다.
② 수술실 CCTV 영상은 언제든 삭제 • 편집할 수 있다.
③ 수술실 CCTV를 녹화해도 어차피 수술 과정을 기록하고 분석하는 데에 쓰지 않을 것이다.
④ 수술실 CCTV 영상 유출과 같은 개인 피해를 볼 수 있는 부정적인 면도 존재한다.
⑤ 수술실 CCTV를 녹화해도 수술 중 추행에 대한 불안감은 여전히 남아 있다.

29

주어진 문단을 가장 자연스러운 순서로 배열한 것을 고르면?

(가) 다른 이유는 높은 인건비와 부동산 가격을 꼽는다. 자판기는 인건비와 임대료가 들지 않는다. 더군다나 일본은 이 두 가지가 매우 높기로 유명하기 때문에 충분히 가능한 이야기다. 또한, 다른 나라에 비해 높은 야근율은 시간이 없는 직장인들이 자판기를 찾게 만드는 원인일 수 있다고 말한다. 하지만 가장 설득력이 있는 이유는 일본의 국민성에 있다는 주장이다.

(나) 그렇다면 왜 일본은 이처럼 자판기 문화가 성장하게 된 걸까? 한가지 이유로 낮은 범죄율을 뽑는 사람들이 있다. 밖에 설치하는 자판기는 치안이 좋지 못한 국가에서는 꿈도 못 꿀 일이다. 하지만 일본은 자판기를 어디에 두든 도난될 염려가 덜 하다. 그런데 우리나라도 치안이 좋기로 유명한 나라다. 단순히 일본에 자판기가 많은 이유를 치안으로 꼽기에는 무리가 있다.

(다) 그뿐만 아니라 일본의 자판기는 음료, 간식 등 다양한 상품을 판매하고 있다. 예를 들어, 과일, 야채, 냉동식품, 화장품, 티켓, 기프트 카드 등 파는 물건의 종류를 세는 것보다 안 파는 물건의 수를 세는 게 더 빠를 거라는 이야기까지 나온다.

(라) 일본은 낯선 사람을 경계하고, 그것에 스트레스를 받는 경향이 있다. 그 이유는 사무라이 시절까지 올라간다. 그런 이유로 대면 없이 편하게 물건을 살 수 있는 자판기를 선호한다는 이야기이다. 일본의 자판기 사랑은 정점을 찍고, 편의점에 점유율을 잃고 있는 상황이었지만, 코로나 시대를 지나면서 다시 자판기의 인기가 올라가는 상황이다.

(마) 2023년 12월 기준 일본에는 약 405만 개의 자판기가 있다. 세계에서 인구 1인당 가장 많은 자판기가 있는 국가이다. 미국의 자판기 수는 일본보다 많지만 밀도로 보면 일본이 압도적으로 많다. 같은 문화권인 우리나라와 중국을 비교해도 일본의 자판기 수는 많아도 너무 많은 수준이다.

① (나) (가) (라) (마) (다)
② (라) (나) (가) (다) (마)
③ (라) (마) (다) (나) (가)
④ (마) (나) (가) (라) (다)
⑤ (마) (다) (나) (가) (라)

30

주어진 문단을 가장 자연스러운 순서로 배열한 것을 고르면?

(가) 온실가스 배출량 감소를 위한 효과적인 수단이다. 원자력발전은 화석연료 발전에 비해 온실가스 배출량이 적기 때문에, 기후변화 대응을 위한 효과적인 수단이 될 수 있다. 또한 안정적인 전력 공급을 가능하게 한다. 우리나라는 전력 수요가 급증하고 있지만, 화석연료 자원이 부족하다. 원자력발전은 안정적인 전력 공급을 가능하게 한다. 그리고 원자력 발전소 건설과 운영에는 많은 인력이 투입되기 때문에, 원자력발전은 일자리 창출 효과가 크다.

(나) 이처럼 대한민국의 원자력발전 유지 여부는 결코 쉽지 않은 결정이다. 대한민국의 원자력발전 유지 여부를 결정하기 위해서는 기후변화 대응을 위한 국가적 목표, 전력 수급의 안정화, 원자력 발전의 안전성과 경제성, 재생에너지 발전 기술의 수준과 같은 사항을 종합적으로 고려해야 할 것이다. 결국, 이 문제는 국민과 국가의 안전과 환경, 경제적 가치 등을 충분히 판단하고 결정을 내려야 한다.

(다) 대한민국은 전 세계에서 원자력발전 비중이 높은 국가 중 하나이다. 2023년 기준으로, 우리나라의 원자력발전 비중은 약 28%로, 이는 OECD 국가 중 가장 높은 수준이다. 원자력발전은 화석연료 발전에 비해 온실가스 배출량이 적고, 안정적인 전력 공급이 가능하다는 장점이 있다. 또한, 원자력 발전소는 일자리 창출 효과가 크다는 장점도 있다.

(라) 반대로 원자력발전을 부정적으로 보는 견해도 있다. 원자력 발전은 방사능 누출 사고의 위험이 있고, 대규모 인명 피해와 환경 오염을 초래할 수 있다. 또한 원자력 발전소 폐기물 처리 문제가 심각하다. 원자력 발전소의 폐기물은 매우 오랜 시간 동안 방사능을 방출하기 때문에, 안전하게 처리하는 것이 매우 어렵다.

(마) 그러나, 원자력발전은 방사능 누출 사고의 위험이 있다는 단점이 있다. 또한, 원자력 발전소의 폐기물 처리 문제가 심각하다는 지적도 있다. 이러한 점을 고려할 때, 대한민국의 원자력발전을 유지할 것인지 줄일 것인지에 대한 논의가 활발하게 이루어지고 있다. 원자력발전 유지의 찬성 의견은 크게 다음과 같다.

① (가) (라) (마) (다) (나)
② (가) (마) (다) (나) (라)
③ (다) (가) (나) (라) (마)
④ (다) (나) (마) (가) (라)
⑤ (다) (마) (가) (라) (나)

실전 모의고사 2회 완료

수고하셨습니다.

3 실전 모의고사 3회

■ 시험구성

영역	유형	문항	총 문항	시간
Ⅰ 수리논리	응용계산	2문제	**20문제**	30분
	자료해석	18문제		
Ⅱ 추리	명제	3문제	**30문제**	30분
	조건추리	11문제		
	도형추리	3문제		
	도식추리	4문제		
	어휘추리	2문제		
	독해	7문제		

실전과 같은 마음으로 시각을 정확히 준수하여 학습하시기 바랍니다.

수리논리(30분) 시작 ______시 ______분 ~ 종료 ______시 ______분
추리(30분) 시작 ______시 ______분 ~ 종료 ______시 ______분

다음 페이지부터 시작!

I 수리논리

20문제 / 30분

01

어떤 매장에서 갤럭시Z, S, A의 총재고는 120개이다. 갤럭시S의 재고량은 갤럭시Z의 75%이다. 갤럭시A의 재고량은 갤럭시Z보다 12개 더 적다. 이때 갤럭시S의 재고량과 갤럭시A의 재고량의 합은?

① 60개 ② 66개 ③ 72개
④ 80개 ⑤ 88개

02

A, B 두 선수가 양궁 대결을 하고 있다. 각각의 세트에서 각각 3발씩 슈팅하여 점수의 합산이 더 높은 사람이 그 세트를 얻게 되고 이때 2포인트씩 획득한다. 총 6포인트를 먼저 얻은 선수가 경기에서 승리하게 되는 방식이다. 이때 두 선수의 승부가 5세트에서 결정될 확률은?(단, A와 B의 상대 승률은 50%로 같고, 무승부인 세트는 없었다.)

① $\frac{5}{32}$ ② $\frac{1}{4}$ ③ $\frac{3}{8}$
④ $\frac{9}{16}$ ⑤ $\frac{15}{32}$

03

우리나라 주택 소유 통계에 관한 자료를 보고 옳지 않은 것을 고르면?

[표] 2020~2021 우리나라 주택 소유 통계 (단위: 천 호, 천 명, 호, 천 가구, %)

구분			2020년	2021년	증감
총 주택 수			18,526	18,812	286
		아파트	11,662	11,949	287
개인 기준	개인이 소유한 주택 수(A)		15,968	16,242	274
		아파트	9,647	9,924	277
	주택을 소유한 개인 수(B)		14,697	15,089	392
	소유자 기준 1인당 평균 소유 주택 수(A/B)		1.09	1.08	-0.01
가구 기준	일반 가구 수(C)		20,927	21,448	521
	가구에서 소유한 주택 수(D)		15,983	16,257	274
		아파트	9,655	9,933	278
	주택을 소유한 가구 수(E)		11,730	12,063	333
		가구의 주택소유율(E/C*100)	56.1	56.2	0.1
	소유 가구 기준 가구당 평균 소유 주택 수(D/E)		1.36	1.35	-0.01

① 2021년 주택을 소유한 가구는 평균 1.08호의 주택을 소유하고 있다.

② 2021년 전년 대비 총 주택 수의 증가량은 총 아파트 수의 증가량보다 적다.

③ 2021년 전년 대비 개인이 소유한 주택 수의 증가량은 개인이 소유한 아파트 수의 증가량보다 적다.

④ 2020년 일반 가구 중에서 주택을 소유한 가구의 비율은 56.1%이다.

⑤ 2020년, 2021년 모두 개인이 소유한 주택 수보다 가구에서 소유한 주택 수가 더 많았다.

04

2023년 8월 취업자 구성비가 10% 이하인 모든 직업군의 취업자 수는 전월 대비 몇 명 증가하였는지 계산하여 고르면?

[표] 2023년 7월~8월 우리나라 직업별 취업자 (단위: 천 명, %, 전년동월대비)

구분	23년 7월			23년 8월		
	취업자	구성비	증감	취업자	구성비	증감
합계	28,686	100.0	211	28,678	100.0	268
관리자	488	1.7	40	482	1.7	32
전문가 및 관련 종사자	6,194	21.6	279	6,190	21.6	294
사무종사자	4,979	17.4	105	4,942	17.2	79
서비스종사자	3,520	12.3	222	3,513	12.3	217
판매종사자	2,625	9.1	-60	2,626	9.2	-66
농림어업숙련종사자	1,592	5.5	-6	1,609	5.6	5
기능원 및 관련 기능종사자	2,302	8.0	-123	2,325	8.1	-78
장치·기계조작 및 조립종사자	3,038	10.6	-18	3,018	10.5	-16
단순노무종사자	3,948	13.8	-227	3,973	13.9	-199

① 3.2만 명　② 3.3만 명　③ 3.4만 명
④ 3.5만 명　⑤ 3.6만 명

05

2023년 8월 주당 평균 18~52시간 일하는 모든 근로자는 2년 전 대비 몇 명 증가하였는지 계산하여 고르면?

[표] 2022~2023 8월 우리나라 근로자 주당 평균 근로시간 (단위: 천 명, %, 전년동월대비)

구분	2022년 8월			2023년 8월		
	근로자	구성비	증감	근로자	구성비	증감
전체	28,410	100.0	807	28,678	100.0	268
36시간 미만	12,369	43.5	1,847	13,682	47.7	1,313
1~17시간	2,403	8.5	62	2,620	9.1	217
18~35시간	9,966	35.1	1,785	11,062	38.6	1,096
36시간 이상	15,439	54.3	-1,016	14,439	50.3	-1,000
36~52시간	12,625	44.4	-899	11,772	41.0	-853
53시간 이상	2,815	9.9	-118	2,668	9.3	-147
일시 휴직	602	2.1	-24	557	1.9	-45

① 112.9만 명 ② 120.5만 명 ③ 125.5만 명
④ 129.2만 명 ⑤ 145.5만 명

06

주어진 비정규직 근로자 규모 및 비중에 관한 자료를 보고 잘못된 것을 고르면?

[그래프] 2016~2022 우리나라 임금 근로자 수 및 비정규직 비중

(단위: 천 명, %)

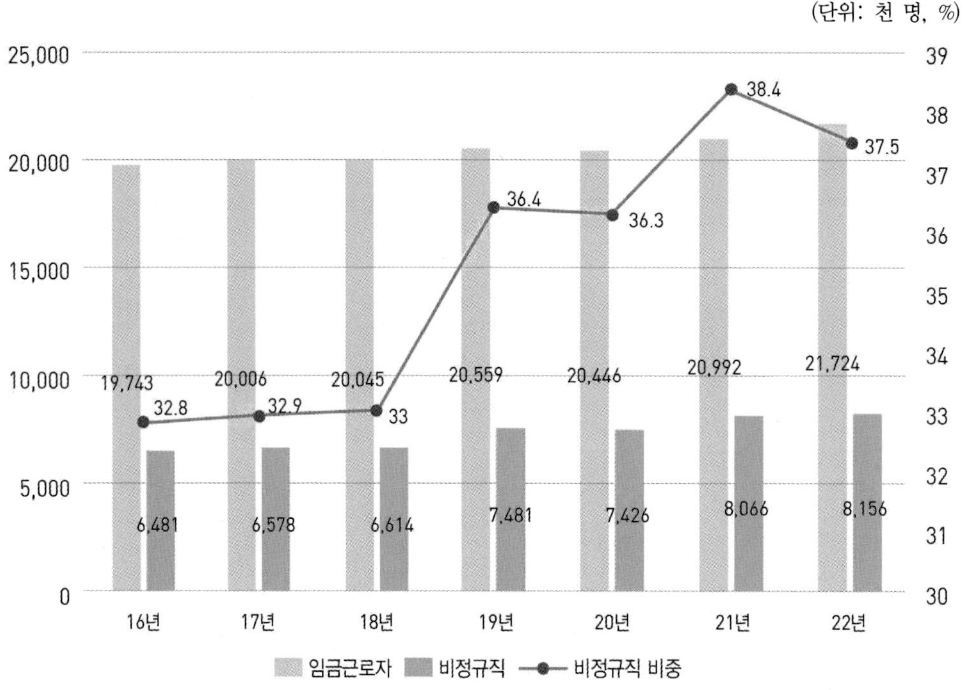

*임금 근로자=정규직+비정규직

① 비정규직 비중이 35% 이하인 해 중에서 임금근로자 중 정규직 수가 가장 많은 해는 2018년이다.

② 2022년 정규직 수가 2021년 정규직 수보다 많다.

③ 2020년은 전년 대비 비정규직 수가 감소하였고, 정규직 수는 증가하였다.

④ 2019년 비정규직의 수는 전년 대비 10% 이상 증가하였다.

⑤ 정규직 수가 가장 적었던 해는 2021년이다.

07

OECD 주요국의 성별 기대수명 변화 자료를 보고 이에 대한 설명으로 옳지 않은 것을 고르면?

[표] OECD 주요국 성별 기대수명 변화

(단위: 년)

구분	1980	1990	2000	2010	2015	2016	2017	2018	2019	2020
전체	66.1	71.7	76.0	80.2	82.1	82.4	82.7	82.7	83.3	83.5
남자(A)	61.9	67.5	72.3	76.8	79.0	79.3	79.7	79.7	80.3	80.5
여자(B)	70.4	75.9	79.7	83.6	85.2	85.4	85.7	85.7	86.3	86.5
차이(B-A)	8.5	8.4	7.4	6.8	6.2	6.1	6.0	6.0	6.0	6.0

*기대수명: 0세 출생자가 향후 생존할 것으로 기대되는 평균 생존년수로 '0세의 기대여명'을 말함

① 2024년 현재 OECD 주요국의 44세인 남자의 기대수명은 61.9세이다.
② 2024년 현재 OECD 주요국의 9세 남자 아이와 여자 아이의 기대수명 차이는 6.2세이다.
③ 1980년 OECD 주요국의 남자는 여자보다 많았다.
④ 2015년에 태어난 여자 아이는 평균 수명을 갖는다면 2,100년에 살아 있을 것이다.
⑤ 여자의 기대수명은 40년 동안 매년 항상 증가하였다.

08

주어진 어가부채 및 어가자산에 관한 자료를 보고 올바르지 않은 설명을 고르면?

[그래프] 2018~2022 우리나라 어가부채 및 자산액

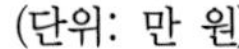
(단위: 만 원)

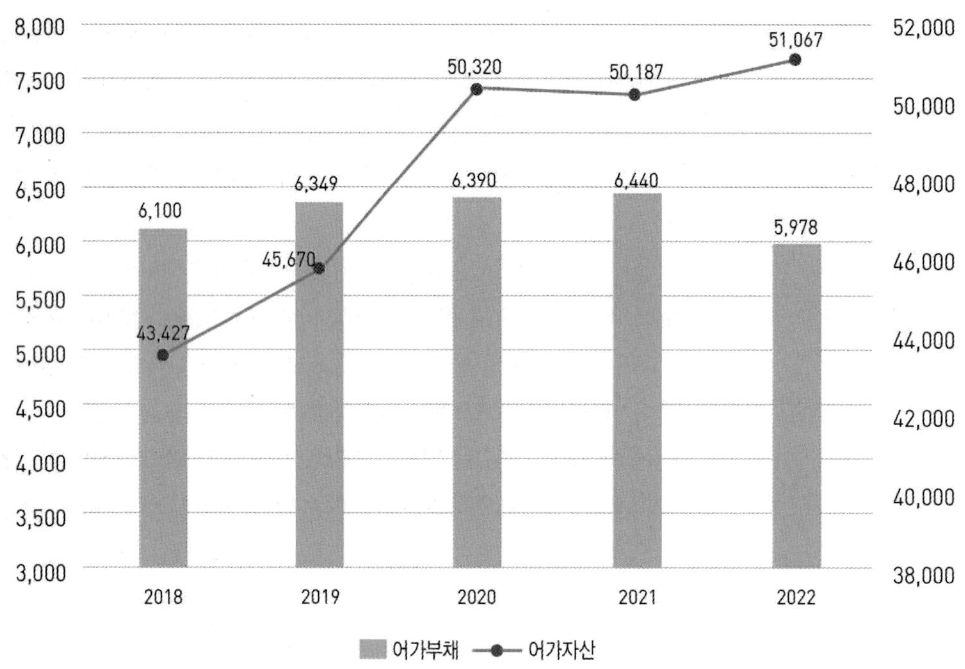

*부채비율=(부채/자산)×100

① 2018년부터 2022년까지 5년간 평균 어가자산은 5억 원을 넘지 않는다.
② 2019년부터 2021년까지 3년간 평균 어가부채는 6,400만 원을 넘지 않는다.
③ 5년간 부채비율이 가장 낮은 해는 2022년이다.
④ 2020년 전년 대비 어가자산 증가율은 10% 이상이다.
⑤ 2022년 전년 대비 어가부채 감소율은 10% 이상이다.

09

주어진 2023년 6월~10월 무역수지 현황을 보고 해석한 내용으로 옳지 않은 것을 고르면?

[표] 2023년 우리나라 월별 무역수지 현황 (단위: 천 건, 백만 불)

구분	6월	7월	8월	9월	10월
수출건수	1,017	904	937	1,014	946
수출금액	54,244	50,508	52,032	54,669	55,083
수입건수	3,572	3,678	3,687	3,621	3,964
수입금액	53,045	48,710	50,987	50,972	53,456
무역수지	1,199	1,798	1,045	3,697	1,627

[그래프] 2023년 월별 주요 3국 무역수지 현황

(단위: 백만 불)

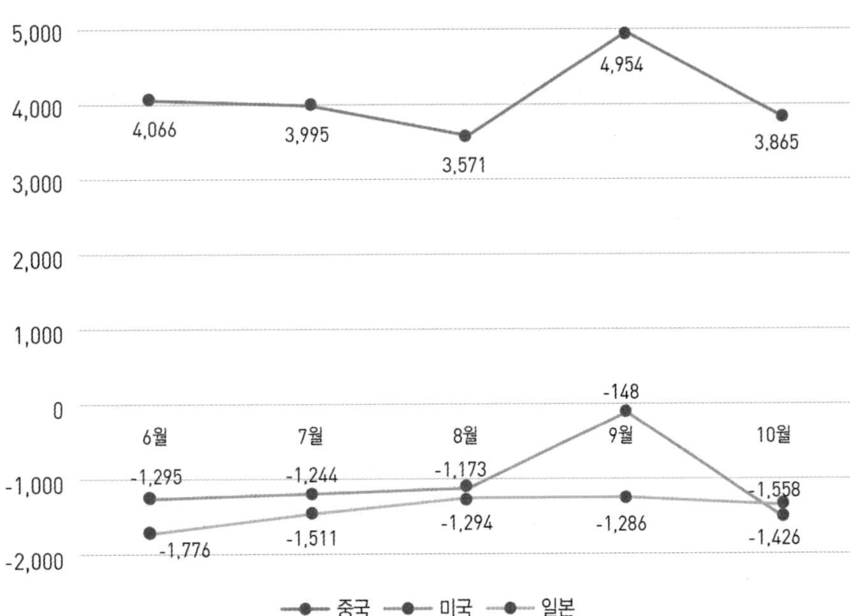

① 주어진 기간 동안 우리나라에게 미국은 항상 무역흑자국, 중국과 일본은 무역적자국이었다.
② 수입건수가 3번째로 많은 달의 수출금액은 이전 달에 비해 300,000만 불 이상 줄었다.
③ 2023년 8월 주요 3국에 대한 총 무역수지는 110,400만 불 흑자이다.
④ 수출금액이 두 번째로 높은 달의 수입건수는 2023년 6월보다 5만 건 이상 높다.
⑤ 이 기간 주요 3국에 대한 합산 무역수지는 항상 흑자였다.

[10-11] 주어진 자료들을 보고 물음에 답하시오.

[표1] 우리나라 산업별 총부채액

(단위: 조 원)

산업별	2020년	2021년	증감
전체	396.5	426.0	29.5
제조업	119.2	126.1	6.9
도・소매업	108.1	108.4	0.3
숙박・음식점업	30.0	33.7	3.7
교육서비스업	4.1	3.9	-0.2
예술・스포츠・여가업	5.3	7.4	2.1
수리・기타서비스업	7.9	9.1	1.2
기타 산업	121.9	137.3	15.4

*산업별 총부채액은 산업 내 모든 사업체의 부채 총액임

[표2] 우리나라 사업체당 부채액

(단위: 백만 원)

산업별	2020년	2021년	증감
전체	168	175	7
제조업	337	364	27
도・소매업	141	140	-1
숙박・음식점업	73	74	1
교육서비스업	52	46	-6
예술・스포츠・여가업	82	107	25
수리・기타서비스업	54	62	8
기타 산업	223	244	21

10

주어진 자료에 대한 설명으로 옳은 것을 모두 고르면?

㉠ 2021년 전년 대비 '도・소매업'의 사업체당 부채액이 줄었지만, 산업별 총부채액은 늘어난 것으로 보아 이 기간 '도・소매업'의 사업체 수가 늘어난 것을 유추할 수 있다.
㉡ 2020년 제조업의 사업체 수를 유추하면 35만 개 이상이다.
㉢ 2021년 전년 대비 모든 산업에서 총부채액이 증가하였다.

① ㉠ ② ㉡ ③ ㉠, ㉡
④ ㉠, ㉢ ⑤ ㉠, ㉡, ㉢

11

2021년 전년 대비 산업별 총부채액 상승률이 가장 높은 산업의 2021년 전년 대비 사업체당 부채액 증가율을 계산하여 고르면?

① 약 20% 증가 ② 약 22% 증가 ③ 약 25% 증가
④ 약 27% 증가 ⑤ 약 30% 증가

[12-13] 주어진 자료들을 보고 물음에 답하시오.

[표1] 지역별 학생 1인당 월평균 사교육비 (단위: 만 원)

구분	전국	서울	광역시	중소도시	읍면지역
2021	36.7	52.9	35.8	35.9	24.7
2022	41.0	59.6	39.5	40.1	28.2
초등학교	37.2	53.6	36.1	36.2	27.6
중학교	43.8	60.5	43.1	43.4	29.7
고등학교	46.0	70.3	43.0	44.8	28.2

*사교육에 참여하지 않은 학생의 경우도 포함된 평균

[표2] 지역별 학생 사교육 참여율 (단위: %)

구분	전국	서울	광역시	중소도시	읍면지역
2021	48.5	64.9	47.1	47.1	36.7
2022	52.4	70.7	50.6	50.7	40.0
초등학교	43.7	58.8	42.3	42.4	34.6
중학교	57.5	74.9	56.1	55.9	44.7
고등학교	69.7	93.7	66.2	66.4	52.7

12

주어진 자료에 대한 설명으로 옳은 것을 모두 고르면?

ㄱ 2022년 '중소도시' 사교육 참여 중학생들의 연평균 사교육비는 900만 원 이상이다.
ㄴ '읍면지역'의 1인당 월평균 사교육비는 2022년에 전년 대비 15% 이상 증가하였다.
ㄷ 2022년 초등학교에서 고등학교까지 고등 교육일수록 '전국' 사교육비와 참여율이 높아진다.
ㄹ 2022년 '읍면지역'은 모든 등급의 학교에서 다른 지역에 비해 사교육비와 참여율이 항상 낮았다.

① ㄱ, ㄷ ② ㄱ, ㄹ ③ ㄷ, ㄹ
④ ㄱ, ㄴ, ㄹ ⑤ ㄱ, ㄷ, ㄹ

13

2022년 사교육에 참여한 '서울' 고등학생의 1인당 월평균 사교육비와 2022년 사교육에 참여한 '전국' 고등학생의 1인당 월평균 사교육비의 차이는 얼마인지 계산하여 적당한 것을 고르면?

① 약 1만 원 ② 약 3만 원 ③ 약 5만 원
④ 약 7만 원 ⑤ 약 9만 원

[14-15] 주어진 자료들을 보고 물음에 답하시오.

[표1] 우리나라 전·겸업 농가수지

(단위: 천 원, %)

구분		2021 소득	2022 소득				
				증감률	가계 지출	자산	부채
전체		47,759	46,153	-3.4	35,696	616,467	35,022
전업 농가*		39,967	35,175	-12	30,140	618,296	27,347
겸업 농가	1종 겸업**	55,853	53,641	-4	36,810	601,394	49,912
	2종 겸업***	57,056	60,251	5.6	43,568	617,928	42,217

*전업 농가: 연간 30일 이상 농사 이외의 일에 종사한 가구원이 없는 농가
**1종 겸업 농가: 겸업 농가 중 농업 총수입이 농업 외 수입보다 많은 농가
***2종 겸업 농가: 겸업 농가 중 농업 총수입이 농업 외 수입보다 적은 농가

[표2] 우리나라 주·부업별 농가수지

(단위: 천 원, %)

구분		2021 소득	2022 소득				
				증감률	가계 지출	자산	부채
전체		47,759	46,153	-3.4	35,696	616,467	35,022
주업 농가	전문 농가*	62,884	56,226	-10.6	37,311	733,376	51,338
	일반 농가**	26,851	24,305	-9.5	25,359	479,825	9,652
부업 농가***		55,526	57,245	3.1	43,524	692,395	44,815
자급 농가****		39,331	40,234	2.3	32,449	439,523	26,783

*전문농가: 경지 규모 3ha 이상 또는 농업 총수입 2,000만 원 이상 농가
**일반농가: 경지 규모 3ha 미만이면서 농업 총수입 2,000만 원 미만 농가
***부업농가: 경지 규모 30a 이상 또는 농업 총수입 200만 원 이상 농가 중 농업 외 수입이 농업 총수입보다 많은 농가
****자급농가: 경지가 없거나, 30a 미만 농가 중 농업 총수입이 200만 원 미만인 농가

14

주어진 자료에 대한 설명으로 옳은 것을 고르면?

① 겸업 농가 중 농업 총수입이 농업 외 수입보다 많은 농가를 '2종 겸업 농가'라 한다.
② 경지 규모가 2ha이고 농업 총수입이 2,500만 원인 농가는 '일반 농가'이다.
③ 2022년 우리나라 '부업 농가'의 자산은 '전업 농가'의 자산보다 7,500만 원 이상 높다.
④ 2022년 '전문 농가'의 자산 대비 부채 비율은 10%가 넘는다.
⑤ 자급 농가의 소득은 2022년에 전년 대비 2% 이상 증가했다.

15

2021년 '주업 농가' 중 '전문 농가'와 '일반 농가' 비가 2:3이라고 할 때, 2021년 '주업 농가'의 평균 소득을 계산하여 가장 가까운 것을 고르면?

① 4,126만 원
② 4,134만 원
③ 4,145만 원
④ 4,156만 원
⑤ 4,166만 원

[16-17] 주어진 자료들을 보고 물음에 답하시오.

[표1] 2021 지역별 사업체당 임차료

(단위: 만 원)

지역별	보증부 월세		무보증부 월세	전세
	보증금	월세		
전국 평균	2,166	118	73	6,310
서울	2,382	145	74	8,678
부산	2,472	108	85	5,007
대구	1,931	98	50	6,917
인천	2,128	127	78	7,161
광주	2,154	97	107	5,549
대전	1,893	97	67	4,879
울산	2,108	105	63	4,585
세종	2,226	117	72	6,472
경기	2,330	137	91	7,170
강원	1,587	74	79	3,696
충북	1,922	82	50	4,189
충남	2,001	93	77	4,792
전북	2,089	84	51	4,960
전남	1,529	77	43	3,150
경북	1,587	76	72	5,002
경남	2,011	88	46	4,971
제주	1,415	92	56	6,391

[표2] 2020 지역별 사업체당 임차료

(단위: 만 원)

지역별	보증부 월세		무보증부 월세	전세
	보증금	월세		
전국 평균	2,002	112	78	5,268
서울	2,225	143	73	7,240
부산	2,091	93	89	5,729
대구	1,735	101	75	5,756
인천	2,073	129	76	6,585
광주	1,871	97	69	2,877
대전	1,688	85	52	4,290
울산	1,829	93	101	7,708
세종	2,192	121	56	6,311
경기	2,148	128	102	5,655
강원	1,245	73	73	5,202
충북	1,893	82	47	4,028
충남	1,656	89	77	2,743
전북	1,902	79	70	2,935
전남	1,832	84	49	4,644
경북	1,571	73	48	2,956
경남	2,088	77	113	3,464
제주	1,131	95	65	8,952

16

주어진 자료를 보고 바른 설명이 아닌 것을 고르면?

① 2020년 월세 보증금이 네 번째로 높은 지역의 2021년 전세금은 전국 평균보다 1,000만 원 이상 낮다.
② 2021년 전세금이 네 번째로 높은 지역은 2020년에는 여섯 번째로 높았다.
③ 2021년 '무보증부 월세금'이 전국 평균보다 낮은 지역은 10개 지역이 있다.
④ 2021년 보증부 월세금이 네 번째로 높은 지역은 2020년 무보증부 월세금이 전국 평균보다 높았다.
⑤ 2020년 서울보다 보증부 월세금이 높은 곳은 없다.

17

2020년과 2021년 모두 전세금이 6,000만 원 이상인 지역들의 2020년 월세 보증금 평균액을 계산해서 적당한 것을 고르면?

① 1,905만 원　② 1,916만 원　③ 2,012만 원
④ 2,132만 원　⑤ 2,231만 원

18

질병에 걸린 실험용 쥐를 대상으로 신약 투여량에 따른 생존 시간에 대한 자료이다. 자료를 보고 빈칸에 해당하는 값을 계산하여 고르면?

[표] 신약 투여량 및 생존 시간 (단위: g, 시간)

구분	실험1	실험2	실험3	실험4
투여량	(㉠)	7	2	5
생존 시간	21	133	(㉡)	65

$$생존시간 = (투여량)^2 \times a - (투여량) \times b$$

	㉠	㉡
①	1	12
②	1	15
③	3	8
④	3	15
⑤	3	21

19

우리나라 대표자 연령대별 사업체 수에 관한 자료이다. 이를 바탕으로 연령별 구성비를 올바르게 작성한 것을 고르면?

[표] 대표자 연령대별 사업체 수

(단위: 개, %)

구성	2021년	2022년	증감	증감률
전체	6,079,702	6,141,263	61,561	1.0
20대 이하(29세 이하)	253,075	261,611	8,536	3.4
30대(30~39세)	848,879	875,660	26,781	3.2
40대(40~49세)	1,610,586	1,614,255	3,669	0.2
50대(50~59세)	1,945,686	1,950,840	5,154	0.3
60대 이상(60세 이상)	1,421,476	1,438,897	17,421	1.2

① (단위: %)

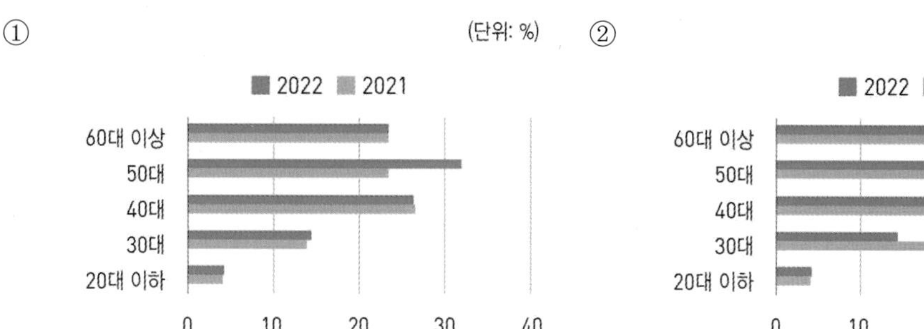

② (단위: %)

③ (단위: %)

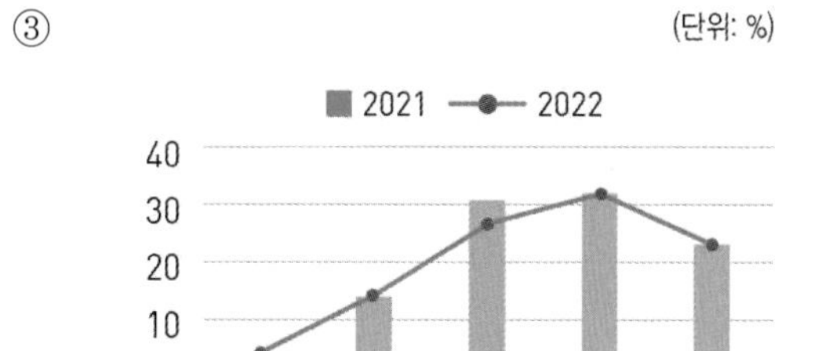

④ (단위: %)

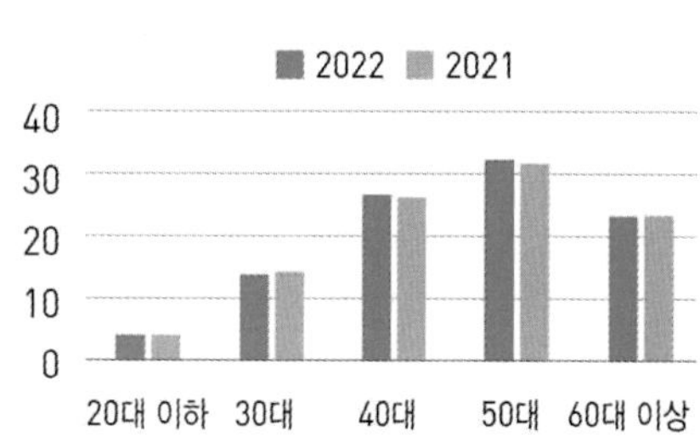

⑤ (단위: %)

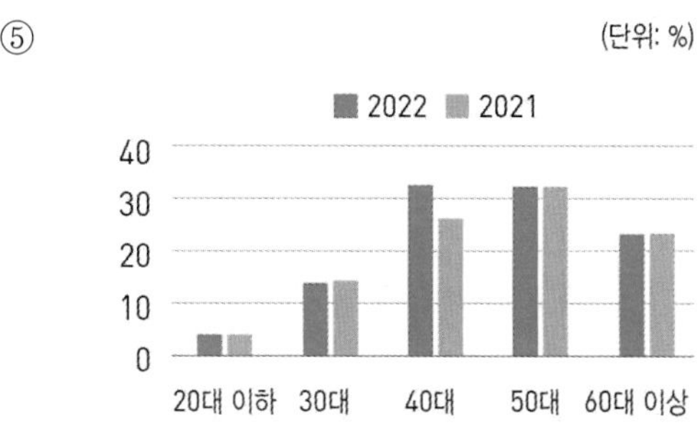

20

핸드폰 A 시리즈와 핸드폰 B 시리즈의 월별 판매량을 나타낸 자료이다. 판매량은 일정한 규칙으로 변화할 때 처음으로 핸드폰 B 시리즈가 핸드폰 A 시리즈의 월간 판매량의 2배가 되는 때를 고르면?

[표] 영업 실적 수 (단위: 대)

구분	2023년 1월	2023년 2월	2023년 3월	2023년 4월	2023년 5월
핸드폰 A	1,000	985	970	955	940
핸드폰 B	200	210	230	270	350

① 2023년 9월 ② 2023년 10월 ③ 2023년 11월
④ 2023년 12월 ⑤ 2024년 1월

실전 모의고사 3회

I 수리논리 완료

다음 페이지

II 추리 시작

추리

30문제 / 30분

01

주어진 전제를 통해 항상 참인 결론을 고르면?

전제1	청결한 사람은 맥주를 좋아한다.
전제2	중국을 좋아하는 사람은 맥주를 좋아하지 않는다.
결론	

① 중국을 좋아하는 어떤 사람은 청결하다.
② 청결한 모든 사람은 중국을 좋아한다.
③ 중국을 좋아하지 않는 모든 사람은 청결하다.
④ 청결하지 않은 어떤 사람은 중국을 좋아한다.
⑤ 청결하지 않는 사람은 중국을 좋아하지 않는다.

02

주어진 결론이 반드시 참이 되게 하는 전제를 고르면?

전제1	서울에 있는 어떤 사람은 떡볶이를 먹는다.
전제2	
결론	서울에 있는 어떤 사람은 순대를 먹는다.

① 순대를 먹지 않는 사람은 떡볶이를 먹는다.
② 순대를 먹는 사람은 떡볶이를 먹는다.
③ 떡볶이를 먹는 사람은 순대를 먹지 않는다.
④ 떡볶이를 먹는 사람은 순대를 먹는다.
⑤ 떡볶이를 먹는 어떤 사람은 순대를 먹지 않는다.

03

주어진 전제를 통해 항상 참인 결론을 고르면?

전제1	점보라면을 먹은 사람은 소화를 잘한다.
전제2	점보라면을 먹은 사람 중에는 낮잠을 좋아하는 사람이 있다.
결론	

① 낮잠을 좋아하는 사람 중에는 소화를 잘하지 못하는 사람이 있다.
② 소화를 잘하는 사람은 낮잠을 좋아한다.
③ 낮잠을 좋아하는 사람은 소화를 잘한다.
④ 소화를 잘하는 사람 중에는 낮잠을 좋아하지 않는 사람이 있다.
⑤ 낮잠을 좋아하는 사람 중에는 소화를 잘하는 사람이 있다.

04

누군가 탕비실에서 아침에 내려놓은 드립커피를 몰래 마셨다. 아침에 탕비실에 들어간 사람은 모두 5명이고 그 중 1명이 범인이다. 이들과 대화를 하였는데 5명 중 2명은 거짓을 말하고 있다. 주어진 5명의 진술을 바탕으로 아침에 몰래 커피를 마신 사람을 고르면?

진술

- A: 내가 봤는데, B는 커피를 마시지 않았어.
- B: A가 몰래 커피를 마셔 놓고 시치미를 떼고 있구나.
- C: D가 지금 거짓말을 하고 있구나.
- D: E가 몰래 커피를 마시다가 나와 눈이 마주쳤어.
- E: B가 아까 몰래 커피를 마시고 있던 걸.

① A ② B ③ C
④ D ⑤ E

05

거짓말 동호회 회원 승원, 미애, 남주, 하원, 상현, 종호 6명이 대화를 할 때, 주어진 대화를 바탕으로 거짓으로 증언한 사람들을 유추고자 한다. 이때 항상 참인 것을 고르면?

대화

- 승원: 미애는 거짓을 말하고 있다.
- 미애: 하원은 거짓을 말하고 있다.
- 남주: 승원은 진실을 말하고 있다.
- 하원: 상현은 거짓을 말하고 있다.
- 상현: 종호는 거짓을 말하고 있다.
- 종호: 거짓을 말하는 사람은 2명이다.

① 미애는 거짓말을 했다.
② 미애는 거짓말을 하지 않았다.
③ 4명은 거짓말을 했다.
④ 상현이가 거짓말을 했다면 남주는 진실을 말했다.
⑤ 승원이가 진실을 말했다면 하원이는 거짓말을 했다.

06

새로 창설한 개발팀의 A, B, C, D, E, F 6명의 직원은 각각 경력 연차가 다르다. 주어진 조건을 바탕으로 항상 참인 것을 고르면?

조건

- 개발팀 모두의 경력은 1~6년 사이이다.
- B는 A보다 2년 경력이 많다.
- F는 C보다 1년 경력이 많다.
- A의 경력은 3년이다.

① D의 경력은 4년이다.
② D의 경력은 6년이다.
③ F의 경력은 5년이다.
④ D와 E의 경력의 합은 10년이다.
⑤ D는 E보다 경력이 많다.

07

2023년 아시안컵 축구 대회에서 한국, 호주, 일본, 이란, 카타르, 사우디아라비아 축구팀은 1위부터 6위를 차지했다. 이 대회의 순위에 대한 조건을 모두 고려하였을 때, 항상 참인 것을 고르면?(단, 축구 대회는 동일 순위가 존재하지 않는다.)

조건

- 호주는 이란보다 좋은 성적을 거두었다.
- 일본과 이란의 순위 차이는 3이다.
- 카타르와 사우디아라비아의 순위는 바로 붙어 있다.
- 이란은 카타르보다 순위가 앞서 있다.
- 일본은 우승하지 못했다.
- 한국과 카타르는 준결승에 올랐다.

① 한국은 대회에서 우승하였다.
② 일본은 대회에서 4강전에 진출했다.
③ 호주는 대회에서 우승하였다.
④ 한국은 대회에서 결승전에 진출했다.
⑤ 사우디아라비아는 대회에서 4강전에 진출했다.

08

성인 A, B, C, D와 어린이 E, F가 원형 탁자에 일정한 간격으로 둘러앉아 있다. 주어진 조건을 보고 항상 옳은 것을 고르면?

조건

- B는 아들인 E와 붙어서 앉아 있다.
- C의 바로 옆자리에는 어린이가 앉아 있지 않다.
- A와 C는 서로 마주 앉았다.

① B의 맞은편에는 F가 앉는다.
② A의 바로 오른쪽 자리에 F가 앉는다.
③ A의 바로 오른쪽 자리에 E가 앉는다.
④ D와 C는 옆에 붙어 앉지 않는다.
⑤ 아이들끼리 옆에 붙어 앉는다.

09

새로 입사한 신입직원 A, B, C, D, E, F, G, H 8명이 새 기숙사를 배정받았다. 각자 배정받은 기숙사 숙소에 대한 주어진 조건을 보고 항상 참인 것을 고르면?

조건

기숙사 구조(4층)

401호	402호
301호	302호
201호	202호
101호	102호

- A, B, D는 각각 다른 층에 거주한다.
- A, E는 같은 층에 거주한다.
- B는 C와 같은 층에 거주하지 않는다.
- B는 E보다는 낮은 층에 살고, D보다는 높은 층에 산다.
- G, H는 같은 층에 거주한다.

① A가 4층에 살면 D는 1층에 산다.
② B가 3층에 살면 D는 1층에 산다.
③ D가 1층에 살면 B는 2층에 산다.
④ A가 3층에 살면 H는 4층에 산다.
⑤ G가 2층에 살면 A는 3층에 산다.

10

맛집으로 유명한 어느 식당에서 10명의 직원 A~J가 6인용 원탁 2개에 일정한 간격으로 둘러 앉아 회식을 하고 있다. 주어진 조건을 보고 반드시 거짓인 것을 고르면?

조건

- B는 옆에 빈자리가 있어서 그곳에 가방을 두었고, 그 빈자리 옆에는 E가 앉았다.
- E는 맞은편에 앉은 J와 건배를 하고 있다.
- 인싸 A는 D와 맞은편에 앉아서 농담을 주고받고 있으며, 그가 앉은 원탁에는 빈자리가 없다.
- C는 오른쪽에 빈자리가 있어서 코트를 벗어 놓았다.
- F는 시끄러운 A를 피해 옆자리에 앉지 않았고, 조용한 H의 옆자리에 앉았다.
- G는 평소에 친한 I의 오른쪽 자리에 앉아서 조용히 먹고 있다.

① B와 I는 같은 원탁에 앉았다.
② A와 I는 옆자리에 앉았다.
③ 빈자리의 맞은편에는 빈자리가 있다.
④ C와 J는 같은 원탁에 앉았다.
⑤ D는 F와 I 사이에 앉았다.

11

새로 입사한 직원 9명 A~I가 개발1팀, 개발2팀, 개발3팀 총 3개의 팀으로 배정된다. 주어진 정보에 따라 신규 직원이 배정되었을 때, 항상 거짓인 것을 고르면?

정보

- 가장 인원이 많이 배정된 팀과 가장 인원이 적게 배정된 팀의 배정 인원 차이는 2명이라고 한다.
- 개발1팀은 개발2팀보다 신규 배정 인원이 많다.
- A는 신규 배정 인원이 가장 적게 배정된 팀에 배치됐지만, 가장 친한 누군가와 함께 배정되어 기쁘다.
- 대학 선후배인 B, D는 함께 같은 팀에 배정되었고, 배정된 팀이 개발2팀은 아니다.
- 면접에서 친해진 E, F는 같은 팀에 배정되었고, 그 팀은 가장 많은 인원이 배정된 팀은 아니다.
- C는 개발2팀에 다른 2명과 함께 배정된다는 이야기를 들었다.

① 개발1팀에는 총 4명이 배정된다.
② A와 I가 같은 팀에 배정되면 G와 H는 서로 다른 팀에 배정된다.
③ 개발3팀에는 H가 배정된다.
④ 개발1팀에는 I가 배정된다.
⑤ 개발3팀에 H가 배정된다면 개발1팀에는 G가 배정된다.

12

경기침체로 매출이 감소한 영업팀에서 현상황을 타개하기 위한 전략을 세우기 위해 실적자료를 만들고 있다. 이번 달 A~E 5명의 영업사원의 총 실적은 15건이다. 주어진 조건을 보고 옳은 것을 고르면?

조건

- 5명 모두 다행히 이번달 1건 이상의 실적을 하긴 했다.
- 한 사람이 그나마 7건 이상의 실적을 해주어서 이번 달 매출이 최악은 아니다.
- A와 C의 실적 수를 합하면 10건이다.
- D는 A보다는 실적이 적고, E보다는 많다.
- B와 D의 실적의 수의 합은 A보다 많다.

① B와 D의 실적 수는 같다.
② C는 8건의 실적을 올렸다.
③ A와 B의 실적 수를 합하면 6건 이상이다.
④ E는 2건 이상의 실적을 올렸다.
⑤ D와 E의 실적 수를 합하면 4건 이상이다.

13

연초 새로운 마음으로 업무에 임하고자 최초로 사무실에 가장 일찍 도착한 김 대리는 회사 정문을 열기 위해 비밀번호를 누르려 하지만 오랜만이라 기억이 나지 않는다. 동료들에게 물어볼까 하다가 창피해서 계속 기억을 떠올려본다. 생각을 더듬어 주어진 기억에 따라 네 자리 비밀번호를 유추하는데 성공한다. 이때, 비밀번호에 관한 설명으로 옳은 것을 고르면?

기억

- 비밀번호는 0~9 중 네 개의 숫자로 이루어져 있고, 모두 짝수로 구성되어 있다.(0도 짝수)
- 비밀번호 중 한 숫자가 딱 한 번만 중복된다.(예: AABC, ABAC, ABCA, …)
- 첫째 자리 숫자에서 셋째 자리 숫자를 빼면 둘째 자리 숫자가 되고, 합하면 넷째 자리 숫자가 된다.
- 셋째 자리 숫자와 넷째 자리 숫자를 더하면 6이다.

① 조건에 따르면 가능한 비밀번호는 2가지 경우가 나온다.
② 비밀번호는 끝자리가 6이다.
③ 비밀번호에는 0이 없다.
④ 비밀번호에는 2가 없다.
⑤ 비밀번호 각 숫자 4개의 합은 8이다.

14

야구 월드컵에서 A~G 7개 팀은 아래 대진표에 따라 토너먼트 경기를 진행했다. 주어진 조건을 보고 유추했을 때 항상 참인 것을 고르면?

조건

우승

- 부전승으로 올라간 A는 그들의 첫 번째 경기에서 D를 이겼다.
- C는 2승 1패를 거두고 아쉽게 귀국했다.
- B는 F에게 이겼지만, 그 다음 경기에서 졌다.

① E와 G는 모두 1승도 하지 못했다.
② D는 E와 경기를 했다.
③ C는 G와 경기를 했다.
④ B는 A에게 졌다.
⑤ A는 우승하지 못했다.

[15-17] 주어진 도형에 적용된 규칙을 찾아서 (?)에 해당하는 도형을 고르시오.

15

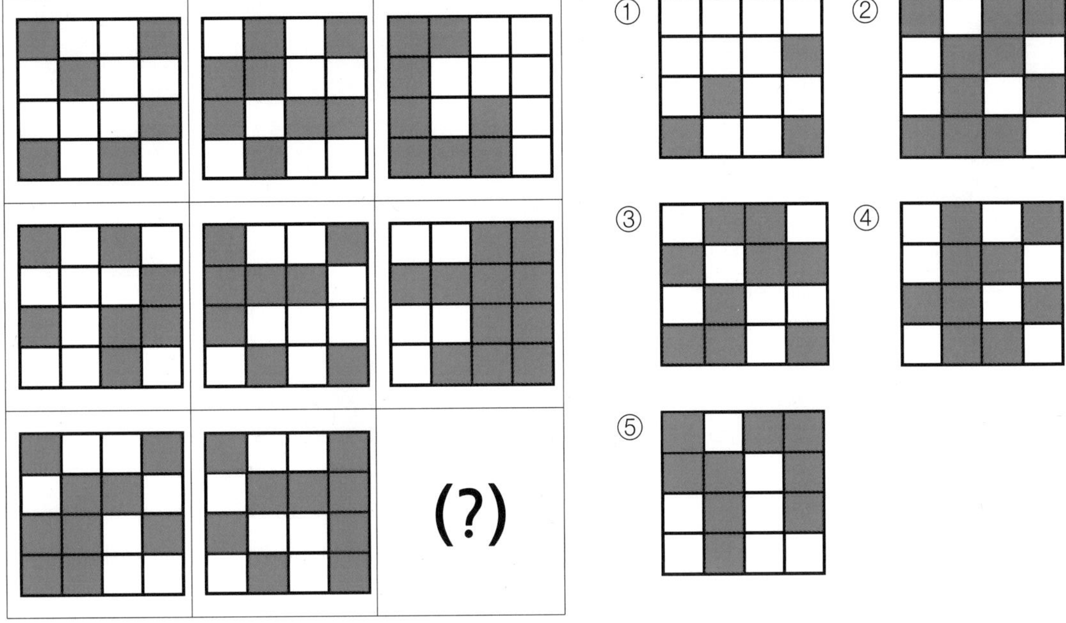

16

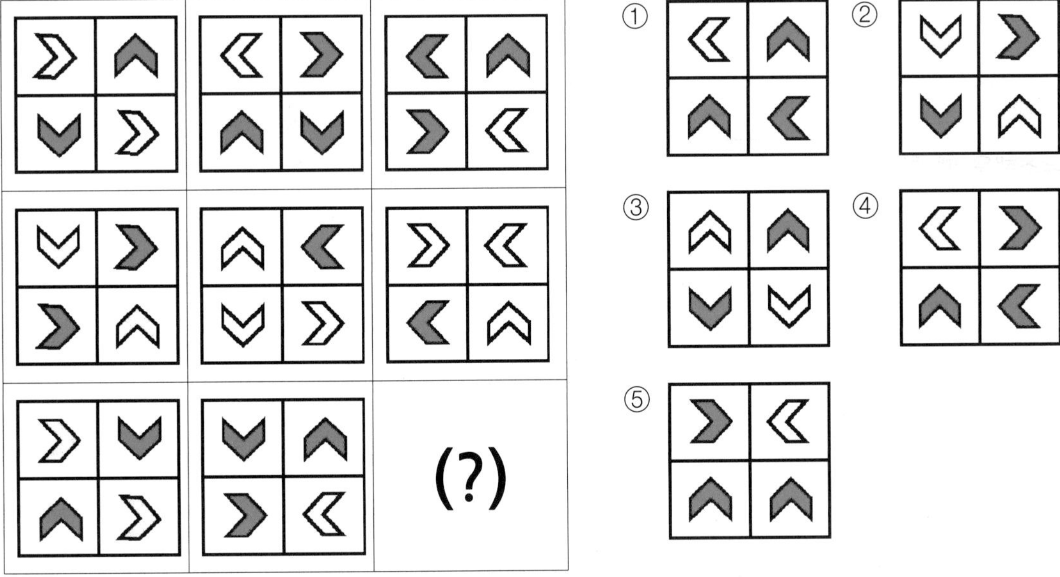

17

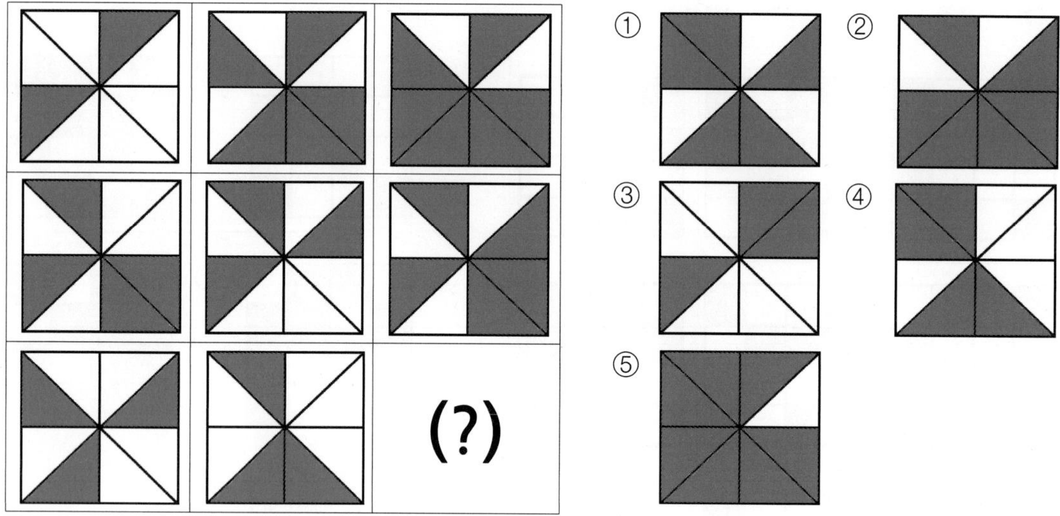

[18~21] 주어진 도형들은 문자와 숫자의 배열을 일정하게 변환하는 규칙이 있다. 이때 각 도형의 규칙을 찾아 문제에 적당한 (?)를 고르시오.

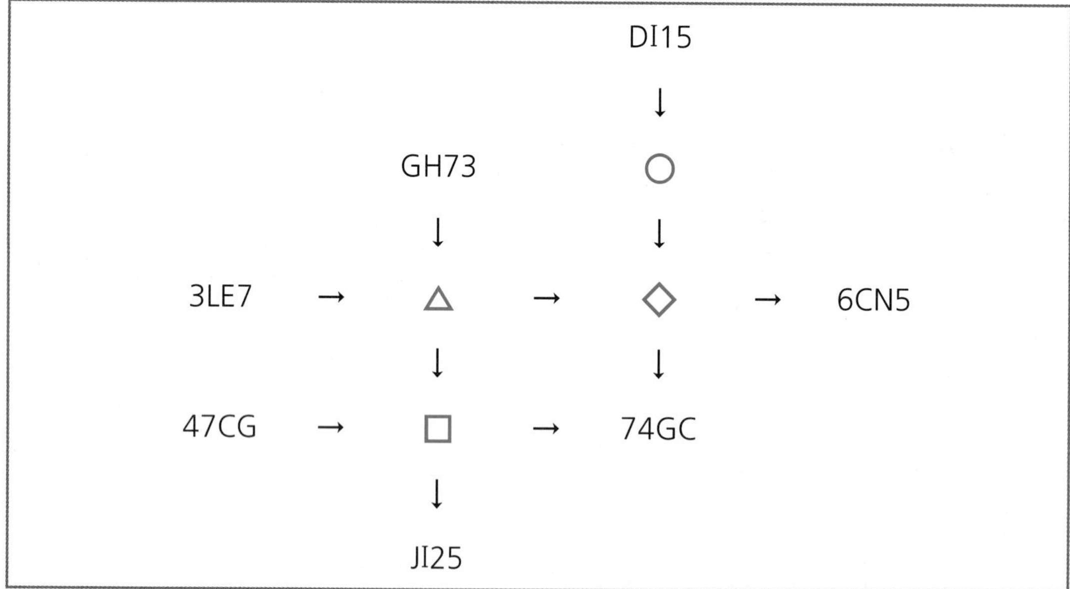

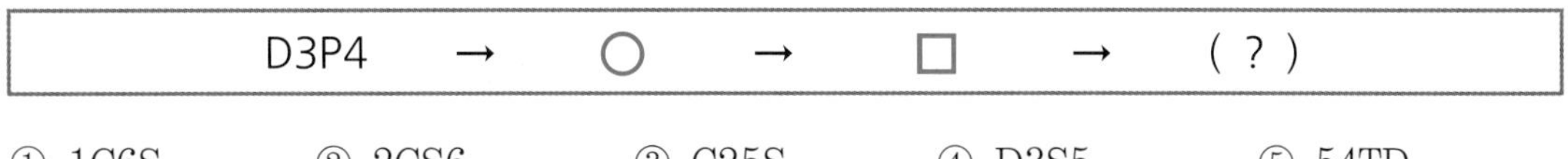

① 1C6S ② 2CS6 ③ C25S ④ D3S5 ⑤ 54TD

19

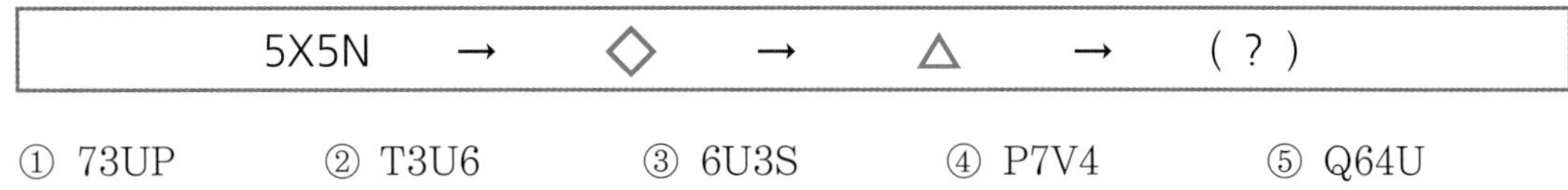

① 73UP ② T3U6 ③ 6U3S ④ P7V4 ⑤ Q64U

20

① 4Y7Q ② Y4Q7 ③ 5QW8 ④ W58R ⑤ R5W7

21

① 7K2K ② 2JK7 ③ K73L ④ L53O ⑤ 12UL

22

주어진 단어쌍의 관계를 유추하여 빈칸에 들어갈 알맞은 단어를 고르면?

달리기 : 운동 = 샐러드 : (　　　)

① 토마토 ② 치즈 ③ 체중
④ 다이어트 ⑤ 음식

23

주어진 단어 쌍의 관계가 다른 하나를 고르면?

① 우수리 – 잔돈
② 울력 – 협동
③ 갈음 – 대체
④ 표면 – 이면
⑤ 정식 – 정규

24

주어진 내용이 모두 참이라고 할 때, 반드시 거짓인 것을 고르면?

> 미연방제도(미국 연방제도)는 미국의 행정 및 법률 체계를 규정하는 특별한 형태의 정부 체계다. 미연방제도는 국가와 주(State)라 불리는 지방 정부 간에 권한을 나누고, 중앙 정부가 일부 중요한 권한을 행사하면서도 지방 정부들이 자치권을 유지하는 구조이다. 이 체제는 미국 헌법에 근간을 두고 있다. 헌법은 중앙 정부와 주 정부 간에 권한을 명시적으로 나누어 놓았다. 중앙 정부는 연방 정부가 담당하는 국방, 외교, 통상 등의 중요한 사안에 대한 권한을 갖고 있으며, 주 정부는 교육, 경찰, 건강 등과 같은 지역 사무를 담당한다. 미연방제도는 연방적인 사법 체계를 가지고 있다. 미국 대통령이 임명하는 연방 대법원의 판결이 모든 주에서 적용되며, 연방 법원은 주 법원보다 높은 권위를 가진다. 미연방제도는 헌법에 기초하여 행정, 입법, 사법 기능을 분리하는 원칙을 가지고 있다. 대통령은 행정부를, 의회는 입법부를, 대법원은 사법부를 대표한다. 미연방제도에서 각 주는 상당한 자치권을 보장받는다. 주는 자체 입법체계, 행정체계, 사법체계를 가지고 있으며, 특정한 주 내 사안에 대해서는 중앙 정부가 간섭하지 않는다. 미연방제도는 중앙 정부와 주 정부 간에 상호 협력과 균형을 유지하는 원칙을 추구한다. 이는 각 단계에서의 상호 교류와 협력을 통해 미국 내에서 균형된 정부 체제를 형성하고자 하는 노력에서 비롯된다. 미연방제도는 미국의 역사와 정치 체계의 중요한 부분을 이루고 있으며, 다양한 주체 간의 균형과 협력을 통해 국가를 운영하고 있다.

① 연방 대법원은 주 법원의 대표로 구성되며 주법원보다 높은 권위를 가진다.
② 미국 헌법에는 중앙 정부와 지방 정부 사이의 권한을 나누어 놓았다.
③ 미국에서 각 주들은 상당한 자치권을 행사할 수 있다.
④ 주 법원과 연방 법원의 견해가 다를 경우, 연방 법원에 따른다.
⑤ 주 내의 어떤 사안에 대해서는 중앙 정부가 간섭할 수 없는 사안도 있다.

25

주어진 내용이 모두 참이라고 할 때, 반드시 거짓인 것을 고르면?

유전자 복제는 생물체가 자신의 유전정보를 복사하여 새로운 세포나 개체를 생성하는 과정으로, 주로 세포 분열 중에 일어난다. 이 과정은 DNA(데옥시리보핵산)이라 불리는 분자가 가지고 있는 유전정보를 복제하는 과정으로, DNA는 염기쌍(A-T, G-C)이라 불리는 뉴클레오타이드로 이루어진 더블 헬릭스 구조를 가지고 있다. 유전자 복제의 주요 단계는 세포분열 중 DNA의 복제 과정에서 일어난다. 먼저, DNA 양 끝에서 특별한 단백질이 결합하여 DNA가 열리고 나서 DNA 헬릭스가 해체된다. 그 후에는 DNA 복제 효소인 DNA 폴리머레이스가 언바인딩된 DNA에 결합하여 새로운 DNA 체인을 합성할 위치에 정확하게 위치하게 된다. 다음으로, DNA 폴리머레이스는 원래 DNA 체인에 부착된 염기에 상보적인 염기를 결합시키면서 새로운 DNA 체인을 합성한다. 이때, 예를 들어, 원래 DNA에서 A라는 염기에 상응하는 새로운 DNA 체인에는 T라는 염기가 결합된다. 마지막으로, DNA 폴리머레이스는 합성한 새로운 DNA 체인이 올바른 염기로 이루어졌는지를 검증하면서 진행된다. 이와 같은 유전자 복제의 과정을 통해 하나의 DNA 더블 헬릭스가 두 개로 나뉘어지고, 각각의 새로운 DNA 더블 헬릭스는 원래의 DNA와 동일한 유전정보를 가지게 된다.

① DNA는 더블헬릭스 구조를 가지고 있다.
② 새로 합성한 DNA 체인은 DNA 폴리머레이스에 의해서 올바른 염기로 이루어졌는지를 검증된다.
③ DNA가 스스로 열리면 양 끝에서 특별한 단백질이 결합하고 DNA 헬릭스가 해체된다.
④ 유전정보를 복사하여 새로운 세포나 개체를 생성하는 유전자 복제는 세포 분열 중에 생긴다.
⑤ DNA 복제 효소인 DNA 폴리머레이스는 새로운 DNA 체인을 합성한다.

26

주어진 글을 읽고 아래 [보기]를 이해한 것으로 적절한 것을 고르면?

디지털 치매는 디지털 기기의 사용 증가로 인해 기억력과 계산력이 떨어지는 증상을 말한다. 디지털 치매의 주요 원인으로는 다음과 같은 요소들이 있다. 첫째로, 디지털 기기에 의존한 기억력 저하가 있다. 디지털 기기를 사용하면 기억이 디지털 기기에 의해 대체되기 때문에 뇌는 해당 정보를 기억할 필요가 없어지고, 결과적으로 기억력이 저하될 수 있다. 둘째로, 디지털 기기에 의한 집중력 저하가 있다. 화려한 화면과 빠른 정보 전달은 뇌가 계속해서 새로운 정보를 처리하게 만들어 피로도를 증가시키고 집중력을 저하시킬 수 있다. 마지막으로, 디지털 기기에 의한 문제 해결 능력 저하가 있다. 디지털 기기가 문제를 해결하는 방법을 제시하면 뇌는 스스로 문제를 해결할 필요가 없어지고, 결과적으로 문제 해결 능력이 저하될 수 있다.

보기

영츠하이머는 '젊은(Young)'과 '알츠하이머(Alzheimer)'가 결합된 용어로, 젊은 나이에 나타나는 심각한 건망증이나 기억력 감퇴를 나타낸다. 이는 스마트폰 등 디지털 기기의 과도한 사용, 직장이나 학교에서 겪는 우울증이나 스트레스, 과도한 음주 등이 영향을 미친다. 스마트폰은 우리의 일상을 지배하며 의존도가 높아지면서 뇌 기능에 영향을 미치고 있다. 디지털 치매는 이런 디지털 기기에 지나치게 의존하여 필요한 기억을 잊어버리는 증상을 의미한다. 이는 곧 치매로 분류되지는 않지만, 스트레스를 유발하여 공황장애, 정서장애 등을 유발할 수 있으며 장기적으로는 치매로 진전될 가능성이 있어 주의가 필요하다. 또한, 직장이나 학교에서의 우울증이나 스트레스 역시 영츠하이머의 원인으로 언급되며, 실제로 우울증은 스트레스 호르몬 코르티솔의 증가로 기억력 저하와 집중력 감소를 유발할 수 있다. 우울증으로 인한 가성 치매라 불리는 이 현상은 우울증이 완화되면 증상이 개선되는 경향이 있다. 지나친 음주 역시 영츠하이머의 원인으로 언급되는데, 폭음 후에 나타나는 단기 기억상실인 블랙아웃은 향후 치매로 발전할 수 있는 위험 신호일 수 있다. 특히, 젊은 나이에 블랙아웃을 경험할 경우 치매 유발 가능성이 높아 매우 주의가 필요하다.

① 스마트폰이 없다면 오히려 스트레스를 풀 수 없어서 우울증이 증가할 수 있어.
② 디지털 치매는 치매로 분류되지 않기 때문에 치매의 원인이 될 수는 없어.
③ 블랙아웃은 치매의 전조 증상으로 우울증이 원인이구나.
④ 코르티솔 호르몬이 증가하면 우울증을 예방할 수 있구나.
⑤ 디지털 기기의 화면에 대한 지나친 노출은 장기적으로 치매의 원인이 될 수도 있겠네.

27

주어진 주장에 대한 반박으로 가장 타당한 것을 고르면?

> 온라인 의약품 구입 금지는 환자의 접근성을 제한하고, 의료비 부담을 증가시킬 수 있다는 지적이 제기된다. 환자는 의약품을 구입하기 위해 약국을 방문해야만 한다. 특히, 거동이 불편한 환자나 시골에 거주하는 환자의 경우, 온라인 의약품 구입 금지는 의료 접근성을 크게 제한할 수 있다. 그리고 의료비 부담을 증가시킬 수 있다. 환자가 약국을 방문하여 의약품을 구입해야 하기 때문에, 약값과 더불어 교통비, 시간적 비용이 추가로 발생할 수 있다. 특히, 저소득층 환자의 경우, 의료비 부담을 크게 증가시킬 수 있다. 또한 환자가 원하는 의약품을 원하는 시간에 구입할 수 있는 선택권을 제한할 수 있다. 야간이나 주말에 의약품이 필요한 경우, 환자의 불편을 가중시킬 수 있다. 물론 환자의 실수로 인한 의약품 오남용과 부작용이 있을 수 있다. 하지만 그 경우만 주의하면 의약품을 안전하게 사용할 수 있기 때문에 환자의 접근성, 의료비 부담, 환자의 선택권 등 다양한 측면에서 이점이 존재한다. 따라서, 온라인 의약품 구입을 허용하는 것이 더 유리할 것으로 본다.

① 약국은 집 근처에 하나씩은 있기 때문에 온라인 의약품 구입 금지가 접근성을 제한하지는 않을 것이다.
② 온라인 의약품 구입 허용은 환자의 실수와는 관계없이 약품의 안전성이 검증되지 않는 부작용도 존재한다.
③ 저소득자 환자의 경우 온라인 의약품 구입이 어렵다.
④ 야간이나 주말에는 택배가 잘 오지 않는다.
⑤ 약을 선택해서 사는 사람은 별로 없다.

28

주어진 주장에 대한 반박으로 가장 타당한 것을 고르면?

촉법소년법은 만 10세 이상 14세 미만의 청소년이 형법상 범죄를 저질렀을 경우, 형사책임을 묻지 않고 보호처분만을 하는 법이다. 촉법소년법은 청소년의 건전한 성장을 보호하기 위해 제정되었지만, 최근 들어 그 폐지 논의가 활발히 이루어지고 있다. 하지만 촉법소년법은 청소년의 인격권을 보호하기 위한 법이다. 청소년은 아직 정신적으로 미성숙한 존재이기 때문에, 형사처벌을 받게 되면 인격권이 침해될 수 있다는 주장이다. 청소년을 형사처벌의 대상으로 삼지 않음으로써, 청소년의 인격권을 보호하고, 건전한 성장을 도모할 수 있다. 또한 촉법소년법은 청소년의 재범률을 낮추는 데 도움이 된다. 형사처벌을 받은 청소년은 범죄에 대한 죄책감이나 경각심이 부족할 수 있다. 이는 청소년의 재범률을 높이는 데 영향을 미칠 수 있다는 우려가 제기된다. 촉법소년법은 청소년에게 보호처분을 통해 교화와 치료를 제공함으로써, 청소년의 재범률을 낮추는 데 도움이 될 수 있다. 물론, 촉법소년법은 청소년의 범죄를 방치한다는 비판도 제기된다. 하지만 개인적으로는 촉법소년법을 유지하는 것이 필요하다고 생각한다. 청소년은 아직 정신적으로 미성숙한 존재이기 때문에, 형사처벌을 받게 되면 인격권이 침해될 수 있고, 재범률을 높이는 데 영향을 미칠 수 있기 때문이다.

① 청소년은 아직 정신적으로 미성숙한 존재인데 인격권을 보호해야 하는가?
② 만 10세 이하의 범죄는 보호받지 못하는가?
③ 촉법소년법의 폐지 논의는 이전부터 활발히 이뤄지지 않았나?
④ 형사처벌을 받을 경우 그렇지 않은 경우보다 범죄에 대한 죄책감이나 경각심이 부족하다고 할 수 있는가?
⑤ 보호처분을 통해 교화와 치료가 효과적으로 이루어지고 있나?

29

주어진 문단을 가장 자연스러운 순서로 배열한 것을 고르면?

(가) 그의 사죄는 용기 있는 행동이었다. 잘못하지 않는 것보다 더 중요한 것은 잘못을 인정하고 진정성 있게 사죄하는 행동이다. 물론, 사죄가 피해자들의 큰 고통을 없앨 수는 없겠지만, 최소한 그 잘못으로 고통을 받은 이들에게 진심으로 사죄하고 고통을 조금이라도 덜어 주는 행동은 아주 중요한 의미를 갖는다. 그러기 위해서는 용기가 필요하다.

(나) A씨는 1979년부터 1988년까지 대한민국을 군사독재로 통치한 전직 대통령이다. 5·18 광주 민주화 운동을 유혈 진압하고, 수많은 민주화 인사를 탄압한 혐의로 1996년 12월 대법원에서 사형을 선고받았지만, 1997년 12월 특별 사면을 받았다.

(다) 따라서, 자신의 잘못을 인정할 용기를 가지고, 사죄를 말로만 하는 것이 아니라, 진심으로 전달해야 한다. 사죄의 마음을 진심으로 전달하기 위해서는 피해자의 입장을 이해하고, 사죄를 통해 변화를 보여야 한다. 이는 사회적 정의를 실현하고, 더 나은 사회를 만들어가는 데 필요한 중요한 가치이다.

(라) 그는 자신의 잘못을 인정하지 않고 살아왔다. 그는 5·18 광주 민주화 운동을 "북한 공산주의 세력의 폭동"이라고 주장하며, 자신이 유혈 진압을 한 것이 아니라고 주장했다. 또한, 민주화 인사 탄압에 대해서도 "국가 안보를 위해 불가피한 조치였다."고 주장했다.

(마) 그와 달리, 그의 손자 B씨는 진심으로 할아버지의 잘못을 대신 사죄하는 모습을 보였다. 2023년 3월 31일 광주를 방문하여 5·18 민주화 운동 희생자와 유족을 만나 무릎을 꿇고 사죄했다. 그는 "할아버지는 죄인이고, 저는 할아버지의 잘못을 대신 사과드린다"고 말했다.

① (가) (나) (마) (다) (라)
② (나) (가) (다) (라) (마)
③ (나) (라) (마) (가) (다)
④ (라) (나) (마) (가) (다)
⑤ (라) (마) (나) (가) (다)

30

주어진 문단을 가장 자연스러운 순서로 배열한 것을 고르면?

(가) 프랑스 베르사유궁전은 원래 루이 13세가 지은 사냥용 별장이었으나, 1662년 무렵 루이 14세의 명령으로 대정원을 착공하고 1668년 건물 전체를 증축하였다. 이 궁전은 700여 개의 화려한 방과 장식이 가득한 곳이었지만, 정작 화장실은 한 개도 없었다는 사실이 충격적이다. 또 하나의 충격적인 사실은 유럽에 화장실 이용료가 고대부터 있었다는 사실이다.

(나) 유럽에 여행을 가서 화장실을 찾기 어려워 고생한 경험이 한 번쯤은 있을 것이다. 심지어 어렵게 찾아도 유료인 경우가 대부분이다. 복지 수준이 높다고 하는 유럽에서 화장실 하나 편하게 갈 수 없다는 사실에 당황하곤 한다. 그런데 이러한 유럽의 화장실 문화를 이해하려면 우선 옛날 유럽 사람들의 배변 습관을 이해해야 한다.

(다) 우리는 화장실을 공공시설로 본다. 따라서 공중화장실을 국가가 관리하고 자유롭게 이용하는 것이 우리의 사고이다. 하지만 유럽에서는 화장실을 이용한 사람이 그에 따른 청결 유지에 대한 비용을 부담하는 것이 맞다고 본다. 결국, 문화의 차이에 따라 같은 사물을 보는 시각이 달라질 수 있다는 것을 느낀다.

(라) 로마의 베스파시아누스 왕은 너무 많은 전쟁과 건축으로 재정이 바닥나자 한 가지 아이디어를 떠올리게 된다. 공중화장실에 이용료를 받게 하고 길에서 일을 보는 행위에 큰 벌금을 부과한 것이다. 이 사건을 시작으로 유럽에서 화장실의 이용료를 받는 것은 당연한 일이 되었다. 우리와는 분명 화장실에 대한 인식이 다르다고 밖에는 할 수 없다.

(마) 옛날 유럽의 집에는 화장실이 없었다. 남녀노소를 불문하고 밖에서 볼일을 보고 처리하는 일이 부끄러운 일이 아니었다. 덕분에 길거리는 오물로 가득했고, 비라도 오면 거리는 걷기 힘든 지경에 이르렀다. 비 오는 날에는 돈을 받고 목적지까지 업어서 데려다주는 직업까지 있었다. 당시 화장실은 없는 것이 당연한 일이었다. 심지어 궁전에도 화장실은 없었다.

① (가) (라) (다) (나) (마)
② (나) (마) (가) (라) (다)
③ (다) (마) (가) (라) (나)
④ (라) (나) (마) (가) (다)
⑤ (마) (가) (라) (나) (다)

실전 모의고사 3회 완료

수고하셨습니다.

정답과 해설

실전 모의고사 1회
실전 모의고사 2회
실전 모의고사 3회

정답과 해설 실전 모의고사 1회

Ⅰ 수리논술 정답

01	02	03	04	05	06	07	08	09	10
④	②	②	③	③	②	①	④	⑤	③
11	**12**	**13**	**14**	**15**	**16**	**17**	**18**	**19**	**20**
②	⑤	①	④	①	①	②	①	②	②

01 ④

처음 예상한 남직원의 수를 x명, 여직원의 수를 y명이라 하면 아래와 같이 식을 세울 수 있다.

$x+y=30$ ------ ⓐ

$(x-4)+1.5y=32 \rightarrow x+1.5y=36$ ------ ⓑ

ⓑ−ⓐ로 연립하면

$0.5y=6$, $y=12$가 된다.

따라서 $x=18$, $y=12$이므로 처음 예상한 남직원의 수는 18명이다.

02 ②

• 1명이 3번 가는 경우

3번 가는 1명을 택하는 경우의 수는 ${}_3C_1=3$(가지)

이때 5개월 해외 출장 스케줄을 짜는 경우의 수는 $\frac{5!}{3!}=20$(가지)

따라서 1명이 3번 가는 경우가 포함되는 경우의 수는 $3\times20=60$(가지)

• 2명이 2번 가는 경우

2번 가는 2명을 택하는 경우의 수는 ${}_3C_2=3$(가지)

이때 5개월 해외 출장 스케줄을 짜는 경우의 수는 $\frac{5!}{2!\times2!}=30$(가지)

따라서 2명이 2번 가는 경우가 포함되는 경우의 수는 $3\times30=90$(가지)

따라서 가능한 경우의 수는 총 $60+90=150$(가지)이다.

관련공식

같은 것이 있는 순열

n개 중에서 같은 것이 각각 a, b, c, …개씩 있을 때, n개를 일렬로 나열하는 순열의 수

$\frac{n!}{a!\times b!\times c!\times\cdots}$ (단, $a+b+c+\cdots=n$)

03 ②

② ×

'전문업종 건설업' 중 '전문' 공사액은 2021년에 전년 대비 82,866(십억 원)에서 86,656(십억 원)으로 높아졌지만, 구성비는 28.7%에서 28.2%로 낮아졌다.

① ○

건설업 중 '전문업종 건설업'의 비율은 2020년 57.8%, 2021년 55.2%였다.

③ ○

2020년 '시설물' 공사액은 6,775(십억 원)이고, 증감액은 −731(십억 원)이다. 6,775의 10%는 677.5이므로 −731의 의미는 10% 넘게 감소했다는 의미이다.

④ ○

$\frac{288,749+307,655}{2}=\frac{596,404}{2}=298,202$(십억 원)=약 298(조 원)

⑤ ○

137,963 − 121,866 = 16,097(십억 원)으로 약 16(조 원) 증가했다.

04 ③

2020년 남자 1인 가구 중 일을 하는 비율이 가장 높은 연령대는 30~39세이다. 이유는 일하는 가구가 637(천 가구)로 가장 많고, 일하지 않는 가구는 77(천 가구)로 가장 적기 때문에 당연히 일하는 비율이 가장 높을 수밖에 없다. 30~39세와 40~49세 남자의 비율을 구하면 아래와 같다.

30~39세 남자의 일하는 비율: $\frac{637}{715} \fallingdotseq 0.89 \rightarrow 89\%$

40~49세 남자의 일하는 비율: $\frac{490}{572} \fallingdotseq 0.86 \rightarrow 86\%$

30~39세 남녀의 일하는 비율을 구하면 아래와 같다.

30~39세 남녀의 일하는 비율: $\frac{637+339}{715+401}=\frac{976}{1,116}=0.8745\cdots \rightarrow$ 약 87%

05 ③

③ ○

'500~600만 원 미만' 구간에서 2021년과 2022년 연간 1인당 사교육비의 차이는 아래와 같다.

월별 차이: 39.9 − 38.1 = 1.8(만 원)

연간 차이: 1.8 × 12 = 21.6(만 원)

따라서 2021년과 2022년 연간 1인당 사교육비의 차이는 20만 원 이상이다.

① ×

2022년 소득 '300만 원 미만' 구간의 사교육 참여율이 57.2%이다. 2021년 사교육 참여율은 해당 자료에는 표현되지 않았다.

② ×

2021년 소득 '800만 원 이상' 구간의 월별 1인당 사교육비는 59.3만 원이고 연간으로 계산하면 720만 원 이하다.

59.3 × 12 = 711.6(만 원)

④ ×

2022년 전년 대비 1인당 월별 사교육비 증가폭이 3만 원 이상인 구간은 '700~800만 원 미만', '800만 원 이상' 구간으로 총 2개이다.

⑤ ×

2022년 사교육 참여율이 80% 미만인 구간은 '300만 원 미만', '300~400만 원 미만', '400~500만 원 미만'이다.

'300만 원 미만' 증가폭: $17.8-15.8=2$(만 원)

'300~400만 원 미만' 증가폭: $27.2-25.3=1.9$(만 원)

'400~500만 원 미만' 증가폭: $35.1-33.2=1.9$(만 원)

따라서 2022년 사교육 참여율이 80% 미만인 구간들 중 2022년 전년 대비 월별 사교육비 증가폭이 가장 큰 구간은 '300만 원 미만'이다.

06 ②

식을 활용하면 총인구를 구할 수 있다.

$800=\frac{x}{64,750}$, $x=800\times 64,750$, $x=51,800,000$

여성 소방관의 수는 아래와 같다.

$64,750\times 0.1=6,475$(명)

따라서 여성 소방관을 제외한 총인구 수는 아래와 같다.

$51,800,000-6,475=51,793,525$(명)

07 ①

① ○

[표]와 [그래프]를 통해 2018년 남성 승진자는 8,584명, 여성 승진자는 1,806명인 것을 확인할 수 있다.

2018년 과학기술연구개발 인력 승진자 중 여성 비율: $\frac{1,806}{8,584+1,806}=\frac{1,806}{10,390}=0.1738\cdots$ → 약 17%

계산을 좀 더 쉽게 하는 방법은 전체 승진자 10,390명의 10% 1,039명, 그것의 절반인 5%, 519.5명을 대략 더하면 $1,040+520=1,560$(명)이고 여성 승진자 1,806명은 그 수를 훨씬 넘기 때문에 15% 이상인 것을 오래 계산하지 않고 쉽게 구할 수 있다.

② ×

2017년 과학기술연구개발 인력 여성 승진자는 1,926명이고, 민간기업 연구기관 승진자는 1,393명이다. 따라서 50% 이상이다.

③ ×

2021년 과학기술연구개발 남성 승진자는 6,358명, 여성은 1,444명이다. 그런데 1,500명의 4배는 6,000명이다. 따라서 6,358명은 1,444명의 4배를 넘을 것이다.

④ ×

2021년에는 과학기술연구개발 인력 전체 여성 승진자가 늘었다.

⑤ ×

2021년 과학기술연구개발 인력 남성 승진자는 6,358명이고, 2017년은 10,133명이다.

차이를 구하면 $10{,}133-6{,}358=3{,}775$(명)이다.

08 ④

④ ○

식을 이용하여 5월의 취업자 수를 구하면 아래와 같다.

$2.7=\frac{787}{787+x}\times 100$, $2.7(787+x)=78{,}700$, $27(787+x)=787{,}000$, $27x+21{,}249=787{,}000$

$27x=765{,}751$, $x=28{,}361.148$(천 명) → 2,836(만 명)

① ×

2023년 2분기는 4~6월을 말한다. 실업자 수 평균을 구해보면 아래와 같다.

$\frac{804+787+807}{3}=\frac{2{,}398}{3}=799.333\cdots$(천 명) → $79.933\cdots$(만 명)

② ×

2023년 1분기는 1~3월을 말한다. 실업률 평균을 구해보면 아래와 같다.

$\frac{3.6+3.1+2.9}{3}=\frac{9.6}{3}=3.2\%$

③ ×

2023년 1월~8월까지 실업자 수가 여섯 번째로 많았던 달은 4월이고 실업률은 2.8%이다.

⑤ ×

실업률이 같았던 달은 5월, 6월, 7월이고 6월과 7월은 실업자 수가 같았으나 5월은 같지 않았다.

09 ⑤

2020년 창업 본인 부담금이 평균보다 높은 산업들은 65(백만 원)보다 높은 '제조업', '숙박 • 음식점업', '예술 • 스포츠 • 여가업'이다. 이들의 2021년 평균 창업 비용을 계산하면 아래와 같다.

$\frac{125+110+161}{3}=\frac{396}{3}=132$(백 만원)$=1.32$(억 원)

10 ③

③ ×

70세 이상 비만 유병률이 가장 높은 해는 2018년이다. 2018년 70세 이상 신체활동 실천율은 23.4%였고, 2021년 23.2%에 이어 두 번째로 낮았다. 따라서 올바른 설명이 아니다.

① ○

남자의 유산소 신체활동 실천율이 가장 낮은 해는 2020년이다. 이때 40대 비만 유병률은 39.0%였고, 전체 평균은 38.4%였다. 따라서 맞는 말이다.

② ○

계산해 보면 50%를 넘지 않는다.

$\frac{51.3+49.1+48.7}{3}=\frac{149.1}{3}=49.7\%$

④ ○

[표2]에서 확인할 수 있다.

⑤ ○

[표1], [표2]에서 확인할 수 있다.

11 ②

각 연도별 비만 유병률의 남녀 차이를 구하면 아래와 같다.

(단위: %)

구분	2016	2017	2018	2019	2020	2021
남자	41.8	41.1	41.9	41.4	46.9	44.8
여자	29.2	28.4	28.1	27.3	29.9	29.5
차이	12.6	12.7	13.8	14.1	17.0	15.3

따라서 비만 유병률의 남녀 차이가 가장 큰 연도는 2020년이다.

2020년의 30대 이상 비만 유병률의 평균을 구하면 아래와 같다.

$$\frac{41.6+39.0+40.2+41.1+35.3}{5}=\frac{197.2}{5}=39.44\%$$

12 ⑤

⑤ ×

2021년 농업 소득은 12,961(천 원)이고, 어업 소득은 19,676(천 원)이다.

19,676 − 12,961 = 6,715(천 원) = 671.5(만 원)

따라서 바른 설명이 아니다.

① ○

농가 소득 중 '농업 소득'이 가장 높았던 해는 12,961(천 원)으로 2021년이고, 그해 어가 소득 중 '이전 소득'은 15,711(천 원)으로 '어업 외 소득' 14,313(천 원)보다 높았다.

② ○

계산하면 아래와 같다.

$$\frac{45{,}029+47{,}759+46{,}153}{3}=\frac{138{,}941}{3}=46{,}314(\text{천 원})=4{,}631.4(\text{만 원})$$

따라서 4,600만 원을 넘는다.

③ ○

어가 소득 중 '비경상 소득'이 두 번째로 낮았던 해는 2,450(천 원)으로 2018년이다. 이때 농가 소득 중 '비경상 소득'은 2,302(천 원)으로 2019년과 2020년에 이어 세 번째로 높은 해였다.

④ ○

[표1]을 통해 확인할 수 있다.

13 ①

각 연도별 농가와 어가의 소득 차이를 구하면 아래와 같다.

(단위: 천 원)

구분	2018	2019	2020	2021	2022
농가	42,066	41,182	45,029	47,759	46,153
어가	51,836	48,415	53,187	52,392	52,911
차이	9,770	7,233	8,158	4,633	6,758

따라서 2018년의 농가 소득 중 '농업 소득'의 구성 비율을 계산하면 아래와 같다.

$\frac{12,920}{42,066} \times 100 = 30.71\%$

14 ④

㉠ ×

2020년 빈집 중 단독 주택의 수: $1,511 \times 0.225 = 339.975$(천 호) ≒ 34(만 호)

2015년 빈집 중 단독 주택의 수: $1,069 \times 0.244 = 260.836$(천 호) ≒ 26(만 호)

$34 - 26 = 8$(만 호)

약 8만 호 차이가 난다. 따라서 10만 호 이상 차이가 난다는 설명은 옳지 않다.

㉡ ○

2015년 빈집 사유 중 3번째로 비중이 높은 사유는 '미분양 미입주'이다. 2020년 총 210(천 호), 즉 21(만 호)의 빈집이 '미분양 미입주' 사유로 빈집인 것을 알 수 있다.

㉢ ×

2020년 주택종류별 빈집 사유 현황에서 아파트 중 '현재 수리 중'인 비율은 4.2%이다. 2015년에는 3.2%였다. 따라서 2015년 대비 1%p 높아졌다.

㉣ ○

아파트 〉 단독주택 〉 다세대주택 〉 연립주택 〉 비거주용 건물 내 주택 순으로 동일이다.

15 ①

2015년의 빈집 연립주택의 수: $1,069 \times 0.051 = 54.519$(천 호)$= 54,519$(호)

2015년의 빈집 연립주택 중 폐가의 수: $54,519 \times 0.071 = 3,870.849 ≒ 3,871$(호)

통계치는 근사값이라서 정수가 나오지 않을 수 있다. 반올림하여 계산을 한다.

2020년의 빈집 연립주택의 수: $1,511 \times 0.049 = 74.039$(천 호)$= 74,039$(호)

2015년의 빈집 연립주택 중 폐가의 수: $74,039 \times 0.08 = 5,923.12 ≒ 5,923$(호)

$5,923 - 3,871 = 2,052$(호)

계산 과정에 따라서 각자 약간의 오차가 발생할 수 있는데 선택지 중에서 가장 근접한 것을 선택한다.

16 ①

㉠ ○

'경제활동인구=취업자+실업자'이므로 9월 경제활동인구는 $29,167 + 531 = 29,698$(천 명)이다.

'실업률(%)=(실업자/경제활동인구)×100'이므로 $\frac{531}{29,698} \times 100 = 1.7879 \cdots\%$이다.

8월 실업률과 자릿 수를 맞춰 반올림하면 1.8%이다.

㉡ ×

2023년 4월~8월 일본의 5개월 평균 고용률은 아래와 같다.

$$\frac{78.9+78.8+79.2+79.1+79.1}{5}=\frac{395.1}{5}=79.02\%$$

㉢ ×

2023년 4월~8월 미국의 5개월 평균 실업률은 아래와 같다.

$$\frac{3.1+3.4+3.8+3.8+3.9}{5}=\frac{18}{5}=3.6\%$$

17 ②

'고용률(%)=(취업자/15세 이상 인구)×100'를 이용하여 계산한다.

$70.1=\frac{29,167}{x}\times 100$, $701x=29,167,000$, $x=41,607.7032\cdots\fallingdotseq 41,608$(천 명)

따라서 4,160만 명에 가장 가깝다.

18 ①

2차와 3차를 먼저 대입하여 2개의 식을 얻는다.

$9=\frac{100a}{50}+b \rightarrow 9=2a+b \rightarrow 9-2a=b$

$15=\frac{100a}{20}+b \rightarrow 15=5a+b \rightarrow 15-5a=b$

연립하면 $9-2a=15-5a$, $3a=6$, $a=2$이고 $b=5$이다.

$(\text{서비스 점수})=\frac{100a}{(\text{방문객 수})}+b$에 a와 b를 대입하면 $(\text{서비스 점수})=\frac{200}{(\text{방문객 수})}+5$이다.

㉠: $(\text{서비스 점수})=\frac{200}{100}+5$, $(\text{서비스 점수})=7$

㉡: $10=\frac{200}{(\text{방문객 수})}+5$, $5=\frac{200}{(\text{방문객 수})}$, $(\text{방문객 수})=40$

19 ②

아래와 같이 표를 만들 수 있다. [표]와 비교하여 살펴본다.

(단위: 개, 십억 원, %)

구분		'20년	'21년	'22년	증감	
					'20-'21	'21-'22
기업체 수		82,567	85,533	87,239	2,966	1,706
건설공사액		288,749	307,658	344,445	18,909	36,787
	국내건설	264,958	281,099	311,870	16,141	30,771
	해외건설	23,791	26,559	32,575	2,768	6,016
건설계약액		287,186	314,995	343,849	27,809	28,854
	국내건설	258,154	279,356	306,655	21,202	27,299
	해외건설	29,032	35,639	37,194	6,607	1,555

② 비교하면 2020～2021 건설공사액 중 해외건설 증감액이 2,768(십억 원)인데 [그래프]는 10,000(십억 원)을 넘었다. 따라서 명확히 잘못된 [그래프]로 판단할 수 있다.

① 2020～2022 평균 건설업체 수 및 공사•계약액을 [표]로 나타내면 아래와 같다.

(단위: 개, 십억 원)

구분	2020	2021	2022	평균
기업체 수	82,567	85,533	87,239	85,113
건설공사액	288,749	307,658	344,445	313,617
건설계약액	287,186	314,995	343,849	315,343

비교하면 [그래프]와 일치한다.

위의 [표]와 ③, ④, ⑤를 비교하면 [그래프]와 일치한다.

20 ②

김 대리는 월마다 영업 실적이 15건씩 증가하고, 이 과장은 월마다 10건씩 증가한다. 따라서 김 대리는 이 과장보다 월마다 5건씩 실적을 더 올린다. 2023년 5월 현재 두 사람의 실적 차이는 $240-90=150$(건)이다. 따라서 $\frac{150}{5}=30$(개월) 후 건수는 같아지고 31개월 후부터는 김 대리가 이 과장보다 월별 실적이 앞서게 된다. 2023년 5월의 24개월 후는 2025년 5월이고, 남은 7개월을 더하면 2025년 12월이다.

II 추리 정답									
01	02	03	04	05	06	07	08	09	10
③	①	④	②	①	①	⑤	⑤	①	⑤
11	12	13	14	15	16	17	18	19	20
④	④	④	③	③	②	③	①	②	⑤
21	22	23	24	25	26	27	28	29	30
④	②	⑤	②	⑤	②	⑤	③	④	③

01 ③

삼단논법 기본형 논리구조

전제에서 2번 나오는 것을 B라 하면 B로 두 명제를 앞뒤로 붙일 수 있을 때 삼단논법을 쓸 수 있다.

전제: 모든 A → B, 모든 B → C

결론: 모든 A → C(어떤 A → C도 가능)

전제1	근육을 가진 사람은 유머를 가졌다.	모든 A(근육) → B(유머)
전제2	단백질을 마신 사람은 유머를 가지지 않았다.	모든 ~C → ~B [대우] 모든 B(유머) → C(단백질×)
결론	근육을 가진 사람은 단백질을 마시지 않았다. **단백질을 마신 사람은 근육을 가지지 않았다.**	모든 A(근육) → C(단백질×) **[대우] 모든 ~C(단백질) → ~A(근육×)**

02 ①

'모든', '어떤' 형 논리구조

삼단논법 꼴과 다르게 전제 2개가 바로 연결되지 않는 경우이다.

전제: 모든 A → B, 어떤 A → C

결론: 어떤 B → C or 어떤 C → B

전제1	자만하는 사람은 실수를 한다.	모든 A(자만) → B(실수)
전제2	**어떤 자만하는 사람은 자신감에 차 있다.**	**어떤 A(자만) → C(자신감)**
결론	자신감에 찬 어떤 사람은 실수를 한다.	어떤 C(자신감) → B(실수)

03 ④

'모든', '어떤' 형 논리구조

삼단논법 꼴과 다르게 전제 2개가 바로 연결되지 않는 경우이다.

전제: 모든 A → B, 어떤 A → C

결론: 어떤 B → C or 어떤 C → B

전제1	배트플립을 잘하는 어떤 사람은 홈런을 좋아한다.	어떤 A(배트플립) → C(홈런)
전제2	배트플립을 잘하는 사람은 도루를 하고 있다.	모든 A(배트플립) → B(도루)
결론	도루를 하는 어떤 사람은 홈런을 좋아한다. **홈런을 좋아하는 어떤 사람은 도루를 하고 있다.**	어떤 B(도루) → C(홈런) or **어떤 C(홈런) → B(도루)**

04 ②

먼저, 피벗 조건을 찾으면 여자의 총수에 대한 언급이 있는 F와 성별을 바로 구분해 주는 E의 대화를 고르는 것이 유리하다. 이 조건으로부터 시작해서 모순이 발생하면 수정하는 방식으로 풀어본다.

만약 E를 남자라고 가정하면 그의 말은 거짓이다. 그런데 B는 B와 E는 성별이 같다고 했다. B가 남자이면 B와 E는 남자가 되는데 남자는 거짓을 말하는 규칙에 어긋난다. 만약 B가 여자면 그녀의 말은 진실이고, E도 여자이어야 하기 때문에 모순이다. 따라서 E는 반드시 여자이고 그녀의 말은 진실이다.

E의 말이 진실이면 F와 E는 여자이고, 총 여자의 수는 4명이다.

남자	(?), (?)
여자	E, F, (?), (?)

만약 A가 남자라면, D의 진술은 모순이 된다. 그 이유는 D는 A와 성별이 같다고 했는데 D가 남자이면 D의 말이 진실이 돼서 남자는 거짓을 말하는 규칙에 어긋난다. 만약 D가 여자이면 A는 남자, D는 여자가 돼서 D의 진술은 거짓이 된다. 따라서 여자는 진실을 말하는 규칙에 어긋난다. 따라서 A는 반드시 진실을 말하는 여자이다.

A가 진실이면 A, C는 여자이다.

남자	(?), (?)
여자	A, C, E, F,

남은 B, D를 남자라고 가정하면 모두 거짓이 성립한다.

남자	B, D
여자	A, C, E, F,

B: 나는 E와 성별이 같아.(거짓)

D: A는 나와 성별이 같아.(거짓)

따라서 남자는 B와 D가 된다.

05 ①

가장 단서가 확실하고 단순한 인제의 진술을 피벗 조건으로 놓고 시작하는 것이 유리하다.

인제의 진술이 참일 경우 철원의 진술이 거짓이 되기 위해서는 미라는 남쪽 마을이어야 한다.

구분	철원	인제	유미	미라	상식	지혜
진실	×	○		○		
마을	북	남		남		

미라는 남쪽 마을에 살기 때문에 미라의 진술은 참인데 상식, 지혜가 남은 자리에 들어가려면 한 마을에 3명씩이므로 북쪽 마을 밖에는 자리가 없다.

구분	철원	인제	유미	미라	상식	지혜
진실	×	○		○	×	×
마을	북	남		남	북	북

여기서 지혜의 진술은 거짓이 되어야 하는데 참이 될 수 밖에 없어서 모순이 된다.
다시 처음으로 와서 인제의 진술이 거짓일 경우 철원은 남쪽 마을에 살고 진술이 참이 되어 미라는 남쪽 마을에 살게 된다. 그리고 미라의 진술은 참이 되어 아래와 같이 된다.

구분	철원	인제	유미	미라	상식	지혜
진실	○	×	○	○	×	×
마을	남	북	남	남	북	북

모든 조건이 유일한 경우로 성립된다.

① ○

유미는 남쪽 마을, 상식은 북쪽 마을에 살고, 서로 다른 마을에 산다.

② ×

지혜와 인제는 모두 북쪽 마을에 산다.

③ ×

상식과 지혜는 모두 북쪽 마을에 산다.

④ ×

미라는 남쪽 마을, 상식은 북쪽 마을에 산다.

⑤ ×

인제는 북쪽 마을에 살고, 거짓을 말했다.

06 ①

가정 조건이 많고, 확실한 고정 조건이 없어서 난이도가 높다.
냉장고는 적어도 3번째 안에 배달되었다고 했으므로 각 경우를 생각해 본다.
[냉장고가 가장 먼저 온 경우]

• 냉장고가 가장 먼저 배달이 왔다면 에어컨은 세 번째로 배달이 왔다.

배달 순서	1	2	3	4	5
냉장고 1번째로	냉장고		에어컨		

• 어느날 세탁기를 설치하고 있는데 그 다음으로 TV가 가장 먼저 배달이 왔다.
세탁기와 TV는 연달아 왔기 때문에 4, 5번째로 배달이 왔다.

배달 순서	1	2	3	4	5
냉장고 1번째로	냉장고		에어컨	세탁기	TV

따라서 냉장고가 가장 먼저 온 경우는 1가지로 고정된다.

배달 순서	1	2	3	4	5
냉장고 1번째로	냉장고	청소기	에어컨	세탁기	TV

[냉장고가 2번째로 온 경우]
• 어느날 세탁기를 설치하고 있는데 그 다음으로 TV가 가장 먼저 배달이 왔다.
• TV가 세 번째로 배달이 왔다면 청소기는 다섯 번째로 배달이 왔다.(TV 앞에는 세탁기가 배달이 와야 하기 때문에 TV는 세 번째로 배날이 올 수 없다.)
• 에어컨이 가장 먼저 배달이 왔다면 세탁기는 네 번째로 배달이 왔다.(가능)

배달 순서	1	2	3	4	5
냉장고 2번째로	에어컨	냉장고	청소기	세탁기	TV
냉장고 2번째로	청소기	냉장고	에어컨	세탁기	TV
냉장고 2번째로	청소기	냉장고	세탁기	TV	에어컨

냉장고가 2번째로 온 경우 가능한 경우는 총 3가지이다.

[냉장고가 3번째로 온 경우]
• 냉장고가 세 번째로 배달이 왔다면 청소기는 그 다음 바로 배달이 왔다.

배달 순서	1	2	3	4	5
냉장고 3번째로			냉장고	청소기	

• 어느날 세탁기를 설치하고 있는데 그 다음으로 TV가 가장 먼저 배달이 왔다.

배달 순서	1	2	3	4	5
냉장고 3번째로	세탁기	TV	냉장고	청소기	

들어갈 수 있는 자리는 1, 2번째 밖에 없다. 따라서 나머지 에어컨의 순서도 정해진다.

배달 순서	1	2	3	4	5
냉장고 3번째로	세탁기	TV	냉장고	청소기	에어컨

정리하면 아래와 같다.

배달 순서	1	2	3	4	5
경우1	냉장고	청소기	에어컨	세탁기	TV
경우2	에어컨	냉장고	청소기	세탁기	TV
경우3	청소기	냉장고	에어컨	세탁기	TV
경우4	청소기	냉장고	세탁기	TV	에어컨
경우5	세탁기	TV	냉장고	청소기	에어컨

① ○

모든 경우 청소기는 가장 늦게 오지 않는다.

② ×

경우1에서 청소기가 두 번째로 오면 TV가 가장 늦게 온다.

③ ×

경우2에서 에어컨이 가장 먼저 오면 냉장고가 두 번째로 온다.

④, ⑤ △

경우1, 2, 3은 TV가 가장 늦게 오고, 경우4, 5는 에어컨이 가장 늦게 온다.

07 ⑤

피벗 조건은 G가 막내라는 것과 A가 넷째라는 사실이다.

- G는 귀여운 막내라서 더 사랑을 많이 받고 자랐다.
- 자신이 막내일 거라고 생각한 A는 이후 동생이 3명 더 태어나자 그때마다 당황했다고 한다.

구분	1	2	3	4	5	6	7
칠남매				A			G

B와 C 사이에 누군가 1명이 태어났으므로 들어갈 수 있는 자리는 좁혀진다.

- B와 C 사이에 누군가 1명이 태어났고, B는 여동생인 C를 아낀다.

구분	1	2	3	4	5	6	7
경우1			B	A	C		G
경우2	B		C	A			G

나머지 조건을 조합해 본다.

- F는 누나인 C와 자주 다툰다.
- D는 여섯째가 아닌 걸 다행으로 생각한다.
- E는 성격이 있는 D의 동생이 아닌 걸 다행으로 생각한다.

총 2가지의 경우가 생긴다.

구분	1	2	3	4	5	6	7
경우1	E	D	B	A	C	F	G
경우2	B	E	C	A	D	F	G

⑤ ○

F는 두 경우 모두 여섯째이다.

① △

경우2만 해당된다.

② △

경우1만 해당된다.

③ △

경우1만 해당된다.

④ △

경우1만 해당된다.

08 ⑤

먼저, 피벗 조건을 찾으면 'B는 짝수번호의 여자 옆에 앉을 수 없다.'가 유리하다. 짝수 번호 여자의 옆이 아닌 자리는 1과 5 사이 밖에는 없다. 따라서 B의 자리를 정하고 시작할 수 있다.

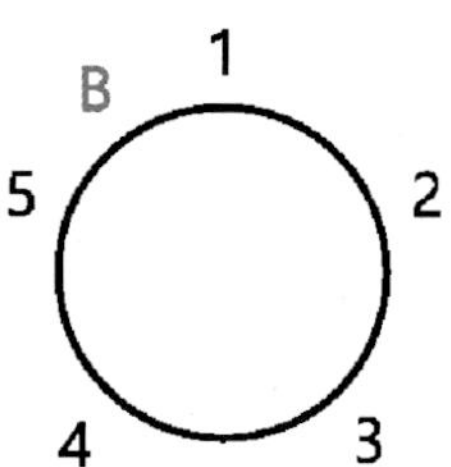

조건을 통해 A와 E가 앉을 수 있는 자리를 구할 수 있다.

- A는 짝수번호의 여자 옆에 앉아야 하고 5의 옆에는 앉을 수 없다.
- E는 3 옆에 앉을 수 없다.

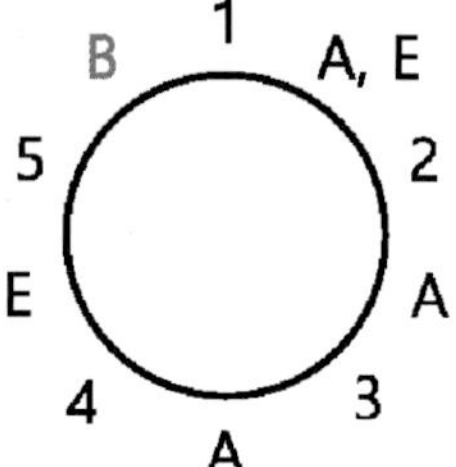

C가 3 옆에 앉을 때 D는 1 옆에 앉기 때문에 2가지 경우가 가능하다.

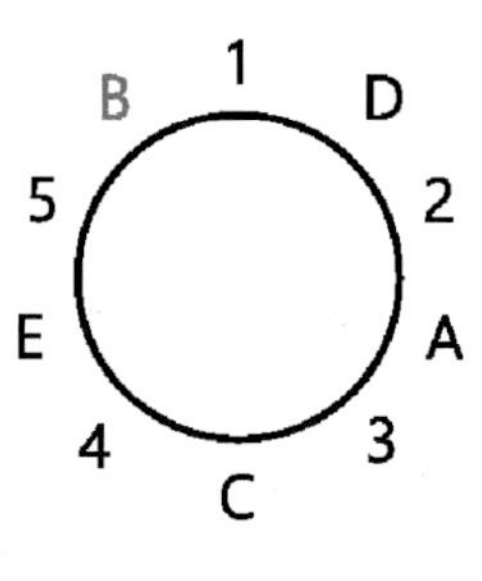

(경우1)

(경우2)

C가 3 옆에 앉지 않을 때는 4가지 경우가 가능하다.

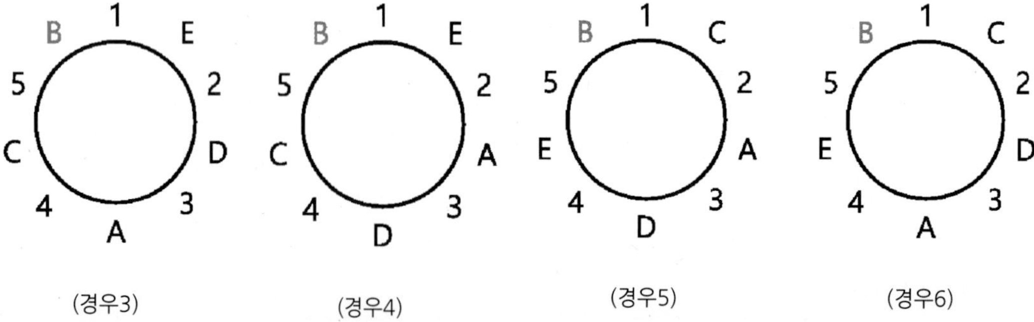

(경우3) (경우4) (경우5) (경우6)

⑤ ×

E가 4와 5 사이에 앉으면 A는 2와 3 사이, 3과 4 사이에 앉을 수 있다.

① ○

모든 경우에 해당한다.

② ○

모든 경우에 해당한다.

③ ○

경우2에 해당한다.

④ ○

경우3, 4에 해당한다.

09 ①

우선, 정보가 가장 많은 D를 중심으로 놓고 조건들을 연결해 본다.

- B와 D는 서로 맞은 편에 앉아 사진을 찍어 주며 즐겁게 대화를 나누었다.
- 절친인 C와 D는 서로 붙어 앉아서 많은 대화를 나누었다.
- D와 E는 서로 알고 지낸지 얼마되지 않아서 붙어 앉지는 않았다.

D는 B 맞은편, C의 옆, E와는 붙어 앉지 않았다.

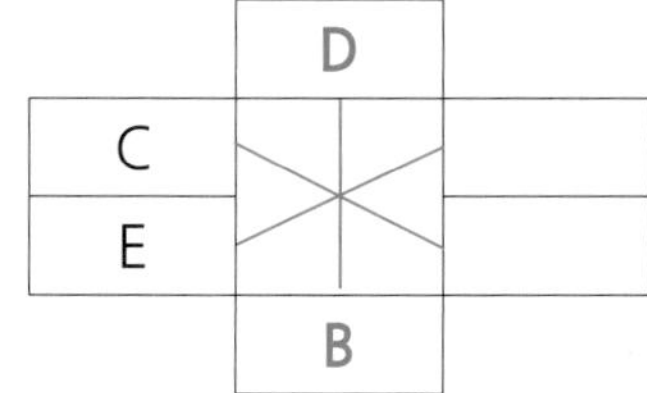

위의 표를 원형으로 생각하고 풀어본다(파란선 방향으로 서로 맞은편이라고 생각한다).

D와 B는 자리를 고정할 수 있고, C와 E 위치는 2가지씩 경우가 생긴다.

따라서 총 경우의 수는 4가지가 된다.

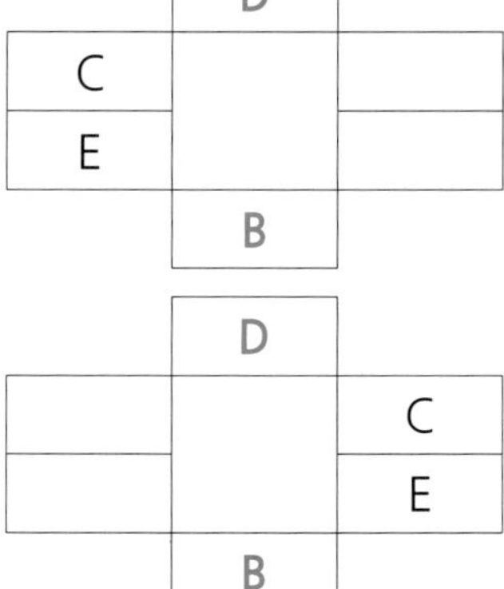

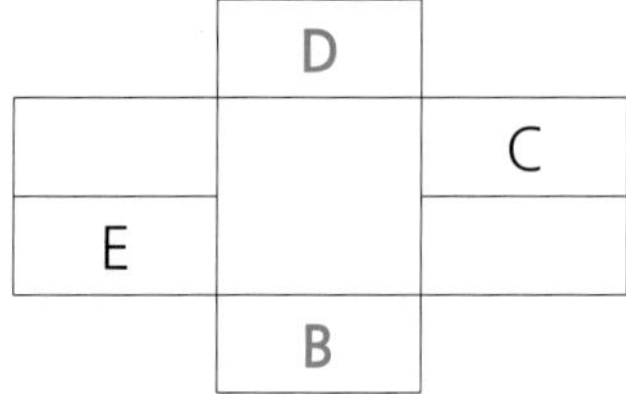

나머지 조건들을 각각 조합해 본다.

- A는 C가 계속 술을 권하는 것을 알기에 바로 옆자리에 앉지 않았다.
- C는 동생인 F에게 맞은편에 앉을 것을 권했지만, 끝내 그곳에 앉진 않았다.

	D	
C		F
E		A
	B	

	D	
C		A
F		E
	B	

	D	
A		C
E		F
	B	

	D	
F		C
A		E
	B	

따라서 총 4가지 경우가 가능하다.

① ○

두 번째 경우로, 이때 D의 바로 왼쪽 자리에 A가 앉는다면 A의 맞은편에는 F가 앉는다.

② ×

두 번째 경우로, A가 앉아야 맞다.

③ ×

첫 번째 경우로, C가 앉아야 맞다.

④ △

D는 C의 왼쪽 자리 또는 오른쪽 자리에 앉는다.

⑤ ×

D도 가능하다.

10 ⑤

피벗 조건부터 고정해서 표를 나타내본다.

• A은 3지역에 심었다.

• 5지역은 중심부로 랜드마크 건물을 짓기 위해 공터로 두었다.

1	2	A
4	X	6
7	8	9

• 어떤 꽃을 심고 보니 왼쪽에는 E가, 오른쪽에는 F가 심어져 있었다.

가능한 지역은 가로 3칸이 비어 있는 7, 8, 9 밖에는 없다.

1	2	A
4	X	6
E	어떤	F

• B, C를 심은 지역의 합은 D를 심은 지역과 숫자가 같았다.

가능한 조합은 2+4=6이다.

1	B, C	A
B, C	X	D
E	어떤	F

따라서 어떤 꽃은 남은 G이다.

공터	B, C	A
B, C	X	D
E	G	F

⑤ ×

그림과 비교하면 C와 D를 심은 지역은 모든 경우 맞닿아 있지 않다.

① ○

5구역 공터 외 남은 공터는 1지역이고 이곳에 테마파크 입구가 만들어졌다.

② △

B는 2지역 또는 4지역에 심어졌다. 따라서 항상 거짓은 아니다.

③ △

C는 2지역 또는 4지역에 심어졌다. 따라서 항상 거짓은 아니다.

④ ○

A와 D를 심은 지역은 위, 아래로 맞닿아 있다.

11 ④

여기서 피벗 조건은 'A 또는 B는 반드시 참여해야 한다. 하지만 A, B가 함께 참여할 수 없다.'와 'D 또는 E는 반드시 참여해야 한다. 하지만 D, E가 함께 참여할 수 없다.'이다.

이유는 A, B가 함께 참여할 수 없으므로 이 중 한 명은 불참한다. 또 D, E가 함께 참여할 수 없으므로 이 중 한 명도 불참한다. 따라서 불참하는 2명을 좁힐 수 있다. 나머지 C, F는 반드시 참여해야 한다.

A	B	C	D	E	F
		○			○

그런데 '만일 B가 참여하지 않게 된다면 F도 참여할 수 없다.'에서 B가 불참이면 F도 불참이기 때문에 B는 반드시 참여해야 한다. 따라서 A와 B의 참여 여부가 결정된다.

A	B	C	D	E	F
×	○	○			○

따라서 가능한 경우는 아래 두 가지 상황이다.

A	B	C	D	E	F
×	○	○	○	×	○

A	B	C	D	E	F
×	○	○	×	○	○

④ ○

두 경우 모두 B, C, F는 프로젝트에 참여한다.

① ×

C는 반드시 프로젝트에 참여하지만, A는 반드시 참여하지 않는다.

② △

B는 반드시 프로젝트에 참여하지만, E는 확정할 수 없다.

③ △

C는 반드시 프로젝트에 참여하지만, D는 확정할 수 없다.

⑤ △

B와 F는 반드시 프로젝트에 참여하지만, D는 확정할 수 없다.

12 ④

• C는 너무 배고파서 짜장면 곱빼기를 시켰다.

A	B	C	D
		짜장면	
		곱빼기	

• D는 C가 곱빼기를 시키자 자신도 따라서 곱빼기를 시켰다.

A	B	C	D
		짜장면	
		곱빼기	곱빼기

• 짬뽕을 시킨 사람은 다이어트 중이라서 보통으로 시켰다.

• A와 B는 같은 양으로 시켰다.

짬뽕은 보통으로 주문했으므로 D가 주문한 것은 아니고, A 또는 B가 주문한 것이다. 따라서 A와 B는 보통으로 주문하였다.

A	B	C	D
(짬뽕)	(짬뽕)	짜장면	
보통	보통	곱빼기	곱빼기

• 우동을 시킨 사람은 볶음밥을 시킨 사람과 다른 양으로 주문했다.

만약 D가 우동을 시켰다면 아래와 같이 된다.

A	B	C	D
짬뽕	볶음밥	짜장면	우동
보통	보통	곱빼기	곱빼기

A	B	C	D
볶음밥	짬뽕	짜장면	우동
보통	보통	곱빼기	곱빼기

만약 D가 볶음밥을 시켰다면 아래와 같이 된다.

A	B	C	D
짬뽕	우동	짜장면	볶음밥
보통	보통	곱빼기	곱빼기

A	B	C	D
우동	짬뽕	짜장면	볶음밥
보통	보통	곱빼기	곱빼기

④ ○

B가 볶음밥을 시켰다면 A는 짬뽕, D는 우동을 시키게 된다.

① △

D는 우동을 시킬 경우가 존재한다.

② △

A는 볶음밥, 우동을 시킬 경우가 존재한다.

③ △

B는 짬뽕, 우동을 시킬 경우가 존재한다.

⑤ △

A가 짬뽕을 시키고 D는 볶음밥을 시킬 경우가 존재한다.

13 ④

피벗 조건은 '버튼 0~9 중 비밀번호를 구성하고 있는 어떤 숫자도 소수가 아니다.'로 두는 게 유리하다. 숫자의 범위를 좁히고 시작할 수 있다.

소수는 2, 3, 5, 7이므로 가능한 숫자는 0, 1, 4, 6, 8, 9이다.

네 개의 숫자를 큰 수부터 차례로 나열해서 비밀번호를 만들었는데 짝수로 시작하므로 9도 제외된다.

0, 1, 4, 6, 8을 조건에 따라 4와 8은 한 번만 쓰고 서로 중복 없이 조합하면 가능한 것은 두 가지가 된다.

8610, 6410

④ ×

두 번째 순서의 숫자에서 그 다음 숫자를 빼면 각각 5, 3이 된다. 따라서 반드시 거짓이다.

① △

8610일 때 가능하다.

② △

8610일 때 가능하다.

③ △

6410일 때 가능하다.

⑤ ○

가능한 비밀번호의 조합은 8610과 6410으로 2가지이다.

14 ③

우선, 성별에 따른 필요 인원만 생각해 조건을 따져본다.

구분	인사팀	재무팀	영업팀	총무팀
성별	남1	남자1 or 여2	남1 or 남1, 여1	여2
사원			B or A, E	E or F, C or D

재무팀에 남직원을 배치하면 영업팀의 조건을 만족할 수 없다. 따라서 재무팀은 여직원 2명이 배치되어야 하는 것으로 고정된다. 또한 영업팀에 남직원 1명, 여직원 1명이 배치되면 여직원은 3명이 남아서 재무팀과 총무팀에 여직원을 2명씩 보낼 수 없다. 따라서 영업팀의 배치되는 직원은 B로, 남직원 1명으로 고정된다. 따라서 인사팀은 A가 배치된다.

구분	인사팀	재무팀	영업팀	총무팀
성별	남1	여2	남1	여2
사원	A		B	E or F, C or D

따라서 총무팀에 배치되는 여직원에 따라 여러 경우가 생긴다.

구분	인사팀	재무팀	영업팀	총무팀
성별	남1	여2	남1	여2
사원	A	E or F, C or D	B	E or F, C or D

③ ○

재무팀에 C와 E가 배치된다면 총무팀에는 반드시 D와 F가 배치된다.

① ×

영업팀에는 B가 배치된다.

② ×

인사팀에는 A가 배치된다.

④, ⑤ ×

재무팀에 C와 D 중 한 명, E와 F 중 한 명이 배치된다.

15 ③

아래와 같은 규칙에 의해 변형되었다.

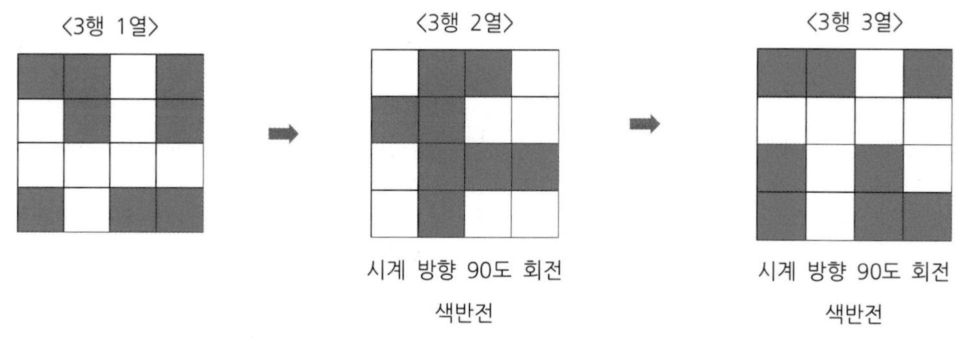

16 ②

아래와 같은 규칙에 의해 변형되었다.

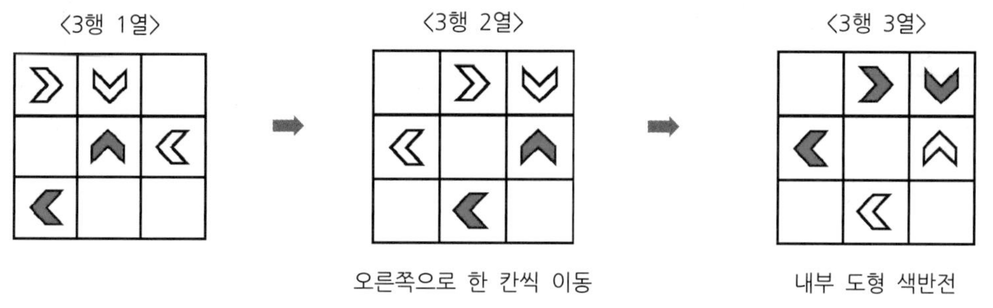

17 ③

아래와 같은 규칙에 의해 변형되었다.

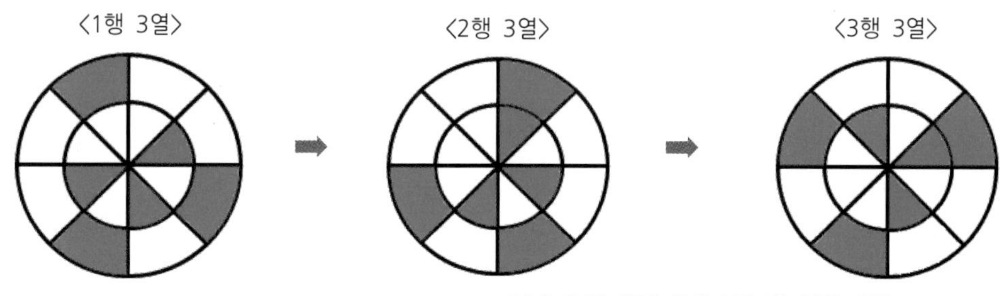

외부 음영 시계 방향으로 한 칸씩 이동

내부 음영 반시계 방향으로 한 칸씩 이동

18 ①

가장 먼저 문자표를 써 놓고 시작한다.

A	B	C	D	E	F	G	H	I	J	K	L	M
N	O	P	Q	R	S	T	U	V	W	X	Y	Z

각 도형들은 아래와 같은 규칙이 있다.

기호	규칙	기호	규칙
○	$(P_1,\ P_4,\ P_3,\ P_2)$	◇	(+1, +1, +2, 0)
△	(+2, +1, +2, +1)	□	$(P_2,\ P_3,\ P_1,\ P_4)$

‘◇’는 연산 규칙으로 기존 숫자에 규칙의 수를 더해주는 방식으로 문자의 경우는 알파벳 순서로 적용함
‘○’는 위치 변환 규칙으로 배열의 위치를 규칙에 따라 변경함

아래와 같이 변환된다.

55SW →(△) 76UX →(□) 6U7X

19 ②

아래와 같이 변환된다.

7G1B →(◇) 8H3B →(○) 8B3H

20 ⑤

아래와 같이 변환된다.

BB32 →(□) B3B2 →(◇) C4D2 →(○) C2D4

21 ④

아래와 같이 변환된다.

F3Q2 →(◇) G4S2 →(△) I5U3 →(□) 5UI3

22 ②

‘고단하다’와 ‘외롭다’는 뜻이 비슷한 유의관계이다.

- 고단하다: ① 단출하고 외롭다.
  ② 몸이 지쳐서 느른하다.
- 외롭다: 홀로 되거나 의지할 곳이 없어 쓸쓸하다.

따라서 ‘밝히다’와 뜻이 비슷한 ‘발표하다’가 빈칸에 알맞다.

- 밝히다: ① 진리, 가치, 옳고 그름 따위를 판단하여 드러내 알리다.
  ② 불빛 따위로 어두운 곳을 환하게 하다.
  ③ 빛을 내는 물건에 불을 켜다.

④ 드러나게 좋아하다.
• 발표하다: 어떤 사실이나 결과, 작품 따위를 세상에 널리 드러내어 알리다.

그 외 단어들의 뜻도 함께 살펴 본다.
• 견책하다: 허물이나 잘못을 꾸짖고 나무라다.
• 끄다: ① 타는 불을 못 타게 하다.
② 전기나 동력이 통하는 길을 끊어 전기 제품 따위를 작동하지 않게 하다.
③ 빚이나 급한 일 따위를 해결하다.
• 대견하다: 흐뭇하고 자랑스럽다.
• 순진하다: ① 마음이 꾸밈이 없고 순박하다.
② 세상 물정에 어두워 어수룩하다.

23 ⑤

주어진 단어들의 관계는 반의관계이고, ⑤는 유의관계이다.
• 한창: 어떤 일이 가장 활기 있고 왕성하게 일어나는 때. 또는 어떤 상태가 가장 무르익은 때
• 한물: 채소, 과일, 어물 따위가 한창 수확되거나 쏟아져 나올 때
• 사후: 죽고 난 이후
• 생전: 살아 있는 동안
• 기성복: 특정한 사람을 위해 맞춘 것이 아니라, 일정한 기준 치수에 따라 미리 지어 놓고 파는 옷
• 맞춤복: 몸에 맞추어 지은 옷
• 까투리: 꿩의 암컷
• 장끼: 꿩의 수컷
• 환송: 떠나는 사람을 기쁜 마음으로 보냄
• 환영: 오는 사람을 기쁜 마음으로 반갑게 맞음

24 ②

② ×
'미국의 팁 문화는 종업원들의 임금 보충을 위한 수단으로 시작되었지만, 현재에는 친절한 서비스에 대한 보답의 의미이다.'를 통해 ②는 거짓이다.
① ○
'최근 미국에서는 지나친 팁 요구로 소비자에게 큰 부담을 준다는 부정적 시각이 강하다.'를 통해 유추할 수 있다.
③ ○
글의 도입부에 팁의 기원은 17세기 유럽이고, 당시 커피하우스를 통해 전국으로 퍼져나갔다고 설명하고 있다.
④ ○
'미국에서도 19세기 중반 남북전쟁 이후, 팁 문화가 확산되기 시작했다. 흑인 노동자들이 노예에서 해방된 후, 낮은 임금을 받고 일하는 경우가 많았는데 고용주들은 종업원들의 임금을 보충하기 위해 팁을 지급하도록 고객들에게 요구하기 시작했다.'를 통해 유추할 수 있다.

⑤ ○
'서양의 문화로만 생각해오던 이런 지나친 팁 문화는 유행처럼 우리나라에도 번지는 지경에 이르렀다.'를 통해 확인할 수 있다.

25 ⑤

⑤ ×
'세포는 시간이 지날수록 분열을 반복하면서 손상을 입게 된다. 이러한 손상은 세포의 기능을 저하시키고, 결국 세포의 죽음을 초래한다.'를 통해서 세포는 결국 손상을 입고 죽는다는 것을 알 수 있다.

① ○
'개체 수준에서의 노화는 세포와 조직의 노화로 인해 나타나는 다양한 증상을 말한다. 신체 기능의 저하나 질병 발생 등이 이에 해당한다.'를 통해서 노화로 인한 근육량 감소로 활동력이 약해지는 것은 개체 수준에서의 노화로 볼 수 있다.

② ○
'두 번째는 조직 수준에서의 노화다. 조직은 세포의 집합체로 이루어져 있는데 세포 노화로 인해 조직의 기능이 저하되면, 조직의 구조와 기능이 변한다. 대표적으로 콜라겐은 피부, 연골, 뼈 등 다양한 조직에 존재하는 단백질인데 시간이 지날수록 변성되어 조직의 탄력성과 강도를 저하시킨다.'를 통해서 알 수 있다.

③ ○
노화의 과학적 과정을 크게 세 가지로 설명하고 있어서 알 수 있지만, '노화는 모든 생물체에서 나타나는 자연스러운 과정이지만, 그 정확한 원인은 아직 완전히 밝혀지지 않았다.'를 통해서 노화의 원인이 정확하게 밝혀진 것은 아니라는 것을 알 수 있다.

④ ○
'그리고 텔로미어는 세포의 염색체 끝에 위치한 DNA의 반복 서열인데 세포 분열을 반복할 때마다 짧아지며, 텔로미어가 완전히 소실되면 세포는 더 이상 분열할 수 없게 된다.'를 통해서 나이가 많을수록 세포 분열 횟수가 늘어 텔로미어가 짧아진다는 것을 알 수 있다.

26 ②

주어진 글을 읽고 [보기]를 이해한 것으로 ②가 가장 적절하다.
글에서 인상파에 대해 '이 화풍은 빛과 색의 변화를 현장에서 직접 관찰하며, 빛의 반사와 색채의 조화에 주목하는 특징을 지닌다.'고 언급했다. 또 [보기]에서 '그는 또한 동일한 풍경이나 장면을 다양한 조건에서 그린 일련의 작품을 만들었는데, 이는 그의 예술적 탐구와 창조적인 실험을 보여주는 중요한 증거다.'라고 했다. 따라서 '인상파는 빛과 색에 주목하여 그리기 때문에 모네가 동일한 풍경을 그리더라도 시간의 변화 따라 작품을 다양하게 표현할 수 있었을 거야.'라는 해석이 가능하다. 주어진 선택지 중에서 가장 적절히 이해한 해석이다.
①, ③ 글에서 모네의 성격까지 유추하기에는 무리가 있다.
④ 인상파는 야외 풍경과 도시의 풍경을 주된 소재로 다루었다. 모네가 풍경을 소재로 그림을 그렸다고 해서 농촌을 좋아했다고 유추하는 것은 무리가 있다.
⑤ '인상파는 전통적인 회화의 주제를 다루면서도 현대적이고 개인적인 시선으로 재해석했다.'를 통해서 전통적인 시선으로 풍경을 표현했다는 이해는 부적절하다.

27 ⑤

⑤ 바가지 이슈로 사람들이 전통시장을 멀리하게 되면 시장 생태계가 붕괴될 수 있다.

바가지 요금 이슈는 전통시장 자체에 부정적인 영향을 줄 수 있고, 그로 인해 전통시장 쇼핑이나 관광을 멀리하는 이유가 될 수 있다. 전통시장 안에서의 경쟁보다는 전통시장과 다른 상업 채널과의 경쟁으로 생각하면, 바가지 이슈에도 시장 생태계가 여전히 유지될 거라는 주장에 반박하여 시장 생태계가 붕괴될 수도 있다고 주장할 수 있다.

28 ③

③ 주4일 근무제가 스트레스를 증가시켜 근로자의 건강을 해치는 것은 아니다.

주4일 근무제는 근무일이 줄어드는 대신 하루 근무 시간이 늘어날 수 있고, 그로 인해 스트레스가 증가하여 근로자의 건강을 악화시킬 수 있다고 주장했다. 하지만 반대로 생각하면 주5일 근무제에 비해 하루를 더 쉴 수 있어 육체적으로나 정신적으로 더 재충전할 수 있는 기회를 제공한다. 따라서 주4일 근무제가 스트레스를 증가시켜 근로자의 건강을 악화시킨다는 논리는 부적절하기 때문에 '주4일 근무제가 스트레스를 증가시켜 근로자의 건강을 해치는 것은 아니다.'라는 반박을 할 수 있다.

29 ④

가장 배열이 자연스러운 흐름은 아래와 같다.

(라)에서 맥도널드를 소개했다. 이어서 (가)에서 맥도널드처럼 창업자의 이름을 쓴 회사들을 소개하고 있다. (다)에서 왜 창업자의 이름을 썼는지, 그 장점을 얘기하고 있다. (나)에서는 반대로 우리나라에서 이름을 회사 이름으로 쓰기 힘든 이유를 설명하고 있다. (마)에서 (나)와 이어지는 또 다른 이유를 설명하고 있다.

30 ③

가장 배열이 자연스러운 흐름은 아래와 같다.

(나)에서 중국과 인도에 인구가 집중된 부분을 화두로 제시했다. 이어서 (라)에서 인구 성장에 필요한 3가지 조건을 언급하였다. '마지막 하나는 쌀이다.'로 끝났으니 그 다음 쌀에 대한 내용이 와야 자연스럽다. (가)에서 인구 증가에 쌀이 중요한 이유를 설명했고, 쌀의 재배가 다산을 장려하게 만들었다고 했다. 이어서 (마)에서 중국과 인도의 인구 증가에 대한 추가적인 원인을 설명했다. 그런 이유로 (다)에서 현대 의학 발전과 맞물려 세계 인구의 36%를 차지하는 인구 대국이 되었다고 설명하고 있다.

정답과 해설 실전 모의고사 2회

Ⅰ 수리논술 정답									
01	02	03	04	05	06	07	08	09	10
②	④	②	④	⑤	⑤	④	①	⑤	⑤
11	12	13	14	15	16	17	18	19	20
④	④	③	①	②	④	②	②	⑤	③

01 ②

호수 A가 1시간 동안 채우는 물의 양을 a, 호수 B가 1시간 동안 채우는 물의 양을 b, 호수 C가 1시간 동안 채우는 물의 양을 c, 물탱크의 용량을 1이라고 하면 아래와 같이 식을 세울 수 있다.

호수 A, B, C로 채우면 1시간이 걸린다.

$(a+b+c)\times 1=1 \rightarrow a+b+c=1$ ---- Ⓐ

호수 A, B로 채우면 2시간이 걸린다.

$(a+b)\times 2=1 \rightarrow a+b=\frac{1}{2}$ ---- Ⓑ

호수 B, C로 채우면 1시간 30분이 걸린다.

$(b+c)\times \frac{3}{2}=1 \rightarrow b+c=\frac{2}{3}$ ---- Ⓒ

Ⓐ−Ⓑ에서 $c=\frac{1}{2}$, Ⓐ−Ⓒ에서 $a=\frac{1}{3}$을 구할 수 있다.

따라서 호수 A, C로 함께 물탱크를 채우면 x시간이 걸린다고 할 때

$\frac{1}{3}x+\frac{1}{2}x=1$, $\frac{2}{6}x+\frac{3}{6}x=1$, $2x+3x=6$, $5x=6$, $x=\frac{6}{5}$

따라서 1과 $\frac{1}{6}$, 즉 1시간 12분이 된다.

02 ④

모든 경우의 수는 7명의 지원자가 7개의 의자에 앉는 경우의 수이므로 7!이다. 이때 2명 이상의 여자 지원자가 서로 이웃하게 앉는 사건의 여사건은 여자 지원자끼리 서로 이웃하지 않게 앉는 사건이다. 남자 지원자 4명이 먼저 앉은 후 그 사이사이와 양 끝의 5개의 자리에 여자 지원자가 앉으면 되므로 그 경우의 수는 $4!\times {}_5P_3$이다.

여사건의 확률은 $\frac{4!\times {}_5P_3}{7!}=\frac{(4\times 3\times 2\times 1)\times(5\times 4\times 3)}{7\times 6\times 5\times 4\times 3\times 2\times 1}=\frac{2}{7}$이다.

따라서 구하는 확률은 $1-\frac{2}{7}=\frac{5}{7}$이다.

03 ②

② ×

2023년 8월 '종합몰'의 거래액은 116,190억 원이고, 2022년 8월 '종합몰'의 거래액은 111,634억 원이다. 차이는 116,190−111,634=4,556(억 원)이다.

① ○

온라인으로만 판매하기 때문에 '온라인몰'에 속하고, 위스키와 같은 하나의 상품군을 판매하기 때문에 '전문몰'에 속한다.

③ ○

자료를 보면 항상 '온라인몰'의 거래액 비중이 75% 이상이므로 '온·오프라인 병행몰'의 거래액의 3배를 넘었다.

④ ○

2022년 연간 '온라인몰'의 거래액은 1,622,712억 원으로 조로 환산하면 162조 원을 넘었다.

⑤ ○

'온•오프라인 병행몰'에서 2022년 8월 거래액은 40,774억 원이다. 그리고 2022년 연간 거래액은 476,079억 원이다. 보수적으로 어림계산해도 40,000×12=480,000(억 원)이다. 따라서 40,774억 원을 월평균으로 잡으면 연간 총액은 480,000억 원을 넘는다. 디테일하게 계산하지 않아도 '온•오프라인 병행몰'에서 2022년 8월 거래액은 2022년 월평균 거래액보다 높다고 말할 수 있다.

직접 계산하면 아래와 같다.

2022년 월평균 '온•오프라인 병행몰' 거래액: $\frac{476,079}{12}=39,673.25$(억 원)

04 ④

가구소득 대비 사회적 현물이전 비율이 13% 이상인 모든 연도는 2018년부터 2021년까지다.

(단위: 만 원, %)

구분	가구소득 평균			
	'18년	'19년	'20년	'21년
가구소득(A)	5,828	5,924	6,125	6,414
사회적 현물이전(B)	759	826	835	847
합계(A)+(B)	6,587	6,750	6,960	7,261

$\frac{6,587+6,750+6,960+7,261}{4}=\frac{27,558}{4}=6,889.5$(만 원)

05 ⑤

⑤ ×

2010년 총 가구수는 17,339(천 가구)이고, 2000년 총 가구수는 14,312(천 가구)이다.

$\frac{17,339}{14,312}=1.2115\cdots$ → 21% 이상 증가

따라서 2010년 총 가구수는 10년 전과 비교하여 20% 이상 증가하였다.

① ○

2020년 총 가구수는 20,927(천 가구), 2015년 총 가구 수는 19,112(천 가구)이다.

20,927 − 19,112 = 1,815(천 가구) → 181.5(만 가구)

따라서 2020년 총 가구수는 5년 전과 비교하여 180만 가구 이상 늘었다.

② ○

2000년 점유율은 자기집 54.2%, 전세 28.2%, 월세 12.6%로 합하면 54.2 + 28.2 + 12.6 = 95.0%이다. 따라서 나머지 항목인 사글세와 무상 주택의 점유율의 합은 5%이다.

③ ○

[그래프]에서 월세 가구 점유율이 네 번째로 높은 해는 1985년이다.

1985년 월세 가구수는 9,571 × 0.198 = 1,895.058, 약 189.5만 가구이다. 따라서 1985년 월세 가구수는 200만 가구 이하다.

④ ○

[그래프]에서 전세 가구 점유율이 네 번째로 높은 해는 1980년으로 그 해 자가 점유율은 58.6%이다. 전체의 절반 이상이므로 당연히 그 외 모든 항목의 점유율의 합보다 높았다.

06 ⑤

5년간 평균 남자 흡연율: $\frac{37.0+35.8+34.7+33.0+30.7}{5}=\frac{171.2}{5}=34.24\%$

5년간 평균 여자 음주율: $\frac{45.4+45.7+43.2+41.7+39.9}{5}=\frac{215.9}{5}=43.18\%$

43.18 − 34.24 = 8.94%p

따라서 약 9%p 차이가 난다.

07 ④

④ ×

2023년 5월 기준 전체 남자의 수는 4,101(천 명)이다. 이 중 25%는 $\frac{1}{4}$이다. 따라서 근속 기간 '20~30년 미만' 남자의 수 1,050(천 명)에 4배를 곱해 4,101보다 크면 25%가 넘는다.

1,050 × 4 = 4,200(천 명)

따라서 25% 이상이다.

① ○

[표]를 통해 18.9년으로 확인할 수 있다.

② ○

16.4%로 동일하다.

③ ○

2022년 5월 기준 근속 5년 미만 여자의 수는 855(천 명)이고, 남녀 전체의 수는 8,126(천 명)이니까 8,126의 10%, 즉 812.6(천 명)을 넘는다.

⑤ ○

남자는 18.9년, 19.1년으로 평균 19년이고, 여자는 11.8년, 12.2년으로 평균 12년이다.

08 ①

① ×

2012년부터 2014년까지 연평균 매출액 대비 2017년부터 2019년 연평균 매출액은 약 7.9% 증가하였다.

2012년부터 2014년까지 연평균 매출액: $\frac{2,228+2,253+2,227}{3}=2,236$(조 원)

2017년부터 2019년까지 연평균 매출액: $\frac{2,343+2,454+2,440}{3}=2,412.333\cdots$(조 원)

$\frac{2,412}{2,236}=1.0787\cdots$ → 약 7.9%

② ○

2017년, 2018년, 2021년으로 총 3번 있었다.

③ ○

2017년 전년 대비 매출액 증가율보다 더 높은 해는 유일하게 2021년이다.

2017년 전년 대비 매출액은 $\frac{2,343}{2,162}=1.0837\cdots$ → 약 8.4% 상승

2021년 전년 대비 매출액은 $\frac{2,760}{2,360}=1.1694\cdots$ → 약 16.9% 상승

④ ○

2015년 전년 대비 매출 감소액은 2020년 전년 대비 매출 감소액보다 낮았다.

2015년 전년 대비 매출 감소액: $2,227-2,155=72$(조 원)

2020년 전년 대비 매출 감소액: $2,440-2,360=80$(조 원)

⑤ ○

2019년 매출액은 5년 전과 비교하여 10% 이상 증가하지 않았다.

$\frac{2,440}{2,227}=1.0956$ → 약 9.6% 증가

09 ⑤

⑤ ×

실내등유의 경우는 7월에도 하락하였다.

① ○

자료에서 주어진 2023년 월별 소비자물가 지수는 2020년 100을 기준으로 모두 110을 넘기 때문에 10% 이상 상승하였다.

② ○

5월~7월 자동차용 경유 가격은 1,472원, 1,394원, 1,396원인데 1,400원을 기준으로 가평균을 구하면 +72, −6, −4로 그 합은 +62이다. 따라서 평균가는 1,400원을 넘는다.

③ ○

[표]를 통해 확인할 수 있다.

④ ○

자동차용 경우 가격이 가장 낮은 달은 6월이고, 6월 보통휘발유 가격은 1,581원이다. 가격이 가장 높은 달은 9월로 1,769원이고 차이는 $1,769-1,581=188$(원) 차이다.

10 ⑤

⑤ ×

계산해 보면 아래와 같다.

$\frac{2,017+3,089}{6,643}\times100=\frac{5,106}{6,643}\times100=76.86\%$

따라서 80% 이상은 아니다.

① ○

2020년 고등학교 학력자 1인 가구 비중

$\frac{2,017}{6,643}\times100=30.36\%$

② ○

[표1]을 통해 확인할 수 있다.

③ ○

두 해 모두 50세 이상 전체 가구 수는 1천만 가구를 넘는다.

2015년 50세 이상 전체 가구 수: $4,589+2,960+2,794=10,343$(천 가구)$=10,343,000$(가구)

2020년 50세 이상 전체 가구 수: $4,810+3,787+3,174=11,771$(천 가구)$=1,1771,000$(가구)

④ ○

자료를 통해 2015년과 2020년 모두 여성 1인 가구 비중이 더 높은 것을 확인할 수 있다.

2015 남성 1인 가구 비중: $\frac{2,315}{13,445}\times100=17.22\%$

2015 여성 1인 가구 비중: $\frac{2,896}{5,666}\times100=51.11\%$

2020 남성 1인 가구 비중: $\frac{3,304}{14,081}\times100=23.46\%$

2020 여성 1인 가구 비중: $\frac{3,339}{6,845}\times100=48.78\%$

11 ④

2020년 1인 가구 비중이 가장 높은 연령대는 '29세 이하'이다. 계산해 보지 않아도 유일하게 전체 가구 대비 절반이 넘는다. 이때 구성비는 아래와 같다.

$\frac{1,343}{6,643}\times100=20.22\%$

12 ④

㉠ ×

2022년 전년 대비 '전국' 종사자 수의 증감량은 279,797명이고 '경기' 종사자 수의 증감량은 108,300명이다.

$\frac{108,300}{279,797}\times100=38.706\cdots\%$

따라서 40% 이하이다.

㉡ ×

2021년 인천의 사업체 수는 308,892개이고, 종사자 수는 1,223,448명이다.

$\frac{1,223,448}{308,892}=3.96\cdots$(명)

㉢ ○

[표1]에서 서울의 감소량이 가장 큰 것을 확인할 수 있고, 구성비는 19.5%에서 19.2%로 0.3%p 감소했다.

㉣ ○

2022년 전년 대비 종사자 수 감소가 가장 큰 지역은 −4,503명으로 광주가 가장 많고, 그 다음은 제주로 −4,381명이다. 따라서 감소량이 4,500명 이상인 지역은 광주밖에 없다.

13 ③

2022년 경기와 인천 지역 모든 사업체 수는 1,515,753+317,443=1,833,196(개)이고,
종사자 수는 6,102,870+1,247,846=7,350,716(명)이다.

사업체 당 평균 종사자 수는 $\frac{7,350,716}{1,833,196}=4.009\cdots$(명)이다.

14 ①

① ○

계산해 보면 우리나라 총 사업체 수는 2020년과 2021년 모두 400(만 개) 이상이었다.
2020년 우리나라 사업체 수
191+633+1,159+1,293+850=4,126(천 개)=412.6(만 개)
2021년 우리나라 사업체 수
213+659+1,150+1,268+827=4,117(천 개)=411.7(만 개)

② ×

우리나라 총 제조업 사업체 수는 2021년 50(만 개)가 넘지 않았다.
2021년 우리나라 총 제조업 사업체 수
13+48+119+182+124=486(천 개)=48.6(만 개)

③ ×

2020년 '부동산업' 대표자가 세 번째로 많은 연령대는 '40대'이고 2020년 '도・소매업'에서 두 번째로 높았다.

④ ×

2021년 50대 대표자가 세 번째로 많은 산업은 '제조업'이다.

⑤ ×

2020년 40대 이하 대표자가 운영하는 교육서비스업 사업체 수
8+42+71=121(천 개)=12.1(만 개)

15 ②

2021년 사업체 수가 두 번째로 많은 산업은 '숙박・음식점업'이다. 모든 연령대에서 일관적으로 가장 많은 산업은 '도・소매업'이고, 그 다음은 '숙박・음식점업'이기 때문에 그 합도 가장 많은 것은 '도・소매업'이고, 그 다음은 '숙박・음식점업'이다. 굳이 계산하지 않아도 판단할 수 있다. 2020년 '숙박・음식점업'에서 대표자의 나이가 40대 이상인 사업체 수의 합은 178+224+160=562(천 개)=56.2(만 개)다.

16 ④

㉠ ○

2021년 50세 미만 내국인 주택 소유자: 291+1,647+3,335=5,273(천 명)

2021년 50세 미만 내국인 주택 소유자 비율: $\frac{5,273}{15,089}\times 100=34.9459\cdots≒34.95\%$

㉡ ○

2021년 50대 내국인 여자는 4,145(천 명)이고, 주택 소유자는 1,828(천 명)이다.

$\frac{1,828}{4,145}\times 100=44.1013\cdots≒44.10\%$

㉢ ○

[표2]를 통해 확인할 수 있다.

㉣ ×

2021년 내국인 60세 이상 남자 인구: 3,386+1,650+691=5,727(천 명)

2021년 내국인 60세 이상 여자 인구: 3,554+1,996+1,356=6,906(천 명)

6,906−5,727=1,179(천 명)=117.9(만 명)

17 ②

2021년 40~69세 내국인 인구 중 남자 비율

$\frac{3,980+4,182+3,386}{7,841+8,327+6,939}\times 100=\frac{11,548}{23,107}\times 100=49.976\cdots≒50\%$

2021년 40~69세 내국인 주택 소유자 중 남자 비율

$\frac{1,858+1,965+1,711}{3,335+3,793+3,256}\times 100=\frac{5,534}{10,384}\times 100=53.293\cdots≒53\%$

선택지 중 가장 적당한 것은 약 3%p이다.

18 ②

갑과 정을 먼저 대입하여 2개의 식을 얻는다.

$14=2^2\times a+2\times b \rightarrow 14=4a+2b \rightarrow 7=2a+b \rightarrow 7-2a=b$

$65=5^2\times a+5\times b \rightarrow 65=25a+5b \rightarrow 13=5a+b \rightarrow 13-5a=b$

연립하면 $7-2a=13-5a$, $5a-2a=13-7$, $3a=6$, $a=2$이고 $b=3$이다.

(플레이 시간)=(캐릭터 레벨)^2×2+(캐릭터 레벨)×3을 이용하여 계산한다.

27=(캐릭터 레벨)^2×2+(캐릭터 레벨)×3, 2(캐릭터 레벨)^2+3(캐릭터 레벨)−27=0

(캐릭터 레벨)=x로 치환하면 $2x^2+3x-27=0$이고 $(2x+9)(x-3)=0$이다.

$x=-\frac{9}{2}$, 3인데 캐릭터 레벨은 양수이므로 ㉠은 3이다.

(플레이 시간)=$4^2\times 2+4\times 3$, (플레이 시간)=32+12=44

㉡은 44이다.

19 ⑤

⑤ ×

2021년 개인 공동 소유 주택 중 아파트 비중을 [표]로 나타내면 아래와 같다.

(단위: 천 호)

개인 공동 소유	2인	3인	4인	5인 이상
전체	1,981	100	33	32
아파트	1,372	35	8	3
비중	69%	35%	24%	9%

[그래프]와 비교하면 '5인 이상' 항목의 막대 그래프가 10%를 넘을 수 없다. 명확히 잘못된 [그래프]로 판단할 수 있다.

① ○

개인 소유 주택 중 아파트 비중을 [표]로 나타내면 아래와 같다.

(단위: 천 호)

개인 공동 소유	전체	단독 소유	공동 소유
2020 전체	15,968	13,889	2,079
2020 아파트	9,647	8,309	1,338
비중	60%	60%	64%
2021 전체	16,242	14,096	2,145
2021 아파트	9,924	8,506	1,418
비중	61%	60%	66%

비교하면 [그래프]와 일치한다.

② ○

2020~2021 개인 소유 주택 증감 현황을 [표]로 나타내면 아래와 같다.

(단위: 호)

구분	전체	단독 소유	공동 소유
2020	15,968,000	13,889,000	2,079,000
2021	16,242,000	14,096,000	2,145,000
증감	274,000	207,000	66,000

단위에 주의하여 살펴봐야 한다. 비교하면 정확한 수치가 [그래프]에 표현되지 않았지만, [그래프]와 일치한다.

③ ○

2020~2021 개인 소유 아파트 증감 현황을 [표]로 나타내면 아래와 같다.

(단위: 천 호)

구분	전체	단독 소유	공동 소유
2020	9,647	8,309	1,338
2021	9,924	8,506	1,418
증감	277	197	80

비교하면 [그래프]와 일치한다.

④ ○

2020~2021 개인 공동 소유 아파트 증감 현황을 [표]로 나타내면 아래와 같다.

(단위: 천 호)

구분	전체	2인	3인	4인	5인 이상
2020	1,338	1,292	36	7	3
2021	1,418	1,372	35	8	3
증감	+80	+80	-1	+1	0

비교하면 [그래프]와 일치한다.

20 ③

공장 A는 월마다 1, 2, 4, 8씩 생산량이 증가하고 있다. 공장 B는 월마다 생산량이 20개씩 증가하고 있다. [표]로 나타내면 아래와 같다. 2023년 1월부터 2023년 5월까지 두 공장의 반도체 누적 생산량은 (20+21+23+27+35)+(100+120+140+160+180)=126+700=826(백 개)=82,600(개)이다.

(단위: 개)

구분	2023년 1월	2023년 2월	2023년 3월	2023년 4월	2023년 5월
핸드폰 A	2,000	2,100	2,300	2,700	3,500
핸드폰 B	10,000	12,000	14,000	16,000	18,000
누적 합	12,000	26,100	42,400	61,100	82,600

구분	2023년 6월	2023년 7월	2023년 8월	2023년 9월	2023년 10월
핸드폰 A	5,100	8,300	14,700	27,500	53,100
핸드폰 B	20,000	22,000	24,000	26,000	28,000
누적 합	107,700	138,000	176,700	230,200	311,300

따라서 처음으로 누적 합이 150,000개는 넘기는 때는 2023년 8월이다.

Ⅱ 추리 정답									
01	02	03	04	05	06	07	08	09	10
②	⑤	④	②	③	③	③	③	④	①
11	12	13	14	15	16	17	18	19	20
⑤	③	⑤	⑤	⑤	③	①	⑤	①	④
21	22	23	24	25	26	27	28	29	30
③	①	⑤	④	③	③	①	④	⑤	⑤

01 ②

'모든', '어떤' 형 논리구조

삼단논법 꼴과 다르게 전제 2개가 바로 연결되지 않는 경우이다.

전제: 모든 A → B, 어떤 A → C

결론: 어떤 B → C(어떤 C → B)

전제1	어떤 국가는 바다를 오염시킨다.	어떤 A(국가) → C(바다)
전제2	모든 국가는 자연을 걱정한다.	모든 A(국가) → B(자연)
결론	자연을 걱정하는 어떤 국가는 바다를 오염시킨다. 바다를 오염시키는 어떤 국가는 자연을 걱정한다.	어떤 B(자연) → C(바다) or 어떤 C(바다) → B(자연)

02 ⑤

삼단논법 응용형 논리구조

전제에서 2번 나오는 것을 B라 하면 B로 두 명제를 앞뒤로 붙일 수 있을 때 삼단논법을 쓸 수 있다.

전제: 어떤 A → B, 모든 B → C

결론: 어떤 A → C

전제1	노래하는 어떤 사람은 음치이다.	어떤 A(노래) → B(음치)
전제2	음치인 모든 사람은 몸치가 아니다.	모든 B(음치) → C(몸치×)
결론	노래하는 어떤 사람은 몸치가 아니다.	어떤 A(노래) → C(몸치×)

03 ④

'모든', '모든' 형 논리구조

삼단논법 꼴과 다르게 전제 2개가 바로 연결되지 않는 경우이다.

전제: 모든 A → B, 모든 A → C

결론: 어떤 B → C(어떤 C → B)

전제1	달랏을 좋아하지 않는 사람은 베트남인이 아니다.	모든 ~B → ~A [대우] 모든 A(베트남) → B(달랏)
전제2	모든 베트남인은 쌀국수를 좋아한다.	모든 A(베트남) → C(쌀국수)
결론	달랏을 좋아하는 어떤 사람은 쌀국수를 좋아한다. **쌀국수를 좋아하는 어떤 사람은 달랏을 좋아한다.**	어떤 B(달랏) → C(쌀국수) or **어떤 C(쌀국수) → B(달랏)**

'쌀국수를 좋아하는 어떤 사람은 달랏을 좋아한다.'와 '쌀국수를 좋아하는 사람 중에는 달랏을 좋아하는 사람이 있다.'는 같은 의미이다.

04 ②

B는 혼자 다른 지역에서 근무한다고 했으므로 이 말이 진실이면 B는 평택에서 근무한다. 그런데 C는 A가 평택에서 근무한다고 했으므로 둘 중 최소한 한 명은 거짓을 말하고 있다.
만약 B와 C가 모두 거짓일 때를 생각해본다. 이때 나머지 사람의 말은 모두 진실이다.
그런데 이 경우는 모순이 생긴다.

A	B	C	D	E
진실	거짓	거짓	진실	진실
수원			수원	수원

A, D, E의 말이 진실이 되는데, A는 E와 같은 지역에 있다고 했고, E는 서울에서 근무하고 있지 않다고 했으므로 A와 E는 함께 수원에서 근무해야만 한다. 그런데 D도 수원에서 근무하고 있다고 했으므로 셋 중 하나는 반드시 거짓이다. 따라서 B와 C가 모두 거짓인 경우는 성립하지 않는다.
만약 B가 거짓이고, C가 진실인 경우는 아래와 같이 나타낼 수 있다.

A	B	C	D	E
거짓	거짓	진실	진실	진실
평택	서울	서울	수원	수원

만약 C가 거짓이고, B가 진실인 경우는 3가지가 가능하다.

A	B	C	D	E
진실	진실	거짓	거짓	진실
수원	평택	서울	서울	수원

A	B	C	D	E
진실	진실	거짓	진실	거짓
서울	평택	수원	수원	서울

A	B	C	D	E
거짓	진실	거짓	진실	진실
서울	평택	서울	수원	수원

따라서 총 4가지 경우가 가능하다.

② ×

모든 경우에서 B는 수원에서 근무하지 않는다.

① △

경우에 따라 D와 E는 수원에서 같이 근무하기도 하고, 서울과 수원에 각자 근무하기도 한다.

③ △

A는 경우에 따라 평택, 수원, 서울에서 근무한다.

④ △

C와 D는 경우에 따라 서울과 수원에 근무한다. 따라서 같이 근무하기도 하고, 아닌 경우도 있다.

⑤ △

D는 경우에 따라 수원, 서울에서 근무한다.

05 ③

피벗 조건은 C와 E의 진술로 놓고 풀면 유리하다. 둘 중 1명은 반드시 거짓이므로 최소한 A, B, D의 진술은 모두 참이다.

구분	A	B	C	D	E
진실	○	○	×	○	
토핑	게살	새우		페페로니 or 버섯	

이때 A의 토핑은 게살이므로 C의 진술은 거짓이 된다. 따라서 E의 진술은 참이 되고 C의 토핑은 페페로니이다.

구분	A	B	C	D	E
진실	○	○	×	○	○
토핑	게살	새우	페페로니	버섯	없음

위의 상황으로 유일하게 확정된다.

③ ×

B의 토핑은 새우이다.

① ○

A는 토핑으로 게살을 추가했다.

② ○

E는 토핑을 추가하지 않았다.

④ ○

C의 토핑은 페페로니이고, 게살이 아니다.

⑤ ○

D의 토핑은 버섯이고, 페페로니가 아니다.

06 ③

C와 D 사이에는 누군가 2명이 있기 때문에 C나 D는 최소한 6명 중에 앞에서 3번째 안에 서 있다.

1	2	3	4	5	6
		C or D			C or D

그런데 A는 F의 앞에 있고, F는 C와 D 중에 앞선 사람보다 앞에 있기 때문에 아래와 같이 위치를 고

정할 수 있다.

1	2	3	4	5	6
A	F	C or D			C or D

그런데 E는 A와 B보다 뒤에 있기 때문에 아래와 같이 된다.

1	2	3	4	5	6
A	F	C or D	B	E	C or D

따라서 2가지 경우가 가능하다.

③ ×

B는 4번째로 서 있기 때문에 항상 거짓이다.

① △

C는 3번째 또는 6번째로 줄을 서게 된다.

② △

D는 3번째 또는 6번째로 줄을 서게 된다.

④ ○

A는 1번째, B는 4번째로 줄을 서 있다.

⑤ △

D가 3번째에 서면 E보다 앞에 서 있고, 6번째로 서면 E보다 뒤에 서 있게 된다.

07 ③

두 개의 관계를 연결하면 '장비○유비', '장비○○○관우'가 된다.

• 장비와 유비 등수 사이에 1명이 있다.
• 관우와 장비 등수 사이에 3명이 있다.

두 개의 관계를 연결하면 '마초 〉 황충 〉 장비'가 된다.

• 마초는 황충보다 성적이 좋다.
• 장비는 황충보다 성적이 좋지 않다.

종합하면 장비는 앞에 두 명이 고정으로 있어서 1, 2위는 될 수 없고, 유비와 1칸, 관우와 3칸 거리를 두고 있어야 한다. 아래와 같은 경우가 가능하다.

순위	1	2	3	4	5	6	7
경우1			장비		유비		관우
경우2	유비		장비				관우
경우3	관우				장비		유비
경우4	관우		유비		장비		
경우5		관우		유비		장비	
경우6			관우		유비		장비

남은 조건을 1개씩 조합해 본다.

• 제갈량은 가장 성적이 좋거나, 가장 성적이 좋지 않다.

순위	1	2	3	4	5	6	7
가능	제갈량		장비		유비		관우
불가능	유비		장비				관우
불가능	관우				장비		유비
가능	관우		유비		장비		제갈량
가능	(제갈량)	관우		유비		장비	(제갈량)
가능	제갈량		관우		유비		장비

• 관우는 조운보다 등수가 낮고, 두 명의 등수는 연속한다.

순위	1	2	3	4	5	6	7
가능	제갈량		장비		유비	조운	관우
불가능	관우		유비		장비		제갈량
가능	조운	관우		유비		장비	제갈량
가능	제갈량	조운	관우		유비		장비

'마초 〉 황충 〉 장비' 가능 여부

순위	1	2	3	4	5	6	7
불가능	제갈량		장비		유비	조운	관우
가능	조운	관우	마초	유비	황충	장비	제갈량
가능	제갈량	조운	관우	마초	유비	황충	장비

최종적으로 가능한 경우는 2가지이다.

순위	1	2	3	4	5	6	7
경우1	조운	관우	마초	유비	황충	장비	제갈량
경우2	제갈량	조운	관우	마초	유비	황충	장비

③ ×

관우가 4위인 경우는 없다.

①, ④ ○

경우2에서 가능하다.

②, ⑤ ○

경우1에서 가능하다.

08 ③

우선 A가 3번째로 도착했다고 했으므로 그것을 피벗 조건으로 고정하고 시작한다.

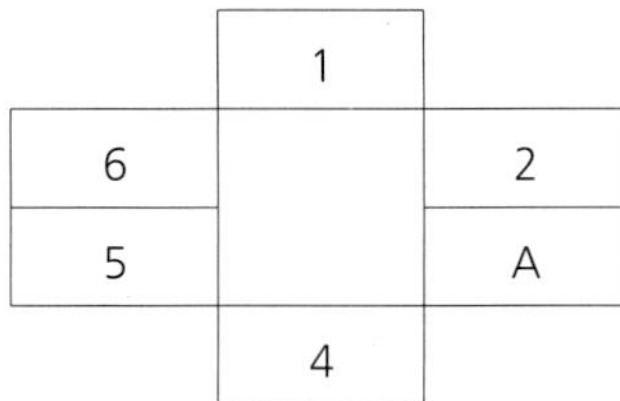

12시 방향을 첫 번째로 도착한 자리라고 하고 A의 위치를 넣는다.

• C와 E는 연달아 도착하였다.
• D는 E보다 먼저 도착하였다.

위 두 조건을 연결하면 D 〉 C, E이고, D는 최소한 4번째 안으로 왔다. 그런데 만약 D가 4번째로 왔다고 가정하면 1, 2번째 온 사람은 B, F가 된다. 두 사람은 이웃하여 앉지 않으므로 D는 1, 2번째 안에 와야 한다.

D가 2번째로 왔다고 가정하면 F는 C의 맞은편에 앉아야 하므로 1번째 자리로 고정된다. 그러면 C는 4번째 자리에 고정되고 나머지 자리도 고정된다.

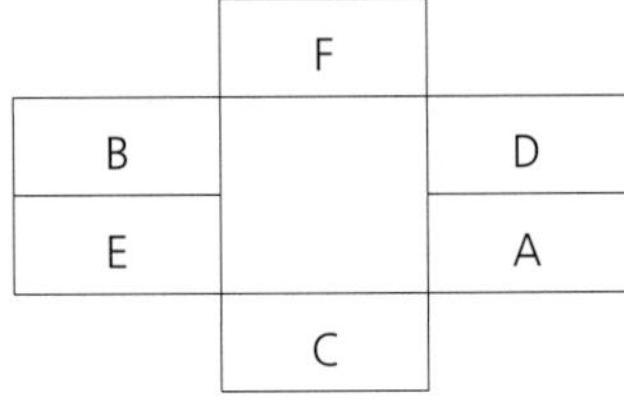

B와 F가 이웃하여 앉으므로 조건에 맞지 않다.

따라서 D는 반드시 1번째 지리에 와야 한다. 그러면 F는 2번째 자리에 고정, C는 그 맞은편인 5번째 자리에 고정된다. 이때 총 2가지 경우가 가능하다.

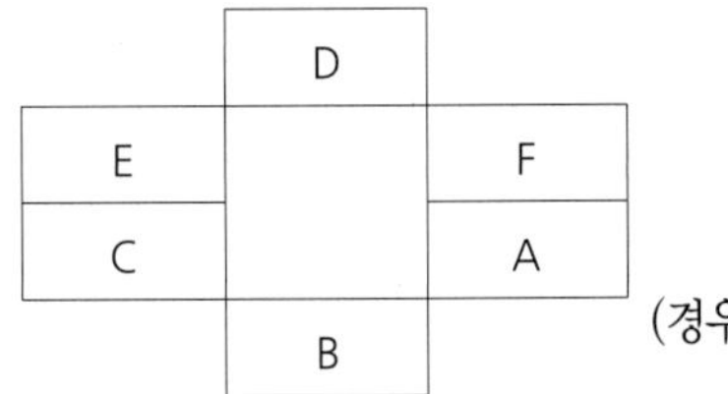

(경우1)

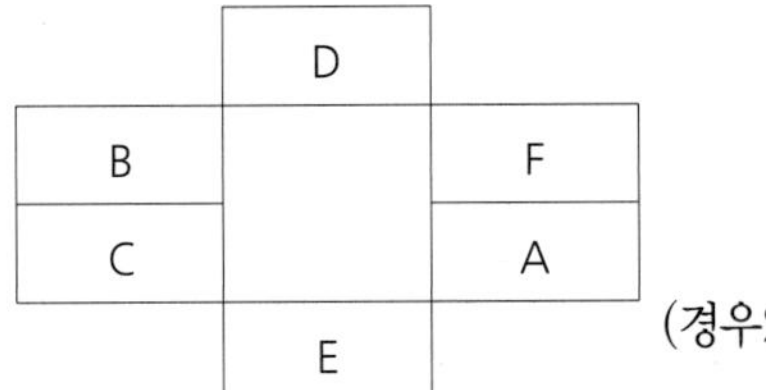

(경우2)

③ ○

모든 경우 성립하다.

① ×

경우2는 성립하지 않는다.

② ×

경우1은 성립하지 않는다.

④ ×

항상 성립하지 않는다.

⑤ ×

경우2는 성립하지 않는다.

09 ④

B는 E보다 낮은 층, C, D보다 높은 층에 거주하는데 C와 D는 호수가 같으므로 층이 다르다. 따라서 B는 3층에 산다는 것을 알 수 있다. 그러면 자연스럽게 E와 A의 층도 고정된다.

4층	E, A
3층	B
2층	C or D
1층	C or D

나머지 조건을 연결해본다.

• A, C, D의 숙소는 끝자리 호수가 같다.

• B, E의 숙소는 끝자리 호수가 같다.

4층에 사는 A와 E는 호수가 다를 수밖에 없고, A, C, D와 B, E끼리 호수가 같다.

4층	A	E
3층		B
2층	C or D	
1층	C or D	

따라서 위와 같은 결론을 얻을 수 있다.

④ ○

만약 C가 201호에 산다면 E는 402호에 살게 된다.

① △

C는 1층에 살 수도 있다.

② △

D는 1층에 살 수도 있다.

③ △

B는 302호에 살 수도 있다.

⑤ △

D는 201호에 살 수도 있다.

---

10 ①

아래 두 정보를 통해 가이드가 앉은 열에는 A, B, F가 앉은 것을 알 수 있다.

• A는 가이드가 앉은 열에 앉았고, 바로 뒷자리에 있는 B와 수다를 떨고 있다.

• D는 F의 바로 오른쪽에 앉아서 서로 사진을 열심히 찍고 있다.

따라서 2가지 경우가 가능하다.

운전석	입구
가이드	
A	
B	
F	D

(경우1)

운전석	입구
가이드	
F	D
A	
B	

(경우2)

• D의 앞에 앞에는 G가 앉아 있고 같은 열에 앉아서 머리가 보일 듯 말 듯하다.

위 정보를 통해 (경우2)는 G가 입구에 앉아야 하기 때문에 성립이 안 된다.

운전석	입구
가이드	
A	G
B	
F	D

남은 인원을 배치하면 가능한 경우는 총 2가지이다.

운전석	입구
가이드	C
A	G
B	E
F	D

운전석	입구
가이드	E
A	G
B	C
F	D

① ×

두 경우 모두 A의 옆자리에는 C가 앉지 않는다.

② △

B의 옆자리에는 E 또는 C가 앉는다.

③, ④ △

가이드의 옆자리에는 C 또는 E가 앉는다.

⑤ ○

D는 가장 뒷자리에 앉고, 운전석에서 가장 먼 대각선 자리에 앉는다.

11 ⑤

먼저, 한 팀의 총점을 구한다.

$(5\times2)+(4\times3)+(3\times5)+(2\times5)+(1\times5)=52$점에서 4팀으로 나누면 각 팀의 총점은 13점이다.

그리고 표를 아래와 같이 만들 수 있다.

구분	5점	4점	3점	2점	1점	총점
1팀						13
2팀						13
3팀						13
4팀						13
전체	2명	3명	5명	5명	5명	52

한팀에 5점 선수가 2명인 건 불가능하다. 5점 선수가 2명이면 1점 선수가 3명이어야 하기 때문이다. 한 팀에 동일한 실력을 가진 사람들이 최대 1쌍까지만 가능하다. 따라서 5점 선수는 각각 다른 팀에 속한다.

구분	5점	4점	3점	2점	1점	총점
1팀	1명					5/13
2팀	1명					5/13
3팀						0/13
4팀						0/13
전체	2명	3명	5명	5명	5명	52

또한 한 팀에 4점 이상 선수가 없는 경우도 불가능하다. 3점 2명, 2점 2명이면 총 10점이 되는데 나머지 1점 선수로 채우면 총점 13점이 안 된다. 따라서 모든 팀은 4점 이상의 선수가 1명 이상은 있어야 한다.

구분	5점	4점	3점	2점	1점	총점
1팀	1명					5/13
2팀	1명					5/13
3팀		1명				4/13
4팀		1명				4/13
전체	2명	3명	5명	5명	5명	52

두 팀은 구성원의 개별점수가 완전히 똑같다고 했다. 두 팀의 구성을 같게 할 수 있는 방법은 1, 2팀을 같게 구성하거나 3, 4팀을 같게 구성하는 것이다. 만약 1, 2팀을 같게 구성한다면 1명 남은 4점 선수는 이 두 팀에 들어 올 수 없다. 3점에 2명을 넣으면 아래와 같다.

구분	5점	4점	3점	2점	1점	총점
1팀	1명		2명		2명	13/13
2팀	1명		2명		2명	13/13
3팀		1명				4/13
4팀		1명				4/13
전체	2명	3명	5명	5명	5명	52

그런데 2점에 5명이 남아서 불가능하다. 그렇게 되면 3팀 또는 4팀에 2점 선수가 3명 배치되어야 해서 불가능하다. 3점에 1명을 넣으면 아래와 같다.

구분	5점	4점	3점	2점	1점	총점
1팀	1명		1명	2명	1명	13/13
2팀	1명		1명	2명	1명	13/13
3팀		2명	1명		2명	13/13
4팀		1명	2명	1명	1명	13/13
전체	2명	3명	5명	5명	5명	52

그런데 이 경우도 3팀은 2점 선수가 없어서 2점 선수가 모든 팀에 있어야 하는 조건에 위배된다. 이 조편성도 불가능하다.

만약 3, 4팀을 같게 구성한다면 아래와 같이 구성할 수 있다.

구분	5점	4점	3점	2점	1점	총점
1팀	1명	1명		1명	2명	13/13
2팀	1명		1명	2명	1명	13/13
3팀		1명	2명	1명	1명	13/13
4팀		1명	2명	1명	1명	13/13
전체	2명	3명	5명	5명	5명	52

따라서 위와 같은 조 편성이 가능하다.

⑤ ×

3점 선수를 1명 가진 팀은 2팀이고 2점 선수를 2명 가진다.

①, ②, ④ ○

1팀의 경우이다.

③ ○

1팀은 1점 선수를 2명, 나머지 팀들은 1명씩 가진다.

12 ③

표를 먼저 만들어서 생각한다.

9	10	11	12	13	14	15	16	17	18
			점심						

• C는 직전 점심시간에 생긴 음식 냄새 제거를 위해 환기 후 미팅했다.

• D는 마지막 회의실을 사용하고 간단히 정리 후 나왔다.

9	10	11	12	13	14	15	16	17	18
			점심	C				D	

• 오전에 회의실을 예약 사람은 2명이다.

• 오후에 회의실을 예약한 사람은 총 5명이다.

• A는 이날 재무 결산 미팅이 있어서 2시간을 이어서 사용했다.

오후에 예약자가 5명이기 때문에 A는 오후에 2시간을 이어서 사용할 수 없다. A는 오전에 2시간 사용해야만 한다.

• A가 회의실에 들어갔을 때 다이어리가 보여서 직전에 사용한 F에게 주었다.

연결하면 아래와 같다.

9	10	11	12	13	14	15	16	17	18
F	A	A	점심	C				D	

• E는 B보다 먼저 회의실을 사용하고 싶었지만, 예약이 늦어 더 늦게 사용했다.

위 조건을 연결하면 3가지의 경우가 생긴다.

9	10	11	12	13	14	15	16	17	18
F	A	A	점심	C	B	E	F	D	
F	A	A	점심	C	B	F	E	D	
F	A	A	점심	C	F	B	E	D	

참고로 회의실은 하루 2시간 예약이 가능하기 때문에 F는 오후에도 1시간 사용하였다.

③ ○

E는 항상 15시 이후에 회의실을 사용할 수 밖에 없다.

① △

15시 이전에 F가 회의실을 사용한 경우가 있을 수 있다.

② △

15시 이전에 B가 회의실을 사용한 경우가 있을 수 있다.

④ ×

A는 오전에만 회의실을 사용하였다.

⑤ ×

F는 오전, 오후 각각 1시간 회의실을 사용하였다.

13 ⑤

• D는 맥주와 독일 술을 좋아한다.

미국		와인	
독일	D	맥주	D

• A는 와인을 좋아하고, F는 맥주를 좋아한다.

미국		와인	A
독일	D	맥주	D, F

• C와 B는 미국 술을 좋아하지만, 와인과 맥주에 대한 기호는 서로 다르다.
• 와인과 맥주를 좋아하는 사람의 수는 같다.

미국	B, C	와인	A, E, (C or B)
독일	D	맥주	D, F, (C or B)

C와 B는 각각 1명씩 맥주와 와인을 좋아한다. 따라서 남은 E는 와인을 좋아한다.
• E와 F는 미국과 독일 술에 대한 기호가 같다.
• 미국 술과 독일 술을 좋아하는 사람의 수는 같다.
따라서 E, F의 위치는 독일 술로 고정된다. 그리고 남은 자리에 A가 고정된다.

미국	A, B, C	와인	A, E, (C or B)
독일	D, E, F	맥주	D, F, (C or B)

⑤ ○
C가 와인을 좋아하면 B는 맥주를 좋아한다.
① △
C는 와인을 좋아할 수도, 맥주를 좋아할 수도 있다.
② △
B는 와인을 좋아할 수도, 맥주를 좋아할 수도 있다.
③ ×
E는 독일 술을 좋아하고, 와인을 좋아한다.
④ ×
F는 독일 술을 좋아하고, 맥주를 좋아한다.

14 ⑤

• B는 236이라고 말했고, A는 아웃이라고 말했다.
• B는 789라고 말했고, A는 아웃이라고 말했다.
위 두 개의 조건을 고려하면 A가 생각한 수에서 2, 3, 6, 7, 8, 9는 없다. 반대로 얘기하면 남은 1, 4, 5의 조합으로만 이루어진 수이다.
• B는 457이라고 말했고, A는 1스트라이크, 1볼이라고 말했다.
• B는 489라고 말했고, A는 1스트라이크라고 말했다.

위 두 조건으로 4는 첫 번째 숫자이고, 5는 두 번째 숫자가 아닌 걸 알 수 있다.
따라서 5는 세 번째 숫자이고 415가 A가 생각한 수이다.

⑤ ○
415에서 가운데 숫자는 1이다.

① ×
415로 1가지이다.

② ×
4+1+5=10이다.

③ ×
415로 500보다 작다.

④ ×
415로 홀수다.

15 ⑤

아래와 같은 규칙에 의해 변형되었다.

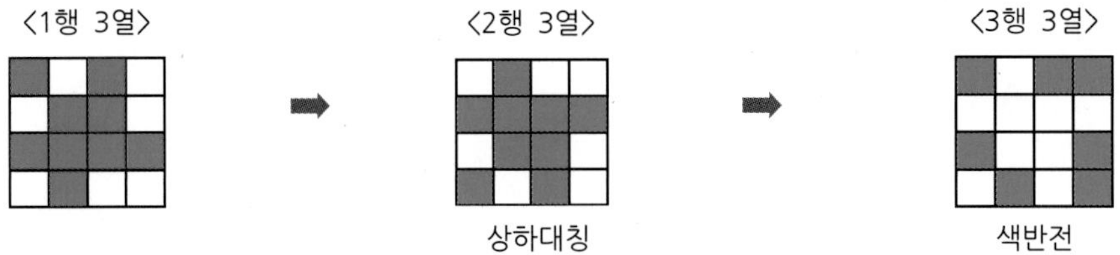

16 ③

아래와 같은 규칙에 의해 변형되었다.

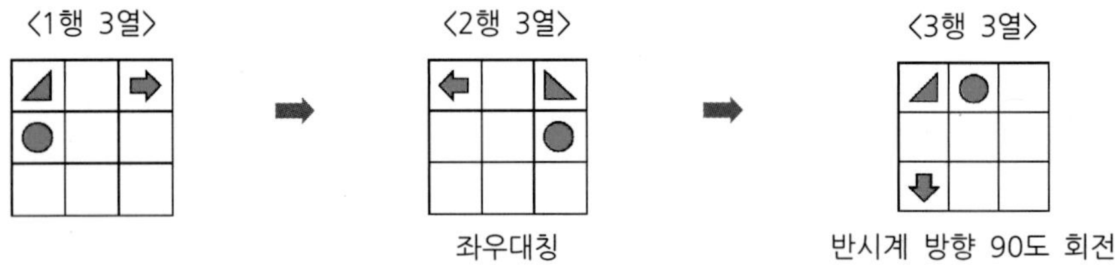

17 ①

아래와 같은 규칙에 의해 변형되었다.

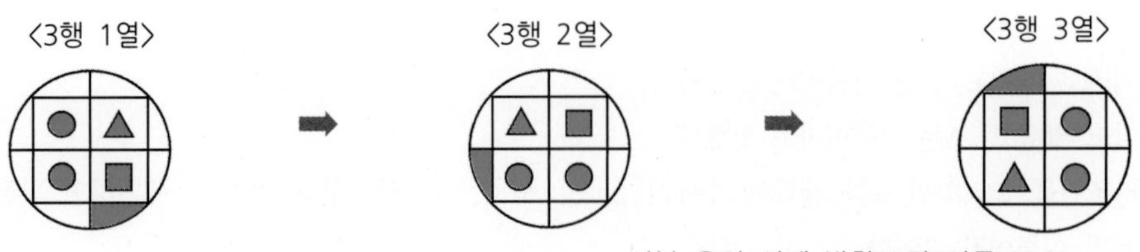

외부 음영 시계 방향 2칸 이동
내부 도형 반시계 방향 1칸 이동

18 ⑤

가장 먼저 문자표를 써 놓고 시작한다.

A	B	C	D	E	F	G	H	I	J	K	L	M
N	O	P	Q	R	S	T	U	V	W	X	Y	Z

각 도형들은 아래와 같은 규칙이 있다.

기호	규칙	기호	규칙
○	(+1, 0, −1, +2)	◇	(P_4, P_1, P_3, P_2)
△	(−1, −1, +2, +1)	□	(P_3, P_4, P_1, P_2)

‘○’는 연산 규칙으로 기존 숫자에 규칙의 수를 더해주는 방식으로 문자의 경우는 알파벳 순서로 적용함
‘◇’는 위치 변환 규칙으로 배열의 위치를 규칙에 따라 변경함

아래와 같이 변환된다.

4I4Q →(○) 5I3S →(◇) S53I

19 ①

아래와 같이 변환된다.

2BW4 →(□) W42B →(△) V34C

20 ④

아래와 같이 변환된다.

XA75 →(○) YA67 →(□) 67YA →(◇) A6Y7

21 ③

아래와 같이 변환된다.

KR23 →(□) 23KR →(◇) R2K3 →(△) Q1M4

22 ①

‘미덥다’와 ‘수상하다’는 뜻이 반대인 반의관계이다.

- 미덥다: 믿음이 가는 데가 있다.
- 수상하다: 보통과는 달리 이상하여 의심스럽다.

따라서 '간약하다'와 뜻이 반대인 '화려하다'가 빈칸에 알맞다.
• 간약하다: 간단하고 짤막하다.
• 화려하다: 어떤 일이나 생활 따위가 보통사람들이 누리기 어려울 만큼 대단히 사치스럽다.

그 외 단어들의 뜻도 함께 살펴 본다.
• 간편하다: 간단하고 편리하다.
• 단순하다: 복잡하지 않고 간단하다.
• 가뿐하다: 마음에 부담이 없이 가볍고 편안하다.
• 강하다: ① 물리적인 힘이 세다.
② 수준이나 정도가 높다.
③ 물체가 굳고 단단하다.
④ 성격이 곧고 단단하다.

23 ⑤

주어진 단어들의 관계는 '(A) – (B)'일 때 B는 A의 재료가 되는 관계이다.
⑤ '책'의 재료는 '종이'가 적당하다. '연필'은 책의 재료가 될 수 없다.
① '의자'의 재료는 '나무'가 될 수 있다.
② '도자기'의 재료는 '흙'이 될 수 있다.
③ '반지'의 재료는 '금'이 될 수 있다.
④ '옷'의 재료는 '면'이 될 수 있다.

24 ④

④ ×
6번째 줄의 '이렇게 장점이 많은 전고체전지의 상용화를 위해서는 몇 가지 난제들을 해결해야 한다. 우선, 리튬이온의 이동력을 높이면서도 안정성과 내구성이 뛰어난 고체 전해질 개발 기술이 필요하다. 그리고 고체 전해질과 잘 반응하면서도 높은 에너지 밀도를 가진 전극을 개발하는 기술도 필요하다. 마지막으로 한 가지 중요한 기술이 더 필요하다. 바로 고체 전해질과 전극을 안정적으로 제조하는 공정 기술이다.'를 통해서 전고체전지의 상용화를 위해서는 적합한 고체 전해질, 전극을 개발하는 기술뿐만 아니라, 두 가지를 안정적으로 제조하는 공정 기술도 확보되어야 상용화가 가능하다는 것을 알 수 있다.
① ○
글에서 전고체전지의 여러 가지 이점 때문에 상용화가 필요하고, 더 안전하고 효율적인 2차 전지 사용이 기대된다고 했다.
② ○
'방전 시에는 음극에서 리튬이온이 전해질을 통해 양극으로 이동하는 구조이다.'를 통해서 알 수 있다.
③ ○
'리튬이온전지와 같이 전해질을 액체로 사용하는 2차 전지와 비교하여 여러 가지 장점이 있다.'를 통해서 알 수 있다.
⑤ ○
글에서 전고체전지는 화재나 폭발 위험이 적어서 안전하고, 부식에 강하다고 설명하고 있다.

25 ③

③ ×

'선행지수는 경기의 향후 흐름을 예측하는 데 도움이 되는 지표다.'를 통해 후행지수가 아니라 선행지수를 말한다는 것을 확인할 수 있다.

① ○

글의 후반부에서 경기동향지수만으로 경기를 정확하게 예측하기는 어렵다고 설명하고 있다.

② ○

'경기동향지수는 0~100 사이의 숫자로 표시되며, 50 이상이면 경기가 확장되고 있다고 판단하고, 50 미만이면 경기가 위축되고 있다고 판단한다.'를 통해서 알 수 있다.

④ ○

'한국의 경우, 통계청에서 경기동향지수를 매월 제조업, 비제조업, 서비스업으로 구분하여 발표하고 있다.'를 통해서 알 수 있다.

⑤ ○

'경기동향지수는 정부, 기업, 개인 등 다양한 경제 주체들이 경기를 판단하고 의사결정을 내리는 데 중요한 지표로 사용된다.'를 통해서 알 수 있다.

26 ③

③ ○

주어진 글을 읽고 [보기]를 이해한 것으로 ③이 가장 적절하다.

주어진 글은 '한 나라의 식문화는 기후, 자원, 사회적 배경에 기인하는 경우가 많다.'라고 시작했고, 유럽에서 맥주와 와인을 식사와 함께 물 대신 마시는 문화를 예로 들었다. [보기]에서는 우리나라에서 찬 음료를 선호하는 반면, 중국에서는 선호하지 않는다고 하였고, 그 이유로 중의학의 영양과 수질이 좋지 않아 찬물로 마시면 질병에 걸릴 위험이 있어 따뜻한 차를 마시는 것이 일반적이라고 하였다. 이것을 바탕으로 이해했을 때 가장 적절한 해석은 '우리나라에서 찬물을 선호할 수 있었던 이유는 우리나라의 수질이 좋았기 때문일 거야.'이다. 우리나라의 환경이 수질이 좋은 환경이었고 바로 찬물을 마셔도 무방한 환경이었다. 이것은 우리의 식문화로 이어져 찬물을 거부감이 마실 수 있는 배경이 되었다고 해석할 수 있다.

① ×

중국에서 차를 좋아하는 이유는 수질이 좋지 않은 이유와 중국 전통 의학의 영향이다. 또한 글의 흐름으로 이해했을 때 중국의 차가 잘 재배되는 환경의 영향으로도 유추할 수 있다.

② ×

중국인들이 선천적으로 위장이 좋지 않은 것이 아니라 기후와 환경, 문화의 영향으로 따뜻한 차를 마신다고 이해하는 것이 적당하다.

④ ×

글의 내용을 넘어서는 지나친 해석이다.

⑤ ×

우리나라에서 찬 음료를 많이 마시는 것과 스타벅스 매출이 높은 것은 직접적인 연관이 없다. 찬 음료의 매출 비중이 높은 것이지, 그로 인해 매출이 상승했다고 보기 어렵다.

27 ①

① 위의 글에서 층간 소음 문제를 근본적으로 해결하기 위해 층간 소음 피해를 주는 사람들에게 지금보다 더 강력한 법적 규제를 줘야 한다고 주장하고 있다. 이에 대한 반박으로 가장 타당한 논리는 '층간 소음을 법적으로 규제하려면 먼저 그 층간 소음이 피해를 주는 크기의 정도와 피해 범위를 법으로 규정할 수 있어야 된다.'가 알맞을 것이다. ①은 이와 같은 취지의 반박이 될 수 있다.

②, ③, ⑤ 논리적으로 적절하지 않다.

④ 층간 소음의 좋은 해결책이 될 순 있으나, 주어진 글에 대한 직접적인 반박으로 보기는 어렵다.

28 ④

④ 수술실 CCTV 영상 유출과 같은 개인 피해를 볼 수 있는 부정적인 면도 존재한다.

위의 글은 수술실 CCTV 법석 의무화는 긍징직인 측면만 있기 때문에 반드시 적극적으로 검토해야 한다고 주장하고 있다. 따라서 가장 타당한 반박은 '수술실 CCTV 법적 의무화는 긍정적인 면만 있는 것이 아니라 부정적인 면도 존재할 수 있다.'가 될 수 있다.

29 ⑤

가장 배열이 자연스러운 흐름은 아래와 같다.

(마)에서 일본의 자판기가 인구 1인당 가장 많은 국가라고 소개하고 있다. 이어서 (다)에서 자판기의 수뿐만 아니라 판매하는 상품의 종류도 많다고 언급하고 있다. (나)에서 일본의 자판기 문화가 성장한 이유로 좋은 치안을 뽑았다. 하지만 이유가 그것뿐만은 아니라는 말로 끝난다. (가)에서 다른 이유로 높은 인건비와 부동산 가격을 꼽았다. 그리고 끝 부분에서 또 다른 이유로 일본의 국민성에 있다는 주장을 언급했다. 이어서 (라)에서 일본은 낯선 사람을 경계하고, 그것에 스트레스를 받는 경향이 있어서라는 이유를 언급하여 글이 이어진다.

30 ⑤

각 문장을 정리하면 아래와 같다.

(가) 원자력발전의 장점 또는 찬성 이유

(나) 원자력발전 유지에 대한 신중한 판단 필요

(다) 우리나라의 원자력발전 이용 상황과 장점

(라) 원자력발전의 부정적 견해

(마) 원자력발전의 단점

⑤ 다음과 같은 흐름으로 연결되어야 가장 배열이 자연스럽다.

(다)에서 우리나라 원자력발전 사용 상황과 간단한 장점에 대한 언급으로 시작한다. (마)에서 '그러나'로 시작하여 원자력발전은 단점이 존재하는 점을 언급하고, 끝에서 '원자력발전의 유지의 찬성 의견은 크게 다음과 같다'로 마무리한다. (가)에서 원자력발전의 찬성 이유가 설명되고, (라)에서 '반대로'로 시작하여 원자력발전의 부정적 견해를 언급한다. (나)에서 앞에서 나온 원자력발전의 장단점을 모두 살펴 신중히 판단해야 한다는 주장으로 마무리한다.

① (라) 다음에 (마)가 연결되는 것이 부자연스럽다. (라)에서 원자력발전에 대한 부정적 견해를 이야기했는데 (마)에서 '그러나'로 시작하고 있기 때문에 반대 의견이 나와야 자연스럽지만, 다시 원자력발

전의 단점을 이야기하고 있어서 흐름이 자연스럽지 않다.

② (나) 다음에 연결되는 (라)의 흐름이 자연스럽지 않다. (나)에서 앞에서 나온 원자력발전의 장단점을 고려하여 신중히 판단해야 한다며 글을 정리하는 느낌이었는데 다시 (라)에서 '반대로 ~'로 시작하며 원자력발전의 부정적인 견해로 마무리하는 흐름이 자연스럽지 않다.

③ (다), (가)에서 원자력발전의 긍정적 의견을 말했는데, (나)에서 내린 판단은 원자력발전의 장단점을 종합적으로 신중히 판단하자는 견해이다. 앞에 부정적 견해가 같이 나온 상태에서 (나)가 연결되어야 자연스럽다. 또한 뒤에 나오는 (라), (마)의 연결도 자연스럽지 않다.

④ (다)에서 (나)로 연결되는 부분이 자연스럽지 않다. (나)가 나오기 위해서는 좀 더 다양한 시각이 주어지고 나오는 것이 자연스럽고, 뒤에 (마)로 연결되는 부분도 논리적으로 자연스럽지 않다.

정답과 해설 실전 모의고사 3회

Ⅰ 수리논술 정답

01	02	03	04	05	06	07	08	09	10
③	③	①	④	①	③	⑤	⑤	④	③
11	**12**	**13**	**14**	**15**	**16**	**17**	**18**	**19**	**20**
⑤	⑤	⑤	⑤	①	④	①	③	④	①

01 ③

갤럭시Z의 재고량을 z개, 갤럭시S의 재고량을 s개, 갤럭시A의 재고량을 a개라고 하면 아래와 같이 식을 세울 수 있다.

$z+s+a=120$ ------ Ⓐ

$s=0.75z=\frac{3}{4}z$ ------ Ⓑ

$a=z-12$ ------ Ⓒ

Ⓑ식을 Ⓐ에 대입하면 $z+\frac{3}{4}z+a=120 \rightarrow \frac{7}{4}z+a=120$ ------ Ⓓ

Ⓒ를 변형하면 $a=z-12 \rightarrow z-a=12$ ------- Ⓔ

얻은 두 식을 연립한다.(Ⓓ+Ⓔ)

$\frac{11}{4}z=132$

식을 간단히 하면 $z=132\times\frac{4}{11}$, $z=12\times4=48$

따라서 $z=48$, $s=36$, $a=36$이 된다.

갤럭시S의 재고량과 갤럭시A의 재고량의 합은 72개이다.

02 ③

무승부인 세트는 없었고, 세트당 2포인트를 획득하므로 누구든 3개 세트만 이기면 먼저 승리하고, 5세트안에는 누군가 3개 세트를 이겨서 승부가 결정된다.

A가 5세트 전에 경기를 이기는 경우를 생각해본다.

(A, A, A) → $\frac{1}{2}\times\frac{1}{2}\times\frac{1}{2}=\frac{1}{8}$

(A, A, B, A) → $\frac{1}{2}\times\frac{1}{2}\times\frac{1}{2}\times\frac{1}{2}=\frac{1}{16}$

(A, B, A, A) → $\frac{1}{2}\times\frac{1}{2}\times\frac{1}{2}\times\frac{1}{2}=\frac{1}{16}$

(B, A, A, A) → $\frac{1}{2}\times\frac{1}{2}\times\frac{1}{2}\times\frac{1}{2}=\frac{1}{16}$

$\frac{1}{8}+\frac{1}{16}+\frac{1}{16}+\frac{1}{16}=\frac{5}{16}$이다.

또한, B가 5세트 전에 경기를 이기는 경우를 생각하면 같은 확률을 구할 수 있으므로 두 선수가 5세트 전에 승부가 날 확률은 $\frac{5}{16}\times 2=\frac{5}{8}$이다.

따라서 반대로 생각하면 5세트에서 승부가 결정될 확률은 최종 $1-\frac{5}{8}=\frac{3}{8}$이 된다.

관련공식
(일어날 확률) = 1 - (일어나지 않을 확률)
(일어나지 않을 확률) = 1 - (일어날 확률)

03 ①

① ×
2021년 주택을 소유한 가구는 평균 1.35호의 주택을 소유하고 있다.
2021년 주택을 소유한 개인이 평균 1.08호의 주택을 소유하고 있다.
② ○
2021년 전년 대비 총 주택 수의 증가량은 총 아파트 수의 증가량보다 적다.
2021년 전년 대비 총 주택 수의 증가량: $18,812-18,526=286$(천 호)
2021년 전년 대비 총 아파트 수의 증가량: $11,949-11,662=287$(천 호)
③ ○
2021년 전년 대비 '개인이 소유한 주택 수'의 증가량은 '개인이 소유한 아파트 수'의 증가량보다 적다.
2021년 전년 대비 '개인이 소유한 주택 수'의 증가량: $16,242-15,968=274$(천 호)
2021년 전년 대비 '개인이 소유한 아파트 수'의 증가량: $9,924-9,647=277$(천 호)
④ ○
[표]의 '가구의 주택소유율'에서 확인할 수 있다.
⑤ ○
[표]의 (A)와 (D) 부분에서 확인할 수 있다.

04 ④

2023년 8월 취업자 구성비가 10% 이하인 모든 직업군은 '관리자', '판매종사자', '농림어업숙련종사자', '기능원 및 관련 기능종사자'이다.

(단위: 천 명)

구분	23년		
	7월	8월	차이
관리자	488	482	-6
판매종사자	2,625	2,626	1
농림어업숙련종사자	1,592	1,609	17
기능원 및 관련 기능종사자	2,302	2,325	23

$-6+1+17+23=35$(천 명)$=3.5$(만 명)

05 ①

2022년 8월 증감을 활용하여 2021년 8월 근로자 수를 계산한다.

(단위: 천 명)

구분	8월		
	2021	2022	2023
18~35시간	8,181	9,966	11,062
36~52시간	13,524	12,625	11,772

2023년 8월 주당 평균 18~52시간 일하는 근로자: 11,062+11,772=22,834(천 명)

2021년 8월 주당 평균 18~52시간 일하는 근로자: 8,181+13,524=21,705(천 명)

22,834−21,705=1,129(천 명)=112.9(만 명)

06 ③

③ ×

2020년 정규직의 수는 전년 대비 감소하였다.

2019년 정규직 수: 20,559−7,481=13,078(천 명)

2020년 정규직 수: 20,446−7,426=13,020(천 명)

① ○

비정규직 비중이 35% 이하인 해는 2016~2018년이다. 이때 정규직 수를 구하면 아래와 같다.

2016년 정규직 수: 19,743−6,481=13,262(천 명)

2017년 정규직 수: 20,006−6,578=13,428(천 명)

2018년 정규직 수: 20,045−6,614=13,431(천 명)

② ○

계산해 보면 2022년 정규직 수가 2021년 정규직 수보다 많다.

2022년 정규직 수: 21,724−8,156=13,568(천 명)

2021년 정규직 수: 20,992−8,066=12,926(천 명)

굳이 계산하지 않아도 2021년과 2022년 비정규직 수는 90명 차이인데 전체 임금근로자 차이는 약 700명 이상이니까 당연히 2022년 정규직 수가 더 늘었을 거라고 어림 계산할 수 있다.

④ ○

$\frac{7,481}{6,614}=1.131\cdots$ → 약 13% 증가

⑤ ○

2021년만 유일하게 정규직 수가 1,300(만 명)을 넘지 못한다.

20,992−8,066=12,926(천 명) → 1,292.6(만 명)

07 ⑤

⑤ ×

2018년에는 85.7세로 증가하지 않고 같았다.

① ○

1980년 출생으로 이때 태어난 남자의 기대수명은 61.9세이다.

② ○

2015년 출생으로 기대수명의 차이는 6.2세이다.

③ ○

1980년 OECD 주요국의 전체 기대수명은 66.1세이고, 남자는 61.9세, 여자는 70.4세이다.
$66.1-61.9=4.2$이고 $70.4-66.1=4.3$이기 때문에 전체 수명은 남자의 기대수명에 더 가깝다. 따라서 남자의 비중이 여자의 비중보다 많기 때문에 남자의 수가 더 많다.

④ ○

2015년에 태어난 여자 아이의 기대수명은 85.2세로 평균적인 수명을 갖는다면 2100년에 살아 있을 것이다.

08 ⑤

⑤ ×

2022년 전년 대비 어가부채 감소율은 10% 이하이다.

$\frac{5,978}{6,440}=0.9282\cdots$ → 약 7.2% 감소

① ○

2018년부터 2022년까지 5년간 평균 어가자산은 5억 원을 넘지 않는다.

$\frac{43,427+45,670+50,320+50,187+51,067}{5}=48,134.2$(만 원)

평균을 쉽게 계산하는 방법은 5억 원을 기준으로 2018년부터 2022년까지 차이를 구해 계산하는 방법이다.

기준	2018	2019	2020	2021	2020
5억 원	-6,573	-4,330	+320	+187	+1,067

$-6,573-4,330+320+187+1,067=-9,329$

합이 양수면 평균은 5억 원을 넘고, 합이 음수면 평균은 5억 원을 넘지 않는다.
합이 음수이니까 평균은 5억 원을 넘지 않는다. 정확한 평균을 구하고 싶다면 $-9,329$에서 데이터 수 5를 나누면 $\frac{-9,329}{5}=-1,865.8$이 되는데 이 수를 5억 원에 더하면 된다.

$50,000-1,865.8=48,134.2$(만 원)

② ○

2019년부터 2021년까지 3년간 평균 어가부채는 6,400만 원을 넘지 않는다.

기준	2019	2020	2021
6,400만 원	-51	-10	+40

$-51-10+40=-21$

③ ○

5년간 어가자산이 가장 높은 해는 2022년이고, 어가부채가 가장 낮은 해도 2022년이므로 계산할 필요 없이 2022년 부채율이 가장 낮았다.

2022년 부채율: $\frac{5,978}{51,067}\times 100=11.706\cdots$ → 약 11.7%

④ ○

2020년 전년 대비 어가자산 증가율은 10% 이상이다.

$\frac{50,320}{45,670}=1.1018\cdots$ → 약 10.2% 증가

09 ④

④ ×

수출금액이 두 번째로 높은 달은 9월이다. 수입건수는 3,621(천 건)이고 6월은 3,572건이다.

3,621 − 3,572 = 49(천 건), 4.9만 건이다.

9월의 수입건수는 6월보다 5만 건 이상 높지 않았다.

① ○

[그래프]를 통해 확인할 수 있다.

② ○

수입건수가 3번째로 많은 달은 7월이고, 수출금액은 50,508(백만 불)이다. 6월 수출금액은 54,244(백만 불)이므로 54,244 − 50,508 = 3,736(백만 불) 줄었다. 만 불 단위로 환산하면 373,600(만 불)이므로 300,000(만 불) 이상 줄었다.

③ ○

2023년 8월 미국은 3,571(백만 불), 중국은 −1,173(백만 불), 일본은 −1,294(백만 불)이다.

3,571 − 1,173 − 1,294 = 1,104(백만 불) → 110,400(만 불) 흑자

⑤ ○

주어진 기간 동안 미국의 흑자액은 중국과 일본의 적자액 합보다 항상 높았다.

10 ③

㉠ ○

2021년 전년 대비 '도·소매업'의 사업체당 부채액은 −1(백만 원)으로 줄었지만, 반대로 산업별 총부채액은 0.3(조 원) 증가했다. 총부채액은 모든 사업체의 부채 총합이므로 사업체 수가 전년 대비 증가했다고 볼 수 있다.

전체적으로는 증가했기 때문에 사업체 수가 증가했다고 판단할 수 있다.

㉡ ○

총부채액에서 사업체당 부채액을 나누면 사업체 수를 구할 수 있다.

$\frac{119.2\text{조 원}}{337\text{백만 원}}=\frac{119,200,000,000,000}{337,000,000}=\frac{119,200,000}{337}\fallingdotseq 353,709\,(\text{개})$

㉢ ×

교육서비스업은 감소하였다.

11 ⑤

2021년 전년 대비 부채 상승률이 가장 높은 산업은 5.3조 원에서 7.4조 원으로 2.1조 원, 즉 부채가 약 40% 증가한 '예술·스포츠·여가업'이다.

2021년 '예술·스포츠·여가업'의 전년 대비 사업체당 부채액 증가율을 계산하면 아래와 같다.

$\frac{107}{82}=1.3048\cdots$ → 약 30% 증가

12 ⑤

㉠ ○

2022년 중소도시 중학교 사교육 참여율은 55.9%이고, 월평균 사교육비는 43.4만 원이다.

2022년 중소도시 사교육 참여 중학생의 월평균 사교육비를 x라 하면 $100 \times 43.4 = 55.9 \times x$이다.

$100 \times 43.4 = 55.9 \times x$, $43{,}400 = 559x$, $\frac{43{,}400}{559} = x$, $x = 77.638 \cdots \fallingdotseq 78$(만 원)

그런데 연평균 사교육비 900만 원은 월평균으로 75만 원이므로

2022년 중소도시 사교육 참여 중학생들의 연평균 사교육비는 900만 원 이상이라고 할 수 있다.

㉡ ×

2022년 읍면지역의 1인당 월평균 사교육비는 28.2만 원이고, 2021년은 24.7만 원이다.

$\frac{28.2}{24.7} = 1.1417 \cdots \rightarrow 14.17 \cdots\%$

㉢ ○

2022년 전국 사교육비는 초등학교 37.2만 원, 중학교 43.8만 원, 고등학교 46.0만 원이다.

2022년 전국 사교육 참여율은 초등학교 43.7%, 중학교 57.5%, 고등학교 69.7%이다.

따라서 고등 교육일수록 모두 높아졌다.

㉣ ○

[표1], [표2]를 통해 확인할 수 있다.

13 ⑤

2022년 사교육에 참여한 '서울' 고등학생의 1인당 월평균 사교육비

$100 \times 70.3 = 93.7 \times x$, $70{,}300 = 937x$, $\frac{70{,}300}{937} = x$, $x = 75.026 \cdots$(만 원)

2022년 사교육에 참여한 '전국' 고등학생의 1인당 월평균 사교육비

$100 \times 46 = 69.7 \times x$, $46{,}000 = 697x$, $\frac{46{,}000}{697} = x$, $x = 65.997 \cdots$(만 원)

약 9만 원 차이가 난다.

14 ⑤

⑤ ○

'자급 농가'의 소득은 2022년 전년 대비 2% 이상 증가했다.

2022년 '자급 농가'의 소득은 40,234(천 원)이고, 2021년은 39,331(천 원)이다.

$\frac{40{,}234}{39{,}331} = 1.0229 \cdots \rightarrow$ 약 2.3% 증가

① ×

'겸업 농가' 중 농업 총수입이 농업 외 수입보다 많은 농가를 '1종 겸업 농가'라 한다.

② ×

'전문 농가'는 경지 규모 3ha 이상 또는 농업 총수입 2,000만 원 이상 농가이므로 '경지 규모가 2ha이고 농업 총수입이 2,500만 원인 농가'는 '전문 농가'에 속한다.

③ ×

2022년 우리나라 '부업 농가'의 자산은 692,395(천 원)이고, 2022년 우리나라 '전업 농가'의 자산은 618,296(천 원)이다.

692,395−618,296=74,099(천 원)=7,409.9(만 원)

즉, 약 7,410만 원 차이가 난다.

④ ×

2022년 '전문 농가'의 자산 대비 부채 비율은 아래와 같다.

$$\frac{51,338}{733,376} \times 100 = 7\%$$

15 ①

2021년 전문 농가의 소득은 62,884(천 원)이고, 일반 농가의 소득은 26,851(천 원)이다. 비가 2:3이므로 다음과 같이 계산하여 소득 평균을 구한다.

$$\frac{62,884 \times 2 + 26,851 \times 3}{5} = \frac{125,768 + 80,553}{5} = \frac{206,321}{5} = 41,264.2(\text{천 원})$$

따라서 가장 가까운 것은 4,126만 원이다.

16 ④

④ ×

2021년 보증부 월세금이 네 번째로 높은 지역은 세종이고, 2020년 무보증부 월세금은 56만 원으로 78만 원인 전국 평균보다 낮았다.

① ○

2020년 월세 보증금이 네 번째로 높은 지역은 부산이고, 2021년 전세금은 5,007만 원이다. 전국 평균은 6,310만 원이므로 1,000만 원 이상 낮다.

② ○

2021년 전세금이 네 번째로 높은 지역은 대구이다. 2020년에는 제주, 서울, 울산, 인천, 세종 다음으로 높았다.

③ ○

2021년 '무보증부 월세금'이 전국 평균보다 낮은 지역은 대구, 대전, 울산, 세종, 충북, 전북, 전남, 경북, 경남, 제주 총 10개 지역이다.

⑤ ○

2020년 서울 보증부 월세금은 143만 원으로 가장 높았다.

17 ①

2020년 전세금이 6,000만 원 이상인 지역: 서울, 인천, 울산, 세종, 제주

2021년 전세금이 6,000만 원 이상인 지역: 서울, 대구, 인천, 세종, 경기, 제주

따라서 모두 만족하는 지역은 서울, 인천, 세종, 제주이다.

네 지역의 2020년 월세 보증금 평균액

$$\frac{2,225 + 2,073 + 2,192 + 1,131}{4} = \frac{7,621}{4} = 1,905.25(\text{만 원})$$

18 ③

실험2와 실험4를 먼저 대입하여 2개의 식을 얻는다.

$133=7^2\times a-7\times b \rightarrow 133=49a-7b \rightarrow 19=7a-b \rightarrow b=7a-19$

$65=5^2\times a-5\times b \rightarrow 65=25a-5b \rightarrow 13=5a-b \rightarrow b=5a-13$

연립하면 $7a-19=5a-13$, $2a=6$, $a=3$이고, $b=2$이다.

(생존 시간)=(투여량)$^2\times3-$(투여량)$\times2$를 이용해서 계산한다.

$21=3$(투여량)$^2-2$(투여량), 3(투여량)$^2-2$(투여량)$-21=0$

(투여량)$=x$로 치환하여 이차방정식을 풀면 $(3x+7)(x-3)=0$, $x=-\frac{7}{3}$, 3이고

투여량은 양수이므로 $x=3$이다. 즉 ㉠=3이다.

(생존 시간)$=2^2\times3-2\times2=12-4=8$

따라서 ㉡=8이다.

19 ④

[표]를 이용하여 구성비를 계산하면 아래와 같다.

(단위: 개, %)

구성	2021년	구성비	2022년	구성비	증감	증감률
전체	6,079,702	100.0	6,141,263	100.0	61,561	1.0
20대 이하(29세 이하)	253,075	4.2	261,611	4.3	8,536	3.4
30대(30~39세)	848,879	14.0	875,660	14.3	26,781	3.2
40대(40~49세)	1,610,586	26.5	1,614,255	26.3	3,669	0.2
50대(50~59세)	1,945,686	32.0	1,950,840	31.8	5,154	0.3
60대 이상(60세 이상)	1,421,476	23.4	1,438,897	23.4	17,421	1.2

④ ○

[표]와 비교해 보면 [그래프]가 일치한다.

① ×

[그래프]에서 2021년 50대 구성비가 30%를 넘어야 한다.

② ×

[그래프]에서 2021년 30대 구성비가 20%를 넘지 않아야 한다.

③ ×

[그래프]에서 2021년 40대 구성비가 30%를 넘지 않아야 한다.

⑤ ×

[그래프]에서 2021년 40대 구성비가 30%를 넘지 않아야 한다.

20 ①

핸드폰 A 시리즈는 월마다 15개씩 판매가 감소하고, 핸드폰 B 시리즈는 월마다 10, 20, 40, 80, …와 같이

증가폭이 2배로 상승한다. 이후 판매량을 계산하면 아래와 같다.

구분	2023년 6월	2023년 7월	2023년 8월	2023년 9월	2023년 10월
핸드폰 A	925	910	895	880	865
핸드폰 B	510	830	1,470	2,750	5,310

따라서 처음으로 핸드폰 B 시리즈가 핸드폰 A 시리즈의 월간 판매량의 2배가 되는 때는 2023년 9월이다.

Ⅱ 추리 정답									
01	02	03	04	05	06	07	08	09	10
④	④	⑤	①	④	④	④	①	④	①
11	12	13	14	15	16	17	18	19	20
②	①	⑤	①	①	④	①	①	④	③
21	22	23	24	25	26	27	28	29	30
②	⑤	④	①	③	⑤	②	④	③	②

01 ④

삼단논법 기본형 논리구조

전제에서 2번 나오는 것을 B라 하면 B로 두 명제를 앞뒤로 붙일 수 있을 때 삼단논법을 쓸 수 있다.

전제: 모든 A → B, 모든 B → C

결론: 모든 A → C

전제1	청결한 사람은 맥주를 좋아한다.	모든 A(청결) → B(맥주)
전제2	중국을 좋아하는 사람은 맥주를 좋아하지 않는다.	모든 ~C → ~B [대우] 모든 B(맥주) → C(중국×)
결론	청결한 사람은 중국을 좋아하지 않는다. **청결하지 않은 어떤 사람은 중국을 좋아한다.**	모든 A(청결) → C(중국×) **어떤 ~A(청결) → ~C(중국×)**

삼단논법 기본 구조에서 바로 결론이 보이지 않을 때는 변형 결론을 따져봐야 한다.

'모든 A → C'가 참이면 '어떤 A → C'도 참이다. '어떤 A → C'가 참이면 '어떤 C → A'도 참이다.

'모든 A → C'가 참이면 대우인 '~C → ~A'도 참이다. 따라서 '어떤 ~C → ~A', '어떤 ~A → ~C'도 참이다.

02 ④

삼단논법 응용형 논리구조

전제에서 2번 나오는 것을 B라 하면 B로 두 명제를 앞뒤로 붙일 수 있을 때 삼단논법을 쓸 수 있다.

전제: 어떤 A → B, 모든 B → C

결론: 어떤 A → C

전제1	서울에 있는 어떤 사람은 떡볶이를 먹는다.	어떤 A(서울) → B(떡볶이)
전제2	**떡볶이를 먹는 사람은 순대를 먹는다.**	**모든 B(떡볶이) → C(순대)**
결론	서울에 있는 어떤 사람은 순대를 먹는다.	어떤 A(서울) → C(순대)

03 ⑤

'모든', '어떤' 형 논리구조

삼단논법 꼴과 다르게 전제 2개가 바로 연결되지 않는 경우이다.

전제: 모든 A → B, 어떤 A → C

결론: 어떤 B → C or 어떤 C → B

전제1	점보라면을 먹은 사람은 소화를 잘한다.	모든 A(점보라면) → B(소화)
전제2	점보라면을 먹은 사람 중에는 낮잠을 좋아하는 사람이 있다.	어떤 A(점보라면) → C(낮잠)
결론	소화를 잘하는 사람 중에는 낮잠을 좋아하는 사람이 있다. **낮잠을 좋아하는 사람 중에는 소화를 잘하는 사람이 있다.**	어떤 B(소화) → C(낮잠) or **어떤 C(낮잠) → B(소화)**

04 ①

우선, 피벗 조건은 범인을 지목한 사람들의 진술이다. 범인을 지목한 B, D, E는 각자 다른 사람을 지목했기 때문에 1명의 진술이 참이면 나머지 2명의 진술은 거짓이다. 따라서 나머지 3명의 진술은 모두 참이 된다. 따라서 A, B, E가 범인인 경우로 나누어 생각해 본다.

• A가 범인인 경우(D, E는 거짓, A, B, C는 참)

구분	A	B	C	D	E
진실	참	참	참	거짓	거짓
범인	○	×	×	×	×

위와 같은 경우 A, B, C의 진술이 모두 참이 된다. 따라서 논리적으로 성립된다.

• E가 범인인 경우(B, E는 거짓, A, C, D는 참)

구분	A	B	C	D	E
진실	참	거짓	참	참	거짓
범인	×	×	×	×	○

위의 경우 C의 진술 'D가 지금 거짓말을 하고 있구나.'가 거짓이 되어 성립할 수 없다.

• B가 범인인 경우(B, D는 거짓, A, C, E는 참)

구분	A	B	C	D	E
진실	참	거짓	참	거짓	참
범인	×	○	×	×	×

위의 경우 A의 진술 '내가 봤는데 B는 커피를 마시지 않았어.'가 거짓이 되어 성립할 수 없다.

따라서 유일하게 가능한 경우는 아래와 같다.

구분	A	B	C	D	E
진실	참	참	참	거짓	거짓
범인	○	×	×	×	×

몰래 커피를 마신 범인은 A이다.

05 ④

주어진 대화를 연결하다 보면 2개의 편으로 나누어진다.

승원이와 미애는 반대, 미애와 하원이는 반대, 하원이와 상현이는 반대, 상현이와 종호는 반대, 승원이와 남주는 같은 편이다.

승원이편은 하원, 종호, 남주이다. 미애편은 상현이다.

구분	승원	미애	남주	하원	상현	종호
승원이 참	○	×	○	○	×	○
미애가 참	×	○	×	×	○	×

④ ○

상현이가 거짓말을 한 경우 남주는 진실을 말한다.

①, ② △

미애는 진실을 말할 수도, 거짓을 말할 수도 있다.

③ △

2명 또는 4명이 거짓말을 했다.

⑤ ×

승원이가 진실을 말했다면 하원이는 진실을 말했다.

06 ④

피벗 조건은 'A의 경력은 3년이다.'이다. 먼저 표를 만들어 고정하고 시작한다.

경력 연차	1	2	3	4	5	6
사원			A			

B는 A보다 2년 경력이 많기 때문에 B의 경력은 5년이 된다.

경력 연차	1	2	3	4	5	6
사원			A		B	

F는 C보다 경력이 1년 더 많다고 하였는데 현재 표에서 1년 간격으로 넣을 수 있는 자리는 1년차와 2년차 밖에 없다. 따라서 자리가 확정된다.

경력 연차	1	2	3	4	5	6
사원	C	F	A		B	

따라서 가능한 경우는 아래와 같다.

경력 연차	1	2	3	4	5	6
사원	C	F	A	D, E	B	D, E

D와 E는 각각 4년차 아니면 6년차이다. 따라서 경력을 합하면 10년이 된다.

④ ○

D와 E는 4년차가 아니면 6년차이다. 따라서 둘의 경력의 합은 10년이다.

①, ② △

D의 경력은 4년 또는 6년이다.

③ ×

F의 경력은 2년이다.

⑤ △

D의 경력이 4년이면 E는 6년, D의 경력이 6년이면 E는 4년이기 때문에 판단할 수 없다.

07 ④

종합해 보면 '호주 〉 이란 〉 카타르, 사우디아라비아'라는 것을 알 수 있다. 이란은 우승하지는 못했지만, 최소한 뒤에 2팀이 있어서 4위 안에 들었다. 따라서 2위, 3위, 4위 중 한 가지를 했고, 일본과 이란의 순위 차이는 3이다. 가능한 경우를 우선 넣어본다.

순위	1	2	3	4	5	6
경우1	일본			이란		
경우2			이란			일본
경우3		이란			일본	

일본은 우승하지 못했기 때문에 경우1은 제외할 수 있다.

순위	1	2	3	4	5	6
경우2			이란			일본
경우3		이란			일본	

나머지 조건인 한국과 카타르는 준결승 즉, 4위 안에 있고, 카타르와 사우디아라비아의 순위는 바로 붙어 있는 것을 적용해본다.

순위	1	2	3	4	5	6
경우2	호주, 한국		이란	카타르	사우디	일본
경우3	한국, 호주	이란	카타르, 사우디		일본	

경우2는 한국과 호주가 1, 2위를 하는 경우로 나누어지고, 경우3은 호주가 이란 앞에 있어야 하는 조건과 한국이 준결승에 올라야 하는 조건이 서로 모순된다.

따라서 가능한 경우는 2가지이다.

순위	1	2	3	4	5	6
경우1	한국	호주	이란	카타르	사우디	일본
경우2	호주	한국	이란	카타르	사우디	일본

④ ○

한국은 모든 경우 결승에 진출한다.

① △

경우1에만 해당된다.

② ×

일본은 6위에 고정된다.

③ △

경우2에만 해당된다.

⑤ ×

사우디아라비아는 5위에 고정된다.

08 ①

우선 A와 C를 마주 앉혀서 자리를 고정한다.

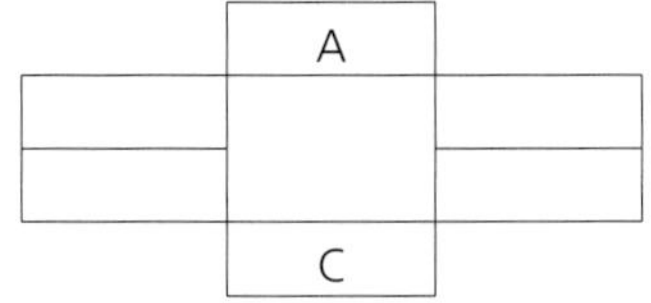

C의 바로 옆자리에는 어린이가 앉아 있지 않으므로 아래와 같이 나타낼 수 있다.

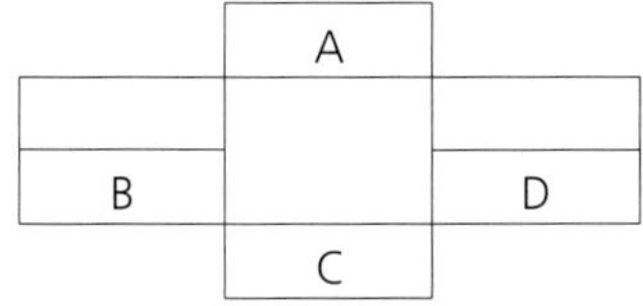

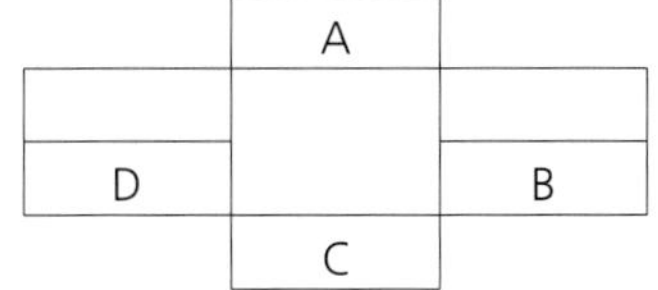

B는 아들인 E와 함께 앉기 때문에 아래와 같이 2가지 경우가 가능하다.

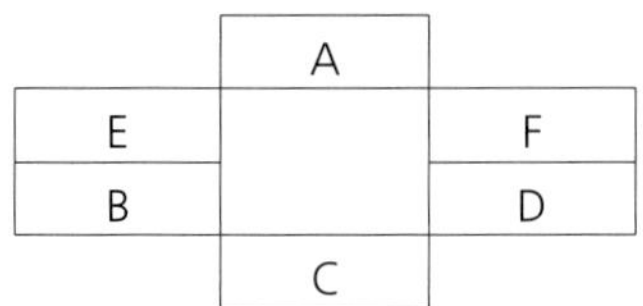

(경우1)

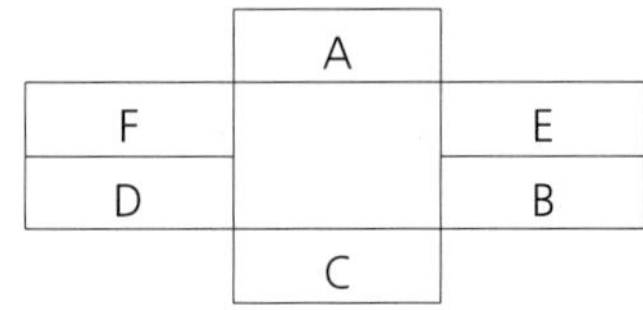

(경우2)

① ○

모든 경우에 성립한다.

② △

경우1에 성립하지 않는다.

③ △

경우2에 성립하지 않는다.

④ ×

모든 경우에 성립하지 않는다.

⑤ ×

모든 경우에 성립하지 않는다.

09 ④

아래 두 조건으로 층수는 알 수 없어도 층으로 나눌 수는 있다.

• A, B, D는 각각 다른 층에 거주한다.

• G, H는 같은 층에 거주한다.

?층	A
?층	B
?층	D
?층	G, H

• A, E는 같은 층에 거주한다.

?층	A, E
?층	B
?층	D
?층	G, H

• B는 C와 같은 층에 거주하지 않는다.

?층	A, E
?층	B, F
?층	D, C
?층	G, H

층과 호수를 알 수 없어도 같은 층에 사는 사람들을 구별할 수 있다.

• B는 E보다는 낮은 층에 살고, D보다는 높은 층에 산다.
네 가지 경우가 가능하다.

4층	A, E
3층	B, F
2층	D, C
1층	G, H

4층	A, E
3층	B, F
2층	G, H
1층	D, C

4층	G, H
3층	A, E
2층	B, F
1층	D, C

4층	A, E
3층	G, H
2층	B, F
1층	D, C

④ ○
A가 3층에 사는 경우는 3번째 경우로 이때 H는 4층에 산다.
①, ② △
1번째 경우는 해당이 안된다.
③ △
2번째 경우는 해당이 안된다.
⑤ ×
A는 4층에 산다.

10 ①

피벗 조건은 A가 앉은 원탁에는 빈자리가 없다는 것이다. A가 앉지 않은 다른 원탁에 빈자리 2개가 존재하고 우선 그 부분부터 찾아서 풀어본다.

• B는 옆에 빈자리가 있어서 그곳에 가방을 두었고, 그 빈자리 옆에는 E가 앉았다.
• E는 맞은편에 앉은 J와 건배를 하고 있다.
• C는 오른쪽에 빈자리가 있어서 코트를 벗어 놓았다.

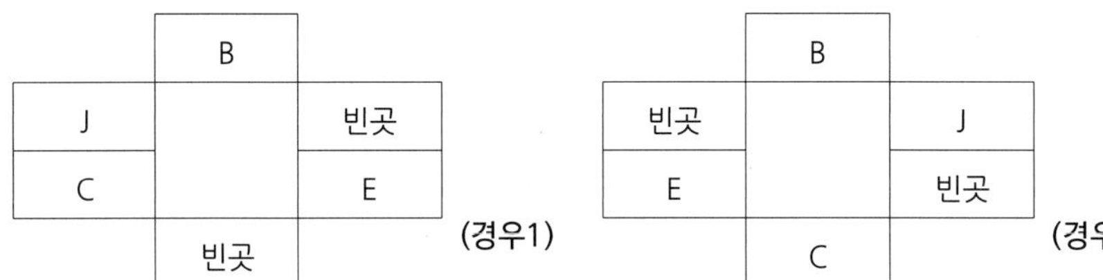

빈자리가 있는 테이블은 모두 2가지 경우가 가능하다.

다음은 빈자리가 없는 원탁을 풀어본다.

• 인싸 A는 D와 맞은편에 앉아서 농담을 주고받고 있으며, 그가 앉은 원탁에는 빈자리가 없다.

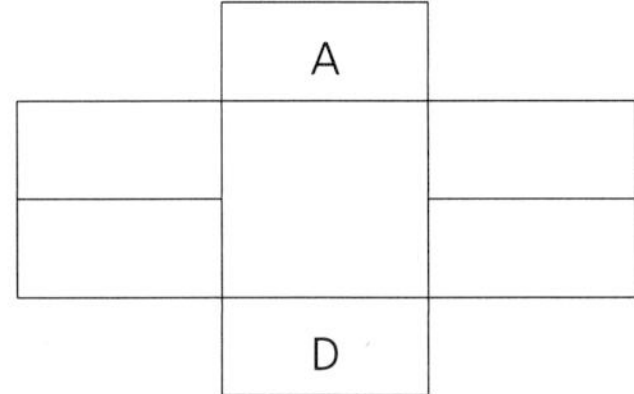

• F는 시끄러운 A를 피해 옆자리에 앉지 않았고, 조용한 H의 옆자리에 앉았다.

• G는 평소에 친한 I의 오른쪽 자리에 앉아서 조용히 먹고 있다.

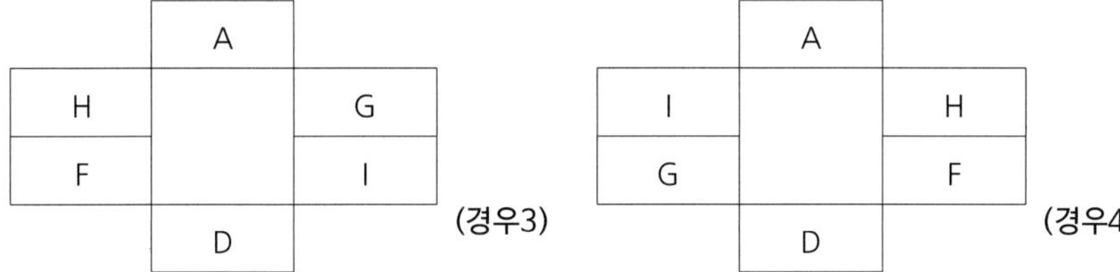

이 원탁도 모두 2가지 경우가 가능하다.

① ×

B는 빈자리가 있는 원탁에, I는 빈자리가 없는 원탁에 따로 앉는다.

② △

경우4의 경우에 가능하다.

③ △

경우2의 경우에 가능하다.

④ ○

항상 참이다.

⑤ △

경우3의 경우에 가능하다.

11 ②

우선 기본 정보를 바탕으로 틀을 먼저 만든다.

• 가장 인원이 많이 배정된 팀과 가장 인원이 적게 배정된 팀의 배정 인원 차이는 2명이라고 한다.

팀의 구성은 4명, 3명, 2명으로 한정된다.

• C는 개발2팀에 다른 2명과 함께 배정된다는 이야기를 들었다.

개발2팀은 C를 포함한 최소 3명이 배정된다.

• 개발1팀은 개발2팀보다 신규 배정 인원이 많다.

따라서 개발1팀에 4명, 개발2팀에 3명, 개발3팀에 2명이 배정되었다.

구분	개발1팀	개발2팀	개발3팀
배정 인원	4명	3명	2명
배정자		C	

이후 나머지 정보들을 조합한다.

• A는 신규 배정 인원이 가장 적게 배정된 팀에 배치됐지만, 가장 친한 누군가와 함께 배정되어 기쁘다.

구분	개발1팀	개발2팀	개발3팀
배정 인원	4명	3명	2명
배정자		C	A, 누군가

• 대학 선후배인 B, D는 함께 같은 팀에 배정되었고, 배정된 팀이 개발2팀은 아니다.

현재 2명이 들어갈 수 있는 팀은 개발1, 2팀인데 개발2팀은 아니기 때문에 개발1팀으로 확정된다.

구분	개발1팀	개발2팀	개발3팀
배정 인원	4명	3명	2명
배정자	B, D	C	A, 누군가

• 면접에서 친해진 E, F는 같은 팀에 배정되었고, 그 팀은 가장 많은 인원이 배정된 팀은 아니다.

E, F는 가장 많은 인원이 배정된 개발1팀이 아닌 개발2팀에 배정되어야 한다.

구분	개발1팀	개발2팀	개발3팀
배정 인원	4명	3명	2명
배정자	B, D	C, E, F	A, 누군가

정리하면 G, H, I는 개발1팀 또는 개발3팀에 배정이 가능한 상태로 여러 가지 경우의 수가 생긴다.

구분	개발1팀	개발2팀	개발3팀
배정 인원	4명	3명	2명
배정자	B, D, (G, H, I 중 2명)	C, E, F	A, (G, H, I 중 1명)

② ×

A와 I가 같은 팀에 배정되면 G와 H는 반드시 같은 팀에 배정된다.

① ○

항상 참이다.

③ △

H가 배정될 수 있다.

④ △

I가 배정될 수 있다.

⑤ ○

개발3팀에 H가 배정된다면 개발1팀에는 G, I가 배정된다.

12 ①

A와 C 중 한 사람은 반드시 7건 이상의 실적을 올렸다.

• 한 사람이 그나마 7건 이상의 실적을 해주어서 이번 달 매출이 최악은 아니다.

• A와 C의 실적 수를 합하면 10건이다.

A와 C가 합쳐서 10건을 했다면 그 외 나머지 세 사람의 실적의 합은 5건이다. 따라서 그 외 사람들에서 7건 이상 실적을 올린 사람은 있을 수 없다.

• B와 D의 실적의 수의 합은 A보다 많다.

또한 그 외 세 사람의 실적의 합이 5를 넘을 수 없는데 A가 B, D의 실적의 합보다 실적의 수가 적다면 A의 실적은 7건 이상이 될 수 없어 C의 실적은 7건 이상으로 고정할 수 있다.

C의 실적을 7건으로 가정하고 구해본다.

A	B	C	D	E	총합
3		7			

• D는 A보다는 실적이 적고, E보다는 많다.

A의 실적이 3건이므로 자연스럽게 A 〉 D 〉 E에 따라 D=2, E=1이 된다.

A	B	C	D	E	총합
3	2	7	2	1	15

위와 같은 경우가 가능하다.

같은 방법으로 C의 실적을 8건으로 가정하고 구해본다.

A	B	C	D	E	총합
2		8	1	0	

A의 실적이 2건이면 A 〉 D 〉 E에 따라 D=1, E=0이 된다.

적어도 모두 1건 이상 실적을 올렸으므로 성립할 수 없다. 따라서 한 가지 경우로 한정된다.

① ○

B와 D 모두 2건으로 같다.

② ×

C는 7건의 실적을 올렸다.

③ ×

A와 B의 실적 수를 합하면 5건으로 6건 이하다.

④ ×

E는 1건으로 2건 이상의 실적을 올리지 않았다.

⑤ ×

D와 E의 실적 수를 합하면 3건으로 4건 이상의 실적을 올리지 않았다.

13 ⑤

• 셋째 자리 숫자와 넷째 자리 숫자를 더하면 6이다.

모든 비밀번호 숫자는 짝수이므로 (짝수)+(짝수)=6이 되는 경우는 (0, 6), (2, 4), (4, 2), (6, 0) 밖에 없다.

• 첫째 자리 숫자에서 셋째 자리 숫자를 빼면 둘째 자리 숫자가 되고, 합하면 넷째 자리 숫자가 된다.

셋째, 넷째 자리에 (0, 6), (2, 4), (4, 2), (6, 0)을 넣고 위를 만족하는 모든 경우를 구하면 아래와 같다.

(0, 6) → (6606)

(2, 4) → (2024)

(4, 2) → 존재하지 않음

(6, 0) → 존재하지 않음

그런데 6606은 AABA 꼴로 한 숫자가 세 번 쓰여서 제외된다.

따라서 비밀번호는 2024이다.

⑤ ○

2+0+2+4=8로 비밀번호 각 숫자 4개의 합은 8이다.

① ×

조건에 따르면 가능한 비밀번호는 1가지 경우가 나온다.

② ×

비밀번호는 끝자리가 4이다.

③ ×

비밀번호에는 0이 있다.

④ ×

비밀번호에는 2가 있다.

14 ①

• 부전승으로 올라간 A는 그들의 첫 번째 경기에서 D를 이겼다.

부전승이 가능한 자리는 1개이고, D를 이겼기 때문에 D의 대진 위치도 유추할 수 있다.

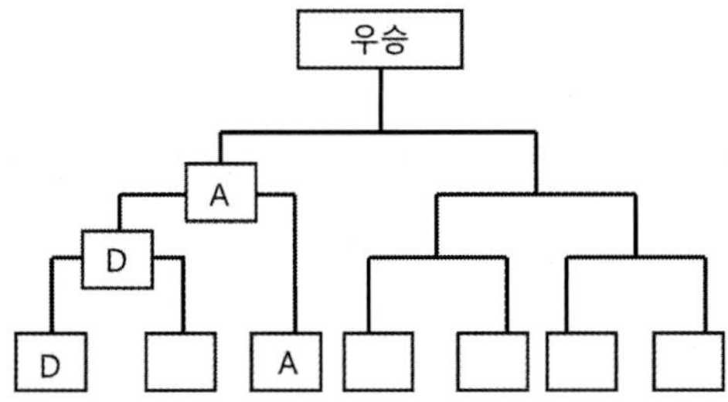

• C는 2승 1패를 거두고 아쉽게 귀국했다.

왼쪽 대진의 남은 팀은 D에게 져야 한다. 따라서 C는 오른쪽 대진이고 패하면 탈락하는 토너먼트에서는 2승 1패는 2승 후 1패를 했다는 것과 같다. C는 2승으로 결승에 진출했고, 그 다음 패했으므로 A가 우승, C가 준우승이다.

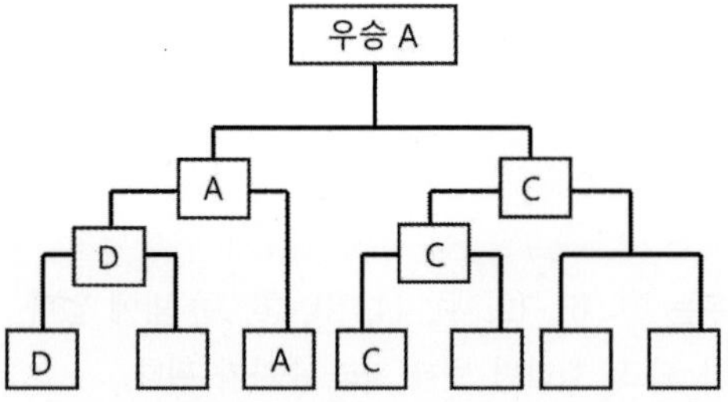

• B는 F에게 이겼지만, 그 다음 경기에서 졌다.

B와 F가 들어갈 수 있는 자리는 유일하다.

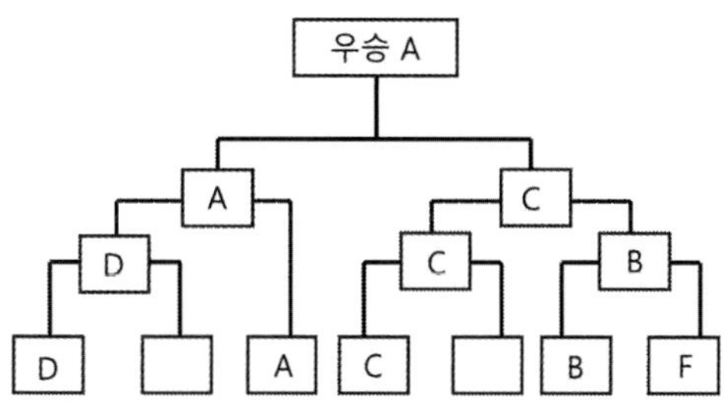

남은 빈곳 2자리에는 E와 G가 들어갈 수 있다.

① ○

E와 G는 모두 첫 경기에서 D 또는 C에게 지고 탈락했다.

② ×

D는 G와 경기할 경우가 있다.

③ ×

C는 E와 경기할 경우가 있다.

④ ×

B는 C에게 졌다.

⑤

A는 우승하였다.

15 ①

아래와 같은 규칙에 의해 변형되었다.

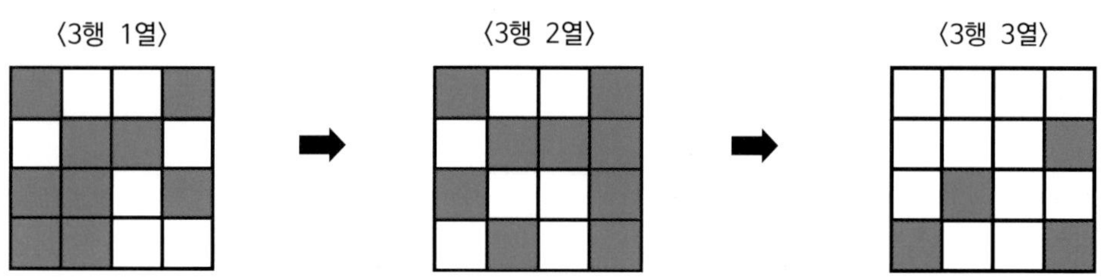

1열+2열 같은 색 → 흰색

1열+2열 다른 색 → 검정색

16 ④

아래와 같은 규칙에 의해 변형되었다.

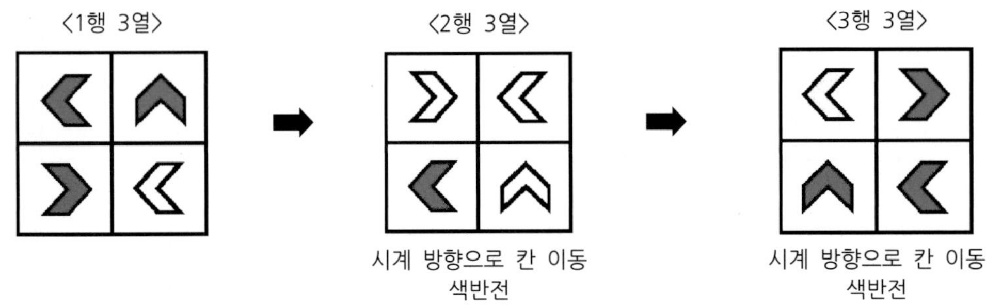

17 ①

아래와 같은 규칙에 의해 변형되었다.

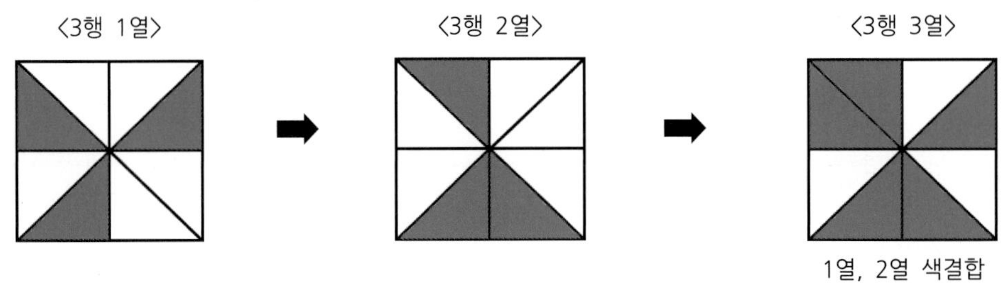

18 ①

가장 먼저 문자표를 써 놓고 시작한다.

A	B	C	D	E	F	G	H	I	J	K	L	M
N	O	P	Q	R	S	T	U	V	W	X	Y	Z

각 도형들은 아래와 같은 규칙이 있다.

기호	규칙	기호	규칙
○	$(-1, -2, +3, +2)$	◇	(P_4, P_3, P_2, P_1)
△	$(+2, +2, -2, -1)$	□	(P_2, P_1, P_4, P_3)

'○'는 연산 규칙으로 기존 숫자에 규칙의 수를 더해주는 방식으로 문자의 경우는 알파벳 순서로 적용함

'◇'는 위치 변환 규칙으로 배열의 위치를 규칙에 따라 변경함

아래와 같이 변환된다.

	○		□	
D3P4	→	C1S6	→	1C6S

19 ④

아래와 같이 변환된다.

5X5N	◇ →	N5X5	△ →	P7V4

20 ③

아래와 같이 변환된다.

P56W	○ →	O39Y	□ →	3OY9	△ →	5QW8

21 ②

아래와 같이 변환된다.

3FN4	△ →	5HL3	◇ →	3LH5	○ →	2JK7

22 ⑤

달리기는 운동에 속한다(달리기 ⊂ 운동).
따라서 샐러드는 음식에 속하기 때문에 이 둘의 관계가 가장 자연스럽다(샐러드 ⊂ 음식).

23 ④

주어진 단어들의 관계는 유의관계이고, ④는 반의관계이다.

- 표면: 겉으로 나타나거나 눈에 띄는 부분
- 이면: 겉으로 나타나지 않거나 눈에 보이지 않는 부분
- 우수리: 물건값을 제하고 거슬러 받는 잔돈
- 잔돈: 거슬러 주거나 받는 돈
- 울력: 여러 사람이 힘을 합하여 일함. 또는 그런 힘
- 협동: 서로 마음과 힘을 하나로 합함
- 갈음: 다른 것으로 바꾸어 대신함
- 대체: 다른 것으로 대신함
- 정식: 정당한 격식이나 의식
- 정규: 정식으로 된 규정이나 규범

24 ①

① ×

'미국 대통령이 임명하는 연방 대법원의 판결이 모든 주에서 적용되며, 연방 법원은 주 법원보다 높은 권위를

가진다.'를 통해 연방 대법원은 주 법원의 대표로 구성되는 것이 아니라 대통령의 임명으로 구성된다는 것을 알 수 있다.

② ○

'미연방제도는 국가와 주(State)라 불리는 지방 정부 간에 권한을 나누고, 중앙 정부가 일부 중요한 권한을 행사하면서도 지방 정부들이 자치권을 유지하는 구조이다.'를 통해 알 수 있다.

③, ⑤ ○

'미연방제도에서 각 주는 상당한 자치권을 보장받는다. 주는 자체 입법체계, 행정체계, 사법체계를 가지고 있으며, 특정한 주 내 사안에 대해서는 중앙 정부가 간섭하지 않는다.'를 통해 알 수 있다.

④ ○

'미국 대통령이 임명하는 연방 대법원의 판결이 모든 주에서 적용되며, 연방 법원은 주 법원보다 높은 권위를 가진다.'를 통해 알 수 있다.

25 ③

③ ×

4번째 줄에서 '먼저, DNA 양 끝에서 특별한 단백질이 결합하여 DNA가 열리고 나서 DNA 헬릭스가 해체된다.'를 통해 DNA가 스스로 열리고 양 끝에 특별한 단백질이 결합하는 것이 아니라, 먼저 DNA 양 끝에 특별한 단백질이 결합하여 DNA가 열린다는 것을 알 수 있다.

① ○

'DNA는 염기쌍(A-T, G-C)이라 불리는 뉴클레오타이드로 이루어진 더블 헬릭스 구조를 가지고 있다.'를 통해 알 수 있다.

② ○

'마지막으로, DNA 폴리머레이스는 합성한 새로운 DNA 체인이 올바른 염기로 이루어졌는지를 검증하면서 진행된다.'를 통해 알 수 있다.

④ ○

'유전자 복제는 생물체가 자신의 유전정보를 복사하여 새로운 세포나 개체를 생성하는 과정으로, 주로 세포 분열 중에 일어난다.'를 통해 알 수 있다.

⑤ ○

'그 후에는 DNA 복제 효소인 DNA 폴리머레이스가 언바인딩된 DNA에 결합하여 새로운 DNA 체인을 합성할 위치에 정확하게 위치하게 된다. 다음으로, DNA 폴리머레이스는 원래 DNA 체인에 부착된 염기에 상보적인 염기를 결합시키면서 새로운 DNA 체인을 합성한다.'를 통해 알 수 있다.

26 ⑤

⑤ ○

주어진 글을 읽고 [보기]를 이해한 것으로 ⑤가 가장 적절하다.

주어진 글에서 디지털 치매의 세 가지 원인 중 둘째로, '디지털 기기에 의한 집중력 저하가 있다. 화려한 화면과 빠른 정보 전달은 뇌가 계속해서 새로운 정보를 처리하게 만들어 피로도를 증가시키고 집중력을 저하시킬 수 있다.'고 했다. [보기]에서 '디지털 치매는 디지털 기기에 지나치게 의존하여 필요한 기억을 잊어버리는 증상을 의미한다. 이는 곧 치매로 분류되지는 않지만, 스트레스를 유발하여 공황장애, 정서장애 등을 유발할 수 있으며 장기적으로는 치매로 진전될 가능성이 있어 주의가 필요하다.'고 했다. 따라서 디지털 기기의 화면에 대한 지나친 노출은 디지털 치매의 원인이 되고 장기적으로 치매로 진전될 가능성이 있다고 할 수 있다. 따라서 ⑤가 가장 적절하다.

① ×

글을 보고 이해한 내용과는 상반된 주장이다.

② ×

디지털 치매는 치매로 분류되지는 않지만, 장기적으로 치매로 진전될 가능성이 있어 주의가 필요하다고 하였다.

③ ×

블랙아웃의 원인은 폭음이다.

④ ×

우울증으로 인한 코르티솔의 증가로 기억력 저하와 집중력 감소를 유발할 수 있다고 하였다.

27 ②

② 온라인 의약품 구입 허용은 환자의 실수로 인한 의약품 오남용과 부작용 외에도 약품의 안전성을 검증하기 어려운 부작용도 존재한다.

글에서 온라인 의약품 구입은 환자의 실수로 인한 의약품 오남용과 부작용만 주의하면 의약품을 안전하게 사용할 수 있기 때문에 다양한 이점을 고려하여 허용해야 한다고 주장한다. 그런데 환자의 실수가 아니더라도 온라인 구매가 약품의 안정성을 검증하기 어렵다는 부분에서 약품의 안전성을 보장하기 어려운 부분을 생각할 수 있다. 따라서 가장 타당한 반박은 ②이다.

28 ④

④ 형사처벌을 받을 경우 그렇지 않은 경우보다 범죄에 대한 죄책감이나 경각심이 부족하다고 할 수 있는가?

글의 주장에서 '형사처벌을 받은 청소년은 범죄에 대한 죄책감이나 경각심이 부족할 수 있다.'고 하였는데 형사처벌을 받지 않는다고 해서 범죄에 대한 죄책감이나 경감심을 더 느낀다고 보기 어렵다. 따라서 글의 주장에 대한 반박으로 가장 타당한 것은 ④이다. 나머지 반박들은 글의 주장에 대한 반박으로 보기에는 논리적으로 어색하다.

29 ③

가장 배열이 자연스러운 흐름은 아래와 같다.

③ (나) 전직대통령 A씨에 대한 언급으로 시작하여 사형 선고 후 특별 사면에 대해 말했다. (라) 이에 대한 그의 반성하지 않는 입장을 말하고 있다. (마) 그와 달리 할아버지의 잘못을 대신 사과하는 손자 B씨에 대한 내용이 나온다. (가) B씨의 사죄에 대해 잘못을 인정하고 진정성 있게 사과하는 것은 용기가 필요하다고 말하고 있다. (다) 용기를 가지고 진심으로 사죄하고, 변화하는 것은 사회정의를 실현하는 데에 중요한 가치라고 말하고 있다.

30 ②

가장 배열이 자연스러운 흐름은 아래와 같다.

(나)에서 우리와는 다른 유럽의 화장실 문화를 이해하려면 우선 옛날 유럽 사람들의 배변 습관을 이해

해야 한다고 했다. 이어서 (마)에서 옛날 유럽의 배변 문화가 심지어 궁전에도 화장실이 없을 정도로 열악했다는 것을 언급했다. 이어서 (가)에서 베르사유궁전의 예를 들었고, 유럽에 화장실 이용료가 고대부터 있었다는 사실을 언급했다. (라)에서 로마의 베스파시아누스 왕이 공중화장실에 이용료를 최초로 받은 사례를 언급하며 우리와는 분명 화장실에 대한 인식이 다르다 말하고 있다. 이어서 (다)에서 화장실은 문화의 차이에 의해서 시각이 달라질 수 있다는 것을 말하고 있다.

집중하여 학습하시느라 고생하셨습니다.

감사합니다.

MEMO

MEMO

삼성직무적성검사 GSAT 3급 대졸채용

지은이 e북혁명 취업연구소
펴낸이 정규도
펴낸곳 (주)다락원

초판1쇄 발행 2025년 2월 28일

기획 권혁주, 김태광
편집 이후춘, 배상혁

디자인 하태호, 홍수미

다락원 경기도 파주시 문발로 211
내용문의: (02)736-2031 내선 288
구입문의: (02)736-2031 내선 250~252
Fax: (02)732-2037
출판등록 1977년 9월 16일 제406-2008-000007호

ISBN 978-89-277-7465-5 13320

● 다락원 원큐패스 카페(http://cafe.naver.com/1qpass)를 방문하시면 각종 시험에 관한 최신 정보와 자료를 얻을 수 있습니다.